新井　明　選集 2

内村鑑三とその周辺

The Selected Works of Akira Arai: Volume II

LITHON

目次

第一部　内村鑑三とその周辺

目次

第四部　世田谷の森で

第五部　先達の跡を

第一部　内村鑑三とその周辺

遍歴の十年

大阪、熊本、京都、名古屋を転々とした十年

内村鑑三（一八六一―一九三〇）はアメリカ留学後、新潟・北越学館に招かれ（仮教頭）、赴任した。一八八八年の夏のことであるが、宣教師たちと衝突し、その年のうちに辞職し、東京に戻る。一八九〇年の十月三十日は「教育ニ関スル勅語」が発布された日である。年が改まり、一八九一年の正月には、内村が当時嘱託教員を務めていた第一高等中学校でも、「御真影」を前にした勅語（宸署）の奉読式が行なわれた。内村は壇上で正規の「奉拝」はしなかった。そのことが引き金となり、日本全土にくすぶる反キリスト教の風潮に火がついた。「不敬事件」の張本人と目された内村は勤めを辞めざるをえず、その後は天の下枕するところなき身となる。東京では再婚の妻を喪い、大阪（泰西学館）――この時代に岡田シヅと結婚――、熊本（熊本英学校）、京都、名古屋（名古屋英和学校）と移り住んだ。東京に戻ったのは一八九七年の初めであった。『万朝報』の英文記者、その他講演・執筆の仕事が待っていた。一八九七年までは、まさに「彷徨の十年」であった。

新潟いらいの苦渋、不遇、貧窮、不幸を伴ったこの彷徨の十年は、内村にとっては意味のある歳月となった。この

年月はそれまでの体験をまとめ、将来への道筋をたてる重要な期間となる。『キリスト信徒のなぐさめ』(一八九三年)、『求安録』(一八九三年)、『余はいかにしてキリスト信徒となりしか』(原文英文、一八九三年末には完成。発行一八九五年)、『後世への最大遺物』(箱根講演、一八九四年。発行一八九七年)など、この彷徨の十年、かれの体調がかならずしも万全ではなかった十年の、その間に生まれた著作は、苦難の道を行くその後の内村の思想の基本を形成し、かれ自身の生涯を強く支えることになる。

『キリスト信徒のなぐさめ』『求安録』

『キリスト信徒のなぐさめ』では「愛する者の失せし時」、「国人に捨てられし時」、「キリスト教会に捨てられし時」、「事業に失敗せし時」、「貧に迫りし時」、「不治の病にかかりし時」を語る。自伝的色彩の濃厚な叙述であるが、「不敬事件」後の貧困の時代におのが身にふりかかった出来事を隠さずに取り扱い、対決した著者の姿勢を明らかにしている。なかでも重要ないくつかの点を、ここでは取り上げることとする。内村は自分を「真正の愛国者」と規定する。(1)と、同時に、「ああ　余もまた今は世界の市民なり。生をこの土《ど》に受けしにより、この土のほかに国なしと思いし狭隘《きょうあい》なる思想は、今は全く消え失せて、小さきながらも世界の市民、宇宙の人となるを得しは、余が余の国人に捨てられし、めでたき結果の一つなり」(2)。母国を超えるあり方を考えるのは、アメリカ滞在中に深まったことであるが、「不敬事件」を通してより深刻に実体験を重ねる結果となった。

内村が当時の教会から「危険人物として」遠ざけられたことは(3)、かれにとってショックであったろう。勅語は奉拝の対象にすべきものではない。真の日本人として、日本を超える者の存在を信ずべき立場にある者たち――教会信徒たち――の多くが、内村への同情を退けたのである。それはひとつには教会組織側の護身の術であったろう。内村は「真正の信徒ありて教会あるなり。教会ありて信徒あるにあらず」。「余は教会に捨てられたり」。「余は無教会となりたり」(4)。ここで「無教会」なる語が初めて出る。内村は追い込まれたのである。

しかしこの「危険人物」は祈る――、「ああ神よ。余は教会を去りてもなんじを去るあたわざるなり。……願わくは教会に捨てられしのゆえをもって、余をしてなんじを離れざらしめよ」(5)。内村が自己弁護をする場合に繰り返して提出した二つのロジックは、まず自分は無神論者ではない、ということ。もう一つは、救い主による贖罪《しょくざい》を否定するユニテリアン主義者ではない、ということ。伝統的な三位一体――神と子と聖霊の一体を信ずる――の信仰の立場を固守しているのである。

こう語りつつ、内村はここでも札幌農学校時代につづけた、学生同士の素朴な集会――教職者のいない！――のことを「なつかしきかな」と思い出す(6)。札幌は出発点であった。

内村鑑三の定本として、本論では山本泰次郎編、教文館発行（一九六二―一九六六）を用いた。それぞれ「信仰著作」、「聖書注解」、「日記書簡」として引用する。
(1)「信仰著作」1、二〇頁。
(2)同右、二二頁。
(3)同右、二七頁。
(4)同右、三二、三六貞。
(5)同右、三六―三七頁。
(6)同右、二五頁。

『求安録』は熊本時代に書いた。しかし京都に移って後、東京の警醒社から出版。一八九三年八月のことである。この書物を開けると、著者内村がどれほど罪の問題に悩んだかがわかる。前著『キリスト信徒のなぐさめ』でもこの問題に触れ、キリストの贖罪なしには、この問題の解決はない、という意図から、三位一体を否定するユニテリアン主義を退けた。『求安録』ではこの点に集中する。「われは贖罪の必要を感ずるなり。すなわち、われは罪人が神に達し得るの道を欲するなり。罪人なるわれが神と平和を結ばんがためには、神は正義の神としてのみわれに現われずして、慈悲の神、救いの神として現われざるべからず(7)」。「ゲッセマネの園こそ、人類の罪のあがなわれし所なれ。……彼を十字架にくぎ打たせしものはわれの罪なり(8)」。この伝統的贖罪論を避ける新神学やユニテリアン主義に内村が強く反対するのは当然のなりゆきであった。神の子の死なくして「求安」の術《すべ》はありえない。

この著述のあとに、『伝道の精神』（一八九四年二月）、『地理学考』（同年五月）、“Japan and the Japanese”（一八九四年十一月、『代表的日本人』の原文）、その他を出す。京都に転じてからは、前出『求安録』のすぐあと——一八九三年末か——に脱稿してあった *How I Became a Christian*（『余はいかにしてキリスト信徒となりしか』の原文）を、東京の警醒社から出版する。一八九五年五月のことである。内村を代表するこの書が内容的には『求安録』に酷似している点の多いことも、その成立事情を勘案すればうなずけることである。

『余はいかにしてキリスト信徒となりしか』

『余はいかにしてキリスト信徒となりしか』は内村の代表的な著述である。「わが日記より」という副題をつけているところをみると、自伝的性格の信仰告白の書のつもりであることは明らかである。旧武士階級に生まれた主人公は、札幌農学校に第二期生として入り、初代教頭W・S・クラークの教育的努力によって、「イエスを信ずる者の誓約」に署名した第一期生と親しく交わり、「異教」に襲われることになる。(クラークは第二期生の入学前に札幌を去っていた)。聖書を共に学びあうことによって、一同は愛の共同体を形成している。一八七八年六月二日にはメソジスト監督教会のM・C・ハリスによる洗礼を受ける。しかし既存の教合組織との間には、とかく問題が生ずる。その結果、若い信徒らは、「独立」を模索する。かれらは日曜礼拝での役割は公平に――「民主的」に――分け合った。当番で牧師、教師、「その上に小使」までも。「これを、真に聖書的なまた使徒的なやり方だと思っていた」[9]。しかもかれらはその守る安息の日を「清教徒的(ピューリタニック)の安息日」と認識していた[10]。

内村は札幌での教育を受けてから、アメリカへ渡る。一八八四年の末に離日。翌一八八五年の前半はペンシルヴァニア州エルウィンの精神遅滞者養護院に。九月にマサチューセッツ州アマーストへゆく。新島襄のアドバイスがあった。ここのカレッジで丸二年を過ごしたことは、その後の内村に決定的な意味をもった。

この『余はいかにしてキリスト信徒となりしか』は、一八八八年に母国にもどり、すぐに北越学館問題、不敬事件等の苦境に落とされた内村が、日本各地を放浪しつつあったなかで、(前記したように、『求安録』の直後に)書き上げたものである。自らの立場・思想を弁明し、その中で日本の行くべき道を模索する作である。多分にフィクショナルな面のあることを、読者として承知しておかなくてはならない。

(7)同右、一五一頁。
(8)同右、一五九頁。
(9)「信仰著作」2、二一頁。
(10)同右、二八頁。

第一に、内村が「眞の愛国者」たらんとしたこと。また第二にキリストによる贖罪を信じぬこうとしたこと。この二つのことは、『余はいかにして』以前の著作においても明言していることである。ただこの自伝的な英文著述において、とくに詳しく述べている。

第三としては、「清教徒的信仰とクロンウェル崇拝」を深めたということを著者が強調し、クロンウェルを代表的信仰型としつつ、ルーテル、バンヤン、カーライルなどの名を繰り返しあげることを指摘したい[11]。

第四として指摘したいことは、内村が直接に深い影響をうけた人物三人について特筆していることである。まず、札幌農学校の初代教頭クラークについてである。内村はクラーク教頭をここでは「ニュー・イングランド出のあるクリスチャン科学者[12]」としか紹介しないのであるが、かれの作った「イエスを信ずる者の誓約」には第一回生一六名全員が署名した。その清教徒的雰囲気の中へと内村を含む第二回生が入学したのであるから、クラーク教頭の清教徒的影響は絶大であった。しかし内村自身はこの書そのものの中では、この師には詳しくは触れない。クラークに直接会ったのは、内村がアマーストに行ってからのことであり、札幌時代にはその人物を識らないのであるから、むしろ（この書物での扱い方としては）その方が自然であろう。

次に特に指摘すべき人物は、内村がアマーストに行く前に勤めることのできたエルウィン養護院の、院長アイザック・カーリン氏である。同夫妻がかれに示した愛情は生涯忘れられなかった。その夫妻がユニテリアンでありながら、反ユニテリアンの内村を支えてくれたことを思うと、内村のユニテリアニズム批判の刃は鈍った。夫妻の超教派主義には打たれた。内村が『余はいかにしてキリスト信徒となりしか』のなかで触れる「キリスト教的寛大」の徳への指摘は、この事実とかかわるであろう[13]。その寛大の精神的雰囲気の中にあればこそ、内村はこの児童施設に滞在の時期のこととして、「私の清教徒的信仰とクロンウエル崇拝」の成長の事実を告白することができたのであろう[14]。

アマースト・カレッジは自由高等教育（リベラル・アーツ）を校是とする全人教育の場であり、そこで受けた多面にわたる教育全体が内村の生涯に大きな影響をとどめたことは明らかである。なかでも学長ジュリアス・H・シーリーとの出会いは重要である。アメリカ滞在中にかれが深い影響を受けた人物である。入学翌年、一八八六年の三月八日を内村は「わが生涯におけるきわめて重要な日」と記し、「キリストの罪のゆるしの力が、今日ほどはっきりと啓示されたことはなかった」と告白している。(15)「今日までわが心を悩ませていたあらゆる疑問の解決は、神の子の十字架の上にある」と続けている。その後、九月十三日の日記文のかたちで、『罪に死ぬ』ことは、わが罪深い心を見つめることによってにあらず、十字架につけられたまいしイエスを見上げることによって完成されるのだ」と記している。(16) このことは生涯忘れられないことであった。四十年ほど後になっても、その時にシーリー学長の口から出た言が整理されて、記されることになる。一九二五年十二月刊の『聖書之研究』誌である。「内村、君の内をのみ見るからいけない。君は君の外を見なければいけない。なぜ、おのれに省みることをやめて、十字架の上に君の罪をあがないたまいしイエスを仰ぎ見ないのか」。「先生のこの忠告に私の霊魂は醒めたのである」(17)。信仰とは神の子を「仰ぎ

---

(11) 同右、三、九三、九四、一一二、一五七頁、他。
(12) 同右、一一頁。
(13) 同右、九二頁。
(14) 同右、九三、九四頁。
(15) 同右、一一一頁。
(16) 同右、一一五—一一六頁。
(17) 同右、23、一一九頁。

見る」こと。この「仰瞻《ぎょうせん》」の教えは、一八八六年三月八日の、いわばシーリー体験のあと、内村の生涯をかけて深まったものであろう。

このことを語った内村は、同じ頃、軽井沢講演の中で、私は「クラーク先生の直弟子ではありません」と公言するにもかかわらず、「しかるに神の聖意に由り、私が、先生の伝えし福音を最も広く日本に伝うるの役目を務むるに至りました」とさえ語る。自らをクラーク教頭の跡を行く者と位置づけているのである。一九二六年の「キリスト教伝道師として見たるウィリアム・S・クラーク先生」においてである。[18] 晩年の内村にとってはクラークとシーリーを並べたうえで、「かくて両先生いずれよりするも、私の信仰は、ピューリタン主義の本場たるニューイングランドより来たりたることは確実である」と述べて憚るところがなかった。[19] 内村にとっては、顧みれば他の多くの精神的先輩のなかでも、とくにクラーク教頭、カーリン夫妻、それに「高潔で高尚な“high and noble”」シーリー学長[20]の面影は一直線をなして、とくに「彷徨の十年」の時代のかれの支えとなり、かれ自身の清教徒意識の礎を築いてくれたものと理解されたことであろう。

『後世への最大遺物』

京都時代に語った、この「彷徨」の時期の最後の講演は「後世への最大遺物」であった。一八九四年七月に箱根で行なわれた基督教青年会の夏期学校で語ったものである。出版は一八九七年。箱根での聴衆は、この講師に『余はいかにしてキリスト信徒となりしか』なる著書のあることは、まだ知らない。この著書は一八九三年末には脱稿されていたが、その出版——英文——は一八九五年五月を待たなくてはならなかった（邦訳は著者没後の一九三五年）。しかしこの箱根講演の講師は『余はいかにして』で纏め上げたアメリカ彷徨での体験を踏まえて、「後世への最大遺物」とは何かを語り上げている。日欧の文化史、思想史、科学史その他をよく踏まえて、平明に、しかもユーモアさえ交えて語るその語り口は、ときに聴衆の笑いをさえ誘い、飽きさせることがなかった。

われわれとして後世に遺すもので、第一に考えられるものは金である。人のため社会のために良き財産を遺すことは立派である。第二は社会を豊かにする事業。たとえば、「今日のイギリス」もクロンウェルによる事業がなければ、ありえなかった。第三は思想。あるいは思想を伝えるための各種の著述――詩、物語、歴史など――を遺すこと。こう語ったあとで、これはいずれも立派であるが、ただこれはだれにでも出来ることではない。

後世のために誰にでも遺しうるものは「勇ましい高尚なる生涯」だ、と話を進める。「すなわち、この世の中はこれは決して悪魔が支配する世の中にあらずして神が支配する世の中であるということを信ずることである。失望の世の中にあらずして希望の世の中であることを信ずることである」[21]。「クロンウェルがあの時代に立って自分の独立思想を実行し、神によってあの勇壮なる生涯を送ったという、あのクロンウェルの生涯というものは、これはクロンウェルの事業に十倍も百倍もする、社会にとっての遺物ではないかと考えます」[22]。

(18) 同右、一二四頁。
(19) 同右、一一八頁。
(20) 同右、2、一二七、一二九頁。
(21) 同右、1、二五〇―二五一頁。
(22) 同右、二五一頁。

内村はかれの「彷徨の十年」の最初に『キリスト信徒のなぐさめ』をまとめた。そのなかで「キリスト教会に捨てられし時」を書く。札幌農学校時代の学生同士の「教会」を回顧しつつ、「余の最も秘蔵の意見も、高潔の思想も、勇壮の行為も、余をしてキリスト教会に嫌悪せらるる者たらしむるに至れり」と書く。[23] ここで纏められている「高潔の思想」や「勇壮の行為」は、「彷徨の十年」の結びちかくの講演「後世への最大遺物」で語られる「勇ましい高尚なる生涯」の賛歌へと繋がってゆくのであろう。その中に「彷徨の十年」以前での貴重な出会い、クラーク教頭、カーリン院長夫妻、そして特に「高潔で高尚な」シーリー学長の姿が生きていることは疑うことができない。

箱根講演「後世への最大遺物」はいま悲惨の状況に追い込まれている我と我が身にたいして、「希望の世の中」にあらしめられることを謝しつつ、いまの苦悩を良き糧としてこれから先へと踏み出してゆくことを自らへ促す檄文であったとも見られる。

ミルトン熱の復興

ところで内村の時代には、詩人ミルトンは自由民権思想の代表者のひとりとみなされていた。清教徒派のミルトンは詩人であることはもちろんとしても、しかしそれよりも、政治思想家と目されていた。内村もこの見方であった。しかし、一九二〇年ころから柏木の弟子たちとの間で、いくつかの深刻な確執が生ずる。それに対処する過程で、内村自身が「ミルトン熱の復興」と称する動きが、かれ自身に起こる。[24] そしてミルトンを定義して、（1）“sublime”な[25]（2）教派に属さない人物、[26]（3）キリスト的愛国者、[27]（4）人類最後の救いを待望する人物、[28] と定義する。ミルトンをこう定義する内村は、「偉大なるかな、ミルトン。……ある点においてはクロンウェル以上の偉人である」とまで言い切る。[29] これは弟子たちとの間に起きた内紛に苦悩を味わった内村が、ミルトンを介して生み出したところの、キリスト信徒像のあるべき姿であったのであろう。教派・教会に偏らず、個人の救いのため、国の救いのために、愛において一致する態度こそが、内村にとって崇高・高尚なる——"sublime"なる——生き方であった。

一九二一年ころの「ミルトン熱の復興」の時期に、内村が述べたことがらは、じつはその四半世紀も前のあの箱根講演「後世への最大遺物」のなかで「勇ましい高尚なる生涯」を推奨したことのなかで、すでに言われていたことであった。内村が「勇ましい」「高尚なる」、あるいは「高潔なる」と言う場合、かれの脳裏には"noble"、"sublime"という語があった。とくに"sublime"とは語源的には「上に挙げられる」というほどの意である。[30] つまり、かつて

(23) 同右、二五頁。
(24) 新井明「内村鑑三とミルトン——柏木兄弟団問題との関連において」『内村鑑三研究』第二〇号(一九九三年十月)、七八—一〇一頁。この改訂版が新井『ミルトンとその周辺』(彩流社、一九九五年)に入る。
(25) 「日記書簡」2、七九頁。
(26) 同右、九三頁。
(27) 同右、九一頁。
(28) 同右、一〇八頁。
(29) 同右、九一頁。
(30) "raised aloft high up" (Oxford English Dictionary). 内村は「サブライム」の訳語について、すでに一八九九年の『外国語の研究』の中で、「この語の訳語は見つからない、『高尚、崇高、荘厳、壮美』、いずれも充分な訳語ではない」と言い、そしてミルトンをあげて、「吾人が全能者の前に立ちし時の感なり」と定義している(「信仰著作」5、一九八頁)。内村はとくに一九二一年の「ミルトン熱の復興」の時期には John Bailey, *Milton* (Oxford University Library, 1915)

シーリー学長に「イエスを仰ぎ見よ」と諭されて、人生の再出発を体験した内村は、「後世への最大遺物」講演でも「勇ましい高尚なる生涯」を語り、それより四半世紀後の「いま」においても、弟子たちを相手とする苦闘の中で、この思考原理に回帰したのである。

『ロマ書の研究』

内村の説いた聖書講義の中で、最大のまとまりを示すものは『ロマ書の研究』である。これは一九二一年に語り始め、六〇講をへて、翌年の十月に及んだ講義である。前段で述べたように、内村グループ内で各種の問題が起き、弟子たちの中核を成す部分が離反した。さきにも触れたようにかれが「ミルトン熱の復興」を意識し、（1）高尚な生き方、（2）教派をこえた生き方、（3）真の愛国心、（4）人類最後の救済を願望することなどを推奨した時期である。内村のこの主張は、同じ集会内に起こった内紛にたいする悲憤慷慨をもとにしての新主張なのであろうが、おそらくその苦悩が「ロマ書講義」を出発させる契機のひとつをなしたものと推察されるのである。

『ロマ書の研究』は始められた。第一講は一九二一年一月十六日の聖日。東京・大手町の大日本私立衛生会講堂においてであった。第一講は「ロマ書の大意」であり、キリスト教の基本は、「イエスの十字架」であり、「キリストの贖罪」にある、と述べる。それが解かったのはアメリカ時代の「親切なる先生」の「十字架のイエスを仰げ。さらば平安なんじに臨まん」。「信仰による仰瞻（ぎょうせん）」という教えによる。ロマ書はそれをこそ「教うる書」である、と語る。[31]「キリスト教道徳」として「謙遜」と「愛」を語る場合にも、国家・政治・社会を語る場合にも、「ダンテ、ミルトンら」の「高貴なる精神」を範として、ものを見ることの要を語る。[32]繰り返すまでもなく、若き日のアマーストでのシーリー体験は（かの「彷徨の十年」に深まり）、その後三十余年をへてここに声を上げているというべきであろう。

その「イエスを仰ぎ見る」の生き方は九月二十五日の「神の宮」講義にも出る。[33] 初代信徒のペンテコステ体験の箇所である。「われらは相つらなり相結びて、全体においてひとつの『神の宮』を形造り、……各自が神の霊を受くべきである。……信者は、今は目に見えざる主を仰ぎつつ、目に見えざるエクレーシヤにつらなりて、その信仰生活を営むのである。……ここに真正の聖徒の交際がある」。このことは繰り返し語られることであって、一年以上先の「パウロの友人録」でも、詳しく述べられる。プリスカとアクラの家での「集会（あつまり）」は「実に簡素な、単純な、べつに教職という職業的のものもなく、……自由な、楽しい教会であった。……しかり、かくのごときもののみが真の教会である」[34]。教派をこえた集まりのこと言っている。

この講義の特色のひとつは、「真の愛国心」を繰り返し説くことにある。その代表例はロマ書九章冒頭を扱った、一九二二年三月十二日の講義である。[35]「ルーテル、ミルトン、クロンウェルらを見よ。クリスチャンの中に真正の愛国者があった。深き愛国心は、神を知らぬ者のいだき得ぬところである。……米国人の愛国心はピルグリム祖先より

を熟読して、その"sublime"観を決めている（「日記書簡」2、七九頁）。

(31)「聖書注解」16、九—一八頁。
(32) 同右、17、一四二頁。
(33) 同右、16、一七三—一七八頁。
(34) 同右、17、二二九頁。
(35) 同右、八五—九一頁。

発生し来たり……。聖書を除いて真正の愛国心が起こり得るや、……この国民のために、ここにこの事をいう」。

愛国心は、しかしながら、ひとり立ちすべきものではない。直前引用の講義は――「日本民族の救いも全人類の救いとかかわるところ」。「ゆえに……われら、福音のため、わが愛する日本国のため、また世界人類のために、日々に働かんかな」と結ばれる。しかし、この日も、神がその実りを「刈り取る日」を用意して下さるからこそ、到来可能なのである。[36]宇宙大完成の日、新天新地の到来の日を、「全天然とクリスチャンと聖霊とが、確信をもってうめきつつ待望するのである[37]」。

『ロマ書の研究』は一九二〇年、直弟子たちとの間に大きな誤解が生じた多難なる時期に、その構想を立て始め、その翌年の正月から開講した講義であることは、すでに述べたところである。そしてその時期に、（1）天にいます方を「仰ぎ見る」こと、（2）教派をこえる生き方、（3）「ピルグリム祖先を範とする」「真正の愛国心」の推奨、（4）最後の大完成の日を待望すること等を柱とする内容の大著を出す。この大著は、しかし、かの北越学館いらいの迫害と苦悩の十年――彷徨の十年――があってこそ産み出された作であった。「迫害は、忍耐―練達―希望の母である。……さすれば歓迎すべきかな、迫害苦難！」と著者自身がその書物のなかで言っているとおりである。[38]

内村は一九三〇年三月二十八日にこの世を去った。墓碑銘はかれ自身で、若いときから決めてあり、古い聖書に自らの手で英文で記してあった。

I for Japan;
Japan for the World;

The World for Christ;
And All for God.

われは日本のため、
日本は世界のため、
世界はキリストのため、
そして万物は神のために。

この墓碑銘の語るところを、内村自身、ときおり想起しつつ、そのこころを模索し、実践したのであろう。数え七十の一生であった。

そして内村は今に語る。

(36) 同右、九〇―九一頁。ここなどは、ほぼ内村の決めた墓碑銘である。
(37) 「救いの完成」について内村は一九二二年十二月十八日から翌年二月五日まで、九回、集中的に語った。
(38) 「聖書注解」16、一九四―一九五頁。

内村鑑三とミルトン

故生地《おいぢ》竹郎《たけろう》氏が日本におけるプロテスタント系ミルトニストの流れを素描されたときに、第一に無教会主義グループ、第二に熊本バンド——同志社の系譜、第三にその他の系統によるミルトン紹介というふうに、三系統に整理をされたことがある。[1]その論文のなかで、氏は無教会グループによるミルトン受容史を内村鑑三からはじめて、藤井武、畔上《あぜがみ》賢造、中村為治《ためじ》、矢内原《やないはら》忠雄、逢坂《おおさか》伸悟《しんご》とたどられた。

こうなってくると無教会の創始者である内村鑑三そのひとが、ミルトンをどうとらえ、どう理解していたのか、ということが問題になってくる。内村にはまとまったミルトン論はないのであるが、文筆活動にはいった当初から最期にいたるまで、約四〇年間にわたり、ミルトンに言及しつづけた。とすれば内村にとってミルトンとは何であったの

(1) 石井正之助、ピーター・ミルワード監修『英国ルネッサンスと宗教—モアからミルトンまで』(荒竹出版、一九七五年)所収の生地氏「ミルトンのピューリタニズム」。生地氏は同論文のなかで、「現代日本の代表的ミルトン学者の一人である新井明氏も無教会グループに所属しておられるときいている。彼らの多くは無教会主義の積極的な布教者である。そして、後に鑑三と不仲になる［内村］達三郎と、英文学者である新井氏を除くと他の人々の著述は、学問的というよりはむしろ布教的な姿勢をもって書かれているのである」とまとめておられる(一六六ページ)。

か、という問題が生じてくる。一八六一年（文久元年）に生まれ、明治、大正、昭和の三代を生きた、いわば開明日本の文化の担い手のひとりであった内村が、ミルトンといかに取り組んだかということを探ることによって、日本が外国文学を受容するひとつの型を掘りおこすことができるかもしれない。

＊

内村鑑三がミルトンの名をいつ知ったのかは、正確にはわからない。ただ一八七七年（明治一〇年）に、その年に創設されたばかりの東京大学の文学部からトマス・マコーレーの『ミルトン』（一八二五年）が、原文のまま印刷刊行されている。イギリス自由党の政治家・理論家であったマコーレーの名は、明治の自由民権思想の発展とともに、日本においてももてはやされた。一八七七年という時点にいちはやくその『ミルトン』が原文で出版されたということじたいが、その証左であるといえよう。内村はその年に札幌農学校に入学するため、品川沖を出帆している。東京外国語学校出身の彼が、マコーレーの名を当時知らなかったはずはなく、『ミルトン』の東京大学本のことを承知していたと推測する方が自然であろう。

内村はその後アメリカへ留学。帰国後、各地で教鞭をとることになるのであるが、第一高等中学校——のちの旧制第一高等学校——の嘱託教員であったときに、一八九一年（明治二四年）のこと、教育勅語にたいするいわゆる「不敬事件」をおこしてからは、職が定まらず、文筆活動にはいる。初期の著作『基督信徒の慰』（一八九三年［明治二六年］）に『楽園の回復』からの引用をおこなっている。この書の第四章「事業に失敗せし時」の冒頭の一節で、「基督教は人を真面目になすものなり、……自己尊大の念は公益増進の希望と変じ、『如何にして斯国《このくに》と斯神《このかみ》とに事へん乎との問題に付て日も夜も沈思するに至る』と書く。そしてつづけて、キリストのことばとして

When I was yet a child, no childish play
To me was pleasing; all my mind was set
Serious to learn and know, and thence to do
What might be public good; myself I thought
Born to that end.

わたしがまだ子供であったころ、子供の遊びを好まず、心はただ一途（いちず）に、公共の益のなんたるかを学び、知り、次いでおこなうことのみに向けられていた。わたしじしんはその目的のために、真理の促進、義なる事柄の促進のために生まれたと考えていた。

と引用する（第一巻二〇一―二〇五行）[2]。訳文は添えられていない。これは内村がミルトンを引用する最初の例であ

（2）『内村鑑三全集』第二巻（岩波書店、一九八〇年）、三七、三八ページ。ちなみに内村からの引用はすべてこの新『全集』に拠る。

る。ただ、どうしてこれだけの引用（しかも訳文のない引用）を必要とするのか、正直のところわからない。キリスト教はひとに国と神のこと、つまり「公益」を重んずることを幼少のころより教えるということをいいたいのであろう。そしてミルトンを引用することで自分の主張に説得力をもたせようとはかったものであろう。おそらくミルトンは当時それほどまでに権威があったのであろう。

ただし一八九〇年代から一九〇〇年代（明治二〇年代、三〇年代）の内村がミルトンを見る目は、当時一般のマコーレー流の見方であった。つまりミルトンをホイッグ史観ふうに、自由の戦士にしたて、自由民権思想の代弁者とみなしていた。内村はミルトンを政治家、もしくは政治思想家と考えていたという事実が、それを物語っている。[3]（その意味では、上の『楽園の回復』の一節などは、内村の見方としては、むしろ例外的な引用に属する。）

明治期の内村のミルトン理解は、当時一般のそれとひとしく、マコーレーふうであった。たとえば内村が次のように書くとき、そこには明らかに自由民権思想の匂いがする。

「汝に我を殺すの力あり、我に汝を賎しむるの心あり」とは詩人ミルトンが彼を窘《くるし》めし権者に向て語りし所、我も彼等に向て斯く言はんのみ、然りかく言はんのみ。

これは『東京独立雑誌』に書いたものであるが、[4]ここには野にあるものの反骨精神が息づいている。ただ、ここに引用したことばは、ミルトンの言であるとは思われない。ミルトンの言と、当時伝えられたにすぎないものなのではなかろうか。故宮西光雄氏[5]も黒田健次郎氏[6]も、それぞれ「典拠不明」、「未祥」と注記しておられる。ところがこのことばが、内村は大好きであったらしく、何回も引用してみせるのである。[7]イギリスがボーア戦争をおこしたときにも、イギリス非難の英文を発表して、この言を引用している。(8) ミルトンを自由戦士、自由のための活動家とみなしていた証拠といえよう。日本の政治的風土からみれば、ミルトンは自由民権思想の主役者とみえたのである。

しかしやや仔細に検討してみると、内村には明治期に風靡したマコーレー流の民権擁護派のミルトン観と異なる色合いがみられないわけではない。たとえば、ミルトンの詩を

（イ）"sublime"な作とみ、(9)

（ロ）ミルトンを無教派・無教会の、(10)

（ハ）平民であり、(11)

（3）「余の学びし政治書」、『全集』第八巻、五一九―五三〇ページ。

（4）『東京独立雑誌』第三〇号（一八九九年［明治三二年］五月五日）所収「文士の述懐」。『全集』第七巻六九ページ。

（5）『明治百年にわたる日本のミルトン研究』（風間書房、一九七一年）、一七〇ページ。ちなみに宮西氏が内村のことばを『東京独立雑誌』第二九号（一八九九年四月二五日）より、としているのは誤りである。

（6）『日本のミルトン文献（明治篇）』（風間書房、一九七八年）、五九八ページ。

（7）『東京独立雑誌』第六四号（一九〇〇年［明治三三年］四月一五日）所収「不平家を慰む」。『全集』第八巻、一一四ページ。『万朝報』一九〇二年（明治三五年）二月七日号所収「我等の所有物」。『全集』第一〇巻、四一ページ。

（8）『万朝報』一九〇二年（明治三五年）六月六日号所収"Death of Republics."『全集』第一〇巻、一八六ページ。

（9）『外国語之研究』一八九九年（明治三二年）五月刊。『全集』第六巻、三三七ページ。

（10）『宗教座談』一九〇〇年四月刊。『全集』第八巻、一一九ページ。

（11）『万朝報』一九〇〇年一二月一三日号―一九〇一年一月一三日号所収「余の学びし政治書」。『全集』第八巻、五二八―五二九ページ。

（ニ）愛国者、キリスト信者[12]

であったとするのは、内村のミルトン観のなかでも、時流をこえる部分である。

やがて内村がミルトンと真剣に取り組みだす時が到来する。それは一九二一年（大正一〇年）の夏以後のことである。直接の動機はジョン・ベイリー――内村はベイレーと書く――の『ミルトン』[13]を読んだことにある。つづいて『英国百科事典』第九版の、デイヴィッド・マッソン筆の項目「ミルトン」を読み、その翌日は丸善へ出むいてマッソン編『ミルトン詩集』全三巻（一八七四年）を購入している。[14]内村はみずからのミルトンへの傾斜を「ミルトン熱が復興し」と表現する。この当時、つまり一九二一年夏から秋にかけての内村の日記をひもとけば、そこにはそれまでにはみられないミルトン礼賛のことばがつらねられていることがわかる。「偉大なる哉ミルトン、偉人とは斯かる人を指して云ふのである、或る点に於てはクロムウエル以上の偉人である」という体《てい》のことばである。[15]ここにはすでに、二〇年前のあのマコーレー流の「政治家」ミルトンの影はみじんもみられない。

それならば一九二一年（大正一〇年）の内村の「ミルトン熱の復興」のなかで前面に押し出されてくる特質とは何か。それを、ここで四点に絞ってまとめてみよう。この時期の内村はミルトンを

（イ）“sublime”な人物[16]

（ロ）教派・教会に属さない人物[17]

（ハ）キリスト教的愛国者[18]

（ニ）人類最後の救いをうたう詩人[19]

としてとらえている。前節で、明治年間の内村が、当時一般のマコーレー流のミルトン観に浸りつつも、いくつかの点において独自の見解を打ち出している事実を指摘した。そのことをいま一九二一年の時点で、内村が熱誠あふるる

態度をもってミルトンに立ち向かい、自覚的に引き出してくるいくつかの点とくらべてみると、その主要な意味あいにおいて、明治期のかれじしんのミルトン観を継承・発展させていることがわかるのである。

内村の「ミルトン熱の復興」は、たしかにベイリーの触発によるものである。この時期の内村のミルトン観の特質として、上に絞った諸点も、ベイリーに散見する見解である。[20] 内村はベイリーに参ってしまったらしく、浅間山麓に避暑中の、この年九月一二日の日記に、「詩人ミルトンの『アルレグロー』に於ける左の一句を誦《そら》んじながら屢々《しばしば》其[浅間の]雄姿を仰ぐは多大の感興である」として二行(「快活の人」七三—七四行)を引用し、訳をつけている。[21]

Mountains on whose barren breast,

(12)『聖書之研究』第二三号(一九〇二年[明治三五年]七月二〇日)所収「時勢の要求と基督教」。『全集』第一〇巻、二三〇、二三一ページ。
(13) *Milton*, "Home University Library", Oxford University Press, 1915.
(14)『全集』第三三巻、四二八、四二九ページ。
(15)『全集』第三三巻、四二三ページ。
(16)『全集』第三三巻、四一〇ページ。
(17)『全集』第三三巻、四二四ページ。
(18)『全集』第三三巻、四二三、四二八、四二九ページ。
(19)『全集』第三三巻、四四〇ページ。
(20) *Milton*, pp.10, 15, 45, 242.
(21)『全集』第三三巻、四二六ページ。

The labouring clouds do often rest.

突立《つった》つ山の曝《さら》せる胸に
悶《もだ》える雲は屢々《しばしば》靠《もた》る。

マッソン編のミルトン詩集を入手するまえの内村のことであるから、これなどは明らかにベイリーからの孫引きである。[22]ベイリーはくりかえして読んだ。しかしこの時期の内村がこれほどまでにベイリーに衝撃をうけ、ミルトンに心酔したについては、内村の側にミルトンを受け入れるだけの内的条件がととのっていたことが想定されるのである。

*

内村みずからが「ミルトン熱の復興」と称した体験は、一九二一年（大正一〇年）の体験であるが、この年は内村は「ロマ書」の講義をおこなった年であった。内村六一歳、まさに油の乗り切った時期であった。大手町の大日本私立衛生会講堂に集まる聴衆は、ときに七百をこえ、壇上の内村の迫力はすさまじく、獅子の吼えるを思わせたといわれるほどであった。

しかしその前年一九二〇年（大正九年）から三年間は、じつは内村にとって、もっともつらい時期でもあった。一九二〇年には愛弟子藤井武が、一種のケンカ分かれの態《てい》で、内村から独立してしまう。それにつづいて内村の活動を背後から援助していた弟子団――柏木兄弟団――の幹部たちが、内村から離反する。原因は一九二〇年の夏に箱根で開かれた平信徒夏期修養会に、内村が森戸辰男、渡辺善太《ぜんだ》と講演をともにすることにたいして、主だった弟子たちが反対を唱えたことにある。森戸は「クロポトキンの社会思想の研究」により筆禍にあい、東京帝国大学を逐われていた。渡辺は内村らが唱えた再臨信仰に冷やかであるとされていた。こんな傾向の講師らと、どうして内村が講壇をともにするのか、というのが、弟子集団側の疑義であった。またこの修養会の設営にあたって、内村が植村正久牧師系の長尾半平に一任して直系の弟子たちに相談しなかったということも、弟子たちの不信をあおったらしい。内村は、しかし、態度を硬化させて、主だった弟子たちを去らせる結果となる。この事件には、いまもって判然としない陰湿な部分があり、内村も苦悩にみちた二年余を送ることになる。

ちょうどそのとき大手町で講義していたのが、「約百《ヨブ》記の研究」である。この講義は内村の生涯でも傑出した講義とされているものであるが、じつは両刃の剣を思わせる内容となっている。というのはヨブ記を講じながら、そのじつ内村は柏木兄弟団の幹部たちを糾弾しているところがあるからである。問題の一九二〇年の『聖書之研究』の、その七月号にプリントされた講義をみると——ヨブに欠点がないわけではないが、ヨブを難ずる友人たちは「自己の定規を他に加え」る輩、「正統派」をもって任ずる輩である、と批判する。再臨信仰の立場といえども、これをひとつの教理としてしまい、これをもって他人を審くのは真理の乱用というべきである。「若きミルトンは Justify the ways of God to men と言ひて、神の為し給ふ所を人の前に正しと証するを以て其一生の標語となした」。それに学ばなくてはならない、ということを内村はいっている。[23] つまりキリスト者は自分の立場を絶対として、他人を審くことは厳につつしむべきであるとして、『楽園の喪失』第一巻二六行のミルトンのことばを引いてみせるのである。(「若きミル

(22) *Milton*, p.109.
(23)『全集』第二五巻、三九四—四〇六ページ。

トン」は、内村の誤まり。）

この『聖書之研究』七月号の出たその月に、内村は問題の箱根の平信徒修養会に、主なる弟子たちの反対を押し切って出席してしまう。その結果、何人かの弟子たちが離反することになる。弟子たちの間では、渡辺善太や長尾半平と手を結んだ内村は、教会流に立ち戻ったのではないか、という深刻な疑義も生まれていた。じじつ教会側からの誘いもあったらしい。[24]弟子たちのその思惑に反撥して内村は、「余自身は断固として無教会信者として生存する、……余の守節を危む者は宜しく此際余との友誼関係を絶つべきである」などと、激越なことを書いている。[25]その際に、「余は今依然として無教会信者である、クロムウエルやミルトンが独立信者《インディペンデント》でありし意味に於ての無教会信者である」とするした。

この柏木兄弟団事件は翌年になっても終熄しなかった。その一九二一年（大正一〇年）の夏以後に、内村に「ミルトン熱の復興」がおこり、彼はミルトンを（イ）“sublime”な人物、（ロ）教派に属さない人物、（ハ）キリスト的愛国者、（ニ）人類最後の救いを待望する人物、と考えたのである。こうしてみると「ミルトン熱の復興」とは、柏木の内紛による苦悩の結末、内村がミルトンをプリズムとして生みだしたところの、あるべき姿のキリスト信徒像の把握の体験であった公算がきわめてつよいというべきである。教派・教会に偏らず、「正統」意識を捨て、個人の救いのために、国の救いのために、愛において一致すべきは一致する態度こそ、内村にとって崇高・高尚なる――“sublime”なる――生き方なのであって、それはミルトンをひもとけば明らかな生き方、と内村の目には映ったものであった。こうして内村は、ややもすれば信仰の硬直化をひきおこす傾向にある弟子集団への警鐘を鳴らしたのであろう。また「人類最後の救済」を高唱することで、再臨信仰そのものの揺ぎなきことを弟子グループに宣言することもできたはずである。かくしてミルトンをとおして引き出した理想的キリスト信徒像は、弟子団への警告であると同時に、内村じしんの擁護のための理論的・心情的な支柱となったものと考えられる。内村はこの理想的キリスト信徒像を、その後の聖書釈義——『ロマ書の研究』、『ガリラヤの道』など——で、生かしていくことになる。(26) 内村の最晩年の文章に、「ミルトンは終りまで高貴壮厳なる無教会主義者であった」ということばがある。(27) これは内村じしんの歩み来しかたをふりかえってのことばでもあった。

＊

内村はミルトンに対したばあいも、他の文人・思想家に対したばあいと同様に、学者・研究者たらんとはしなかった。彼はミルトンにかんしてさえ、アマチュアであった。しかし詩人が彼に関わりうる相《アスペクト》を鋭く察知し、それを強引につかみとることにかんしては、まさに天才的な勘をそなえていた。そして、つかみとったものを自分の生涯の支柱として組み立ててゆく努力を怠らなかった。明治以来の思想家のなかで、内村ほどミルトンという文人の思想から、(知識ではなく) 知恵と力とを汲みとった思想家はいなかったのではないか。

その「知恵」と「力」とは弟子たちにも伝えられ、内村グループは日本のミルトン学の発展に大きな足跡をのこすことになる。おもなる人物と業績を (業績発表の年代順に) あげてみると——

(24) 一九二一年 (大正一〇年) 八月一一日づけ山岸壬五《じんご》あて書簡、同八月一九日黒崎幸吉あて書簡。『全集』第三八巻、五一一、五一五、五一六ページ。
(25) 『全集』第三三巻、二八六ページ。
(26) 『全集』第二六巻、三七五、二〇六—二一四、三三二—三三九、一九三—一九九ページ、など。
(27) 『全集』第三〇巻、四三七、四三八ページ。

藤井武『楽園喪失』岩波書店、一九二六―二七年。

中村為治『闘技者サムソン』岩波書店、一九三四年。

畔上賢造『復楽園』改造社、一九三六年。

矢内原忠雄『楽園喪失』土曜学校講義、第八巻―第一〇巻、みすず書房、一九六八―六九年。

逢坂信忢『盲詩人ミルトンを惟う』宮崎廣志発行（発売所丸善）、一九六九年。


などであろう。

内村みずからはミルトンの原文に沈潜するというタイプの研究家とはいえなかったにせよ、弟子たちのなかにこれだけの訓詁家・釈義家を生んだのである。彼は若き魂に文学の心を激しくインスパイアする真の師であったということができよう。それも彼じしんが生涯の一時期において、ミルトンに激しくゆすぶられる体験をもった結果であったことは、たしかなことである。

〈内村鑑三とその周辺〉

小山内　薫

小山内薫（一八八一―一九二八）は、旧制第一高等学校時代から東京帝国大学（英文学科）在学中にかけて、内村鑑三とは深い交わりをもった人物である。内村は青年小山内を家族の一員のごとくに愛して、転地の際には同道し（一九〇四年〔明三七〕八月）[1]、『聖書之研究』がいちじ『新希望』と改題されたおり（一九〇五年〔明三八〕）にはかれをその編集助手として使い[2]、じじつ内村病臥のおりの第七二号はその編集を全面的に小山内と倉橋惣三に「任かし」たほどである[3]。その小山内がやがて内村から離反するにいたるのであるが、そこにはかれなりの深刻な精神的葛藤があったはずである。

この師と弟子との関係をたどるについて、『聖書之研究』に載せられた小山内の文章をみておく必要がある。

（1）菊地玉三郎あて、一九〇四年（明三七）五月八日づけの小山内書簡。小山内薫全集、臨川書店、一九七五年二月、第八巻二四八頁。全集はもと一九二九年（昭四）からその翌年にかけて、春陽堂から出た。臨川版はそのレプリント版。

（2）一九〇五年（明三八）五月八日づけ、住谷天来あて内村書簡。「今度小山内薫氏入社し、同士相協力して大希望を唱道する積りに御座候」。

（3）『新希望』第七二号（一九〇六年〔明三九〕二月一〇日刊）の「自分の事に就て申上候」。

(1)「われは新しき世に帰れり」に始まる感想文。『聖書之研究』第一二号（一九〇一年〈明三四〉八月二五日刊）。第二回夏期講談会「感想録」。
(2)「私は今度の講談会で神御自身から一種の洗礼を受けたと信じます」に始まる感想文。同誌第二四号（一九〇二年〈明三五〉一二月二五日刊）。
(3)「撒母耳前書二章四節」。同誌第三〇号（一九〇二年〈明三五〉一二月二五日刊）。
(4)「梅花の歌」（詩）。同誌第四七号（一九〇三年〈明三六〉一二月一七日刊）。
(5)「詩人としての使徒保羅」（英国牛津大学、E・E・ケレット氏原著、日本小山内薫纂訳）。同誌第五六号（一九〇四年〈明三七〉九月二二日刊）。
(6)「希伯来詩歌の特質」（ブリグス氏著『聖書研究』に依る）。『新希望』第六五号（一九〇五年〈明三八〉七月一〇日刊）。
(7)「緑蔭雑感」。同誌第六六号（一九〇五年〈明三八〉八月一〇日刊）。
(8)「神と自然と」。同誌第六六号（一九〇五年〈明三八〉八月一〇日刊）。同誌第六七号（一九〇五年〈明三八〉九月一〇日刊）。
(9)「燈下雑感」。同誌第六七号（一九〇五年〈明三八〉九月一〇日刊）。
(10)「ホイットマンの戦争詩」。同誌第六九号（一九〇五年〈明三八〉一一月一〇日刊）。
(11)「何西阿書雑感」。同誌第七二号（「一九〇六年〈明三九〉二月一〇日刊」。
(12)「山上の基督」（アンデス筆、亜米利加平和協会報告）。同誌第七二号（一九〇六年〈明三九〉二月一〇日刊）。

(13)「基督の画家」。同誌第七三号(一九〇六年〔明三九〕三月一〇日刊)。
(14)「ドストイエフスキーの臨終」。『聖書之研究』第八〇号(一九〇六年〔明三九〕一〇月一〇日刊)。

これでみると、小山内の文章が『聖書之研究』に初めて現われるのは一九〇一年〔明三四〕であり、第二回夏期講談会の「感想録」のひとつとして同誌に掲げられたものである。ただ、小山内はこの前年の第一回夏期講談会にも出ていて、内村はかれを倉橋惣三、西沢勇志智の二人とともに「好青年の三幅対」と称した。(4) 三人とも内村の『後世への最大遺物』(一八九七年)を読んで、夏期講談会への参加を決した若人たちであった。

小山内にとって決定的意味をもったのは、第二回夏期講談会であった。かれは『自伝』のなかで、「高等学校の二年時分に、私は或失恋をした。それが動機で、内村鑑三氏の弟子になって、基督教になった」と書いている。(5) それは河原崎某との恋愛である。この失敗をかれは深刻にうけとり、「自殺の虞れ」があったほどだという。これは友人の武林磐雄(夢想庵)や川田順の言として、久保栄が書きとどめているものである。(6)(この辺の事情は、やがて『背教者』の主人公山田の行状として脚色されることになる。)

自殺をさえ考えるほどの一日がすぎて、その翌日が一九〇一年〔明三四〕七月二五日、第二回夏期講談会の日であった。小山内はこの講談会でよほどの経験をしたらしく、前記(1)「われは新しき世に帰れり」で始まる一文を、『聖書之研究』誌によせている。「あゝ神は吾を執へ給へる也。明治十四年七月廿六日、これわれの肉に於て生れ

(4)『聖書之研究』創刊号(一九〇〇年〔明三三〕九月三〇日刊)。
(5) 全集、第八巻八頁。
(6) 久保栄『小山内　薫』文芸春秋社、一九四七年二月一日刊、三六―三七頁。

し時なり。明治三十四年七月廿六日、これわれの霊に於て生れし時なり」。内村はこれに注して、「嗚呼第二回夏期講談会よ、汝は少くとも此一青年を救へり、十日間の苦熱何かあらん、一人の霊魂を救ひ得ば百年の労も惜むべきにあらず、云々」と書いた。その翌年、一九〇二年〔明三五〕の夏期講談会も、小山内の感銘はふかかったとみえて、これにおとらぬ長い感想文を同誌によせている。前記（2）の「私は今度の講談会で神御自身から一種の洗礼を受けたと信じます」に始まる一文である。特徴的なのは、「それから最《もっとも》一つ私が今度の会で深く深く感謝しなければならないのは、私が此十日間、私の最も弱点なる姦淫の罪から全く浄く暮らす事の出来た事であります」と書く件である。これはいわば懺悔の言である。内村はこれをよろこび、「善し、善し、余は君の信仰に就て満足す亦安心す、云々」と注記した。

内村の信用絶大であった小山内は、『聖書之研究』と、いちじその編集を託された『新希望』に、いく篇かの聖書注解、翻訳、創作詩、感想等を執筆している。創作詩「梅花の歌」（一九〇三年〔明三六〕）は藤村流の新体詩である。[7]「ホイットマンの戦争詩」（一九〇五年〔明三八〕）などは、すぐれた翻訳詩であり、小山内のきらきらした才能が躍っている。このころ一九〇四年〔明三七〕一月一八日に菊地玉三郎にあてた書簡には、「今日よりは何卒して（即ち神の助により）男らしき生涯を送り度と存じ居候戯曲中の人物となることなく戯曲を作るの人たらむと希ひ居候人生を説く者たらず人生に慰藉を与ふる者たらむと願ひ居候美術家たらず詩人たらむと祈居候」と綴っている。[8]「男らしき生涯」、「人生に慰藉を与ふる」詩人などの言辞は内村の感化の深きを思わせると同時に、劇作家・詩人への自覚は、小山内の内面の傾向を告白しているものとみられる。この夏かれは内村とその息子とともに鎌倉にすごす。前記「ホイットマンの戦争詩」は「新希望」第六九号の掲載であるが、その前号第六八号（一九〇五年〔明三八〕一〇月一〇日刊）に、内村の手になる「教友会の設立」が告示された。内村のエクレシア構想の展開のあと著しいこの時期は、同時に小山内自身の、師からの乖離の種の急速にふくらみつつあった時期でもあった。いちばん苦しかったのは、当の小山内であったろう。「光の明るきに従ひて影は愈暗かるべし、神に近づくに従ひて罪を感ずる事愈深かるべし」という感想は、この小山内の内心をよく告白しているといえよう（前記（7）「緑蔭雑感」一九〇五年〔明三八〕）。

小山内が第一高等学校を卒業し、東京帝国大学に入ったのは、一九〇二年〔明三五〕である。「芝居は母の感化で子供の時から好きだったが、その時分は一高の校風がやかましかったので、（一つには内村先生が〔芝居が〕嫌ひだったから）高等学校の三年間は、殆ど劇場へ足を踏み入れなかった。大学へ進むと同時に、貪るやうに芝居を見て歩いた」と小山内は『自伝』に記している。(9) これは事実であった。大学入学直後に、モーパッサンの短編「墓」が鷗外の目をひいた。その後メーテルランクの戯曲「群盲」の翻訳が『万年草』に採られる（一九〇五年〔明三八〕）。鷗外はこの才子薫というのが、自分の医学上の先輩にあたる小山内健《たけし》の遺子であることを知って、さらに驚いた。これがきっかけで薫は鷗外の実弟三木竹二と親しむにいたり、さらにかれの伝手で中洲の真砂座の俳優伊井蓉峯に引き合わされる。一九〇四年〔明三七〕七月にはこの座のために「サフォ」を、一一月には「ロミオとジュリエット」を翻案した。小山内はいっきょに芝居の世界に浸ってしまった。かれが内村父子と鎌倉で夏をすごすのは、この「サフォ」上演のころのことであり、また同じころ入信後の恋愛にもつまずいていた。内村は愛弟子のこうした身辺の急

（7）小山内編の第一次『新思潮』（一九〇七年〔明四〇〕一〇月―一九〇八年三月）に連載。岩野泡鳴「新体詩史」の年表は一八九八年（明三一）の頃に小山内の「活文壇」への出現を明記している。

（8）全集、第八巻二四六頁。

（9）全集、第八巻七頁。

変には、おそらくは通じていなかったであろう。

その一九〇四年一一月に文芸誌『七人』が創刊された。七人とは小山内のほかは、武林磐雄、太田善男、高瀬精太、川田　順、上村清延、吉田豊吉（白甲）の面々であった。有島生馬が表紙を画いた。この雑誌の一九〇五年〔明三八〕九月二五日刊に載せた長編詩「小野のわかれ」は、その冒頭が「あふげ青葉したゝる岡を／古会堂《ふるでら》の屋根のいたゞき／十字なす黄金の光……」と、敬虔な雰囲気ではじまるものであるが、そのじつは全体が恋愛（失恋）詩である。内村は自らが病気で、その編集を小山内と倉橋にまかせた『新希望』第七二号（一九〇六年〔明三九〕二月一〇日刊）の裏表紙裏一面に、この雑誌『七人』と、詩集となった『小野のわかれ』の広告を許している。内村が小山内らの仕事を確と見張っていたとは、とうてい考えられない。

師をいたく尊敬し、また恐れてもいた小山内の良心は乱れていた。そのことは『新希望』同号の小山内の『何西阿《ホセア》書雑感』（前記（11）をみれば、一目瞭然である。姦淫の妻が、そのままにして許される事態に注記して、小山内は「自らの罪を犯せる其場所にて即刻神の寵児たるを得るなり」。「これ福音なり。真なり、善なり、美なり」と書く。これは自己弁護というよりも、懺悔であり、希求である。誘われるままに悪所にも出入りをしていた小山内であった。[10] 厳師内村に愛せられ、しかもホセアの妻の淫らの立場をも己がものとせざるをえない小山内の、自己の内なる格闘が、すさまじいかたちで凝縮せられた作品が、この同じ年に上梓された散文詩集『夢見草』（一九〇六年〔明三九〕一一月七日、本郷書院刊）である。教友の妹との恋に破れた痛恨の念が、ついにかれを信仰の世界から突き出してしまう経緯を描いている。「聖書《みふみ》の福音《おとづれ》さへ、絶望の眼の前、今唯白き紙となりて飜《ひらめ》くのみ」[11]。これでは内村のもとには居られない。「破門せられたのでない。……私の弱さが私を先生から遠ざけてしまったのである」と、『伝記』に書いている。小山内の『聖書之研究』への執筆も、この年が最後となる。

この年の一一月刊の『聖書之研究』第八一号に掲げられた「学生の信仰」と題する内村の一文は、小山内を名指してこそいないが、おそらくはかれの離反を念頭において書かれたものである。「危険なるものにして学生の信仰の如きはあらず、……彼等は主として読書の人にして労働の人にあら〔ず〕。……今の学生なる者〔は〕……キリストを其謙遜と柔和と勤勉と率直との美に於て仰ぎ瞻《み》ること能はざるなり」(12)。『聖書之研究』がこの次に小山内の名をあげるのは、かれの『背教者』（朝日新聞、一九二三年〔大一二〕四月三〇日—九月二日）をめぐってのことになる。内村はかつての愛弟子の手になるこの小説のタイトルを苦々しい思いで指摘している（『聖書之研究』第二七五号、一九二三年五月二日の日記）。その後、朝日新聞の購読を断ったという。

内村はそもそもその気質が詩人であり、文学が好きであった。かれは欧米の文学を明治・大正期の日本にいちはやく紹介した先駆者のひとりでもある。「文学とは高尚なる理想の産なり、文学は戦争なり」(13)。「人生は最も大なる美

(10) 久保、前掲書、四九頁。伊井蓉峯びいきの材木商薮井政治と知り合ったのが、いつの段階のことであるか詳かにしないが、かれの手引きで花柳界に出入りしたことは確かである。これがのちの小説『大川端』（読売新聞、一九一一年〔明四四〕八月八日から九月一三日。のち一九一三年〔大二〕一月一五日、籾山書房刊）の素材となった。

(11) 全集、第八巻一二七頁。

(12) 内村は『聖書之研究』第二七五号（一九二三年〔大一二〕六月一〇日刊）に、その五月二日——「三日」とあるのは、二日の誤り——の日記として、『背教者』にふれている。「背教者は小山内君一人に止まらない」とし、最後まで信仰を保持するのは「有識階級」ではなく、「正直なる労働の子供」であると書き、「基督教は主として労働者の宗教である」と説きおよんでいる。

(13) 「何故に大文学は出ざる乎」、『国民の友』第二五六号（一八九五年〔明二八〕七月一三日刊）。内村新全集、第三巻一七八、一八一頁。

術であります。美術の目的は自他を喜ばすにあります、……我等の生涯をして最大美術となすことが出来ます」[14]。小山内ははじめは内村の文学観に刺激されて、かれに近づいたにちがいない。さきにも記したように、かれは一九〇四年〔明三七〕段階においても、「男らしき生涯」を送り、「人生に慰藉を与ふる」詩人たることを目していた。しかしじょじょに内村の嫌う文人＝「粋なる人」の本性を顕在化させ、ついに恋愛の域を超えた神愛に達することができなかった。内村のいう「自他を喜ばす」境地にはいたらず、陰なる羞恥の美学に終始した。十九世紀中葉の英国のラファエル前派の審美主義に共鳴し、世紀末のデカダン的な芸術至上主義にいたる道を、小山内は一身に体現したといえよう[15]。

内村のもとを去って二〇年後、一九二三年（大一二）に小山内は『背教者』を発表する。これはまさに陰なる羞恥の情の産むマゾヒズムの小説である。内村にたいする畏敬の念はついに崩れず、それなりにかえって自虐に徹した世界が現出している。第二回夏期講談会の雰囲気をかなり忠実に伝えているといわれるが、作品そのものはあくまでもルポルタージュ風の虚構である。「森川先生」の文章「強き信仰と弱き信仰」は、一九一五年〔大四〕二月一〇日刊の『聖書之研究』第一七五号掲載の「信仰の強弱」からの引用となっている。夏期講談会当時からは一五年もあとの内村を登場させていることになる。つまり小山内は内村のもとを去ったあとも、内村の文章は読み、たえず内村像を追っていた。『背教者』の主人公山田の告白――「自分は神を信じたのでもなければ、基督を信じたのでもなかった。極端に言へば、森川先生をさへ信じたのではなかった。……自分は唯自分自身を信じたのだった。……自己、自己、総ては自己だった。……他人の信仰をかぶった仮面舞踏者だった……」[16]――は、一九二三年〔大一二〕における小山内の反省であり、内村との関係の総括であったとみなくてはならない。

(14) 「雨中閑話」、『新希望』第六五号(一九〇五年〔明三八〕七月一〇日刊)。

(15) 本文資料リスト(13)の「基督の画家」はラファエル前派のホルマン・ハントの画業の、小山内流の紹介である。ハントの宗教画はあいまいを許さず、「客観的の実在物」を媒介にして愛の世界を写す、と評している。また小山内は世紀末の審美主義者オスカー・ワイルドに関心があった。「オスカア・ワイルドに就いて」読売新聞、一九〇八年〔明四一〕五月一七日。「オスカア・ワイルドの諸作」読売新聞、一九〇八年〔明四一〕七月五日。

(16) 全集、第一巻八五五頁。

〈内村鑑三とその周辺〉

有島　武郎

有島武郎（一八七八〔明一一〕—一九二三〔大一二〕）はその思想形成期にあっては、内村鑑三と酷似した道を歩んだ。

札幌農学校に入り（一八九六〔明二九〕）、新渡戸稲造に（その官舎に寄留して）学び、卒業論文として「鎌倉幕府初代の政」を書き——内村は魚類・水産学を卒業時のテーマとする——、札幌独立教会に加入し、その発展につくす。[1] やがて渡米（一九〇三年〔明三六〕八月）。その目的のひとつは、恋愛問題をいちじ断ち切り、神の僕（しもべ）となることであった。ペンシルヴァニア州のハヴァフォード・カレッジの大学院に学び、卒業後は同州フランクフォード・カレッジの大学院に学び、卒業後は同州フランクフォードのフレンド派の精神病院で看護夫として働く。[2] ヨーロッパを巡ってのち、一九〇七年〔明四〇〕四月に帰国。齢二十九。その暮れ一二月五日づけで、東北大学農科大学——その秋九月に、札幌農学校が昇格している——の英語教師に任命される。有島の思想形成期には内村の跡を求める姿があり、その有島を背後から新渡戸が支えていた。

有島が内村に初めて会ったのは一八九七年（明三〇）のことであり、増田英一といっしょに青山南町在住の内村を訪ねている。そのとき有島は札幌の先輩内村の人格に感じ入り、「一点の誠心人をして虹の如くしたり」と認（したた）めた。[3] 内村の感化力は相当のものであって、有島は札幌農学校卒業後、一九〇二年（明三五）には、志願兵として入営中（第一師団第三聯隊）にもかかわらず、内村の第三回夏期講談会に出席している。ここでは小山内薫[4]や志賀直哉らと同席したのである。同年一一月三〇日、除隊。そのすぐ後、一九〇三年（明三六）正月五日に森本厚吉と内村を訪ね、渡米の相談をしたところ、内村の「洋行反対論」に出あって、不本意であった。内村がここでどういう意見をのべたのか、具体的にはわからない。[5] しかしその後の有島の傾向から推して、内村はこの後輩の心のなかにヒューマニズム的なキリスト教理解と、社会主義的理想主義の成長著しい事実を見抜き、それを危険として、この段階での外遊に賛同しなかったのではないかと思われる。この年の七月二二日に、ここでも森本といっしょに内村を訪問し、離日のあいさつをすませた。内村はこのとき、有島に「慈母」のごとくに接してくれた。[6] 盛夏八月二五日に森

（1）有島は一九〇一年（明三四）三月二四日、札幌独立教会に入会。その年、同教会の歴史を「札幌独立教会」なる一文にまとめて内村の『聖書之研究』に三回にわたって掲載した（同誌、第一四号—第一六号）。

（2）有島は内村が在米中、エルウィン精薄施設で働いたことに、いたく感銘して、日記のなかで一度ならずそのことにふれている。「其痴児院に入りて、掃洒の事より日々の起臥に至る迄、痴児を助けて即ち抛られ、時に唾せられて而かも悔ひざりしもの、思想の高遠なるに非るよりは焉ぞよく此に至らん。」一八九八年（明三一）七月一五日——有島二十一歳—の『観想録』。有島武郎全集（筑摩書房）第一〇巻一〇二頁。この注づけでは、とくに記さないかぎり、筑摩書房が一九七九年から一九八八年にかけて出版した版本を使用する。有島の原文をすべて平がなに直して引用する。

（3）前記『観想録』。全集第一〇巻五一頁。

（4）そのことを回想する小山内の一文が有島全集に収録されている。別巻四五八頁。

（5）このときの模様がその日の日記——『観想録』——にのこされている（全集第一〇巻二三二—二三三頁）。しかし有島の感情が昂揚していて、内村の「洋行反対論」の趣旨は詳らかではない。

本と横浜を発った。

この出帆が内村と有島との事実上の別離となった。有島が内村への敬意を失ったというのではない。ただ、かれがハヴァフォード・カレッジその他で学ぶ三年のあいだに、札幌時代に得た思想的萌芽――とくにキリスト教信仰、下層階級への同情など――は、思わぬ方向へと進展していく。かれは（一）キリスト教にたいする懐疑をふかめ、それを霊肉二元論とする理解を押し進め、（二）キリスト教信仰にとらわれない（たとえばホイットマン流の）「自由人」[7]のあり方を模索し、（三）無政府主義に接近した。アメリカからの帰途、ロンドン郊外にクロポトキンを訪ね、幸徳秋水への書簡を託されている。[8]前述のごとく、一九〇七年（明四〇）四月一一日、神戸に帰着している。

その年の一二月には札幌農科大学に招かれて札幌に渡ったかれも、皮肉なことに、その札幌で学んだはずのキリスト教からは、すでに離れていた。一九〇八年（明四一）一月二八日に独立教会で「懐疑」の話をし、その二年後には同教会を脱会している。

一九一二年（明四五）は、内村との関係をみるばあい、有島には重要な年となった。その五月ころ、かれはベルグソンの『創造的進化』を読み、深く影響を受けている。ベルグソンのいう「生の躍動《エラン・ヴィタール》」の思想が、すでに有島のうちに醸成されつつあったヒューマニスト「自由人」の思想を背後から正当づける提言として理解された。個性・本能への依拠の思想は、その年に読んだ志賀の『大津順吉』（一九一二年〔大一〕九月）によって、さらに成長をうながされる。[9]

その年の秋、札幌を訪れた内村は、宮部金吾宅で有島を相手に「殆ど二時間」を語り合った。内村にしてみれば、独立教会員としての期待をになった有島の、しかもいまでも内村を尊敬していると称する有島の、言動とその影響力に、深い懸念をいだかざるをえなかったものと思われる。有島は、しかし、離教の意志を崩さなかった。内村はその

ときの感想として、知友に、「有島は最早我等の有にあらず」と書き送っている。(10)

有島が一九一五年（大四）の『白樺』に発表した『宣言』は、かれの文学活動にとって重要な意味をもつ。このな

（6）全集第一〇巻四〇四頁。

（7）有島は『ホヰットマン詩集』二巻を叢文閣から一九二一年（大一〇）と一九二三年（大一二）に出している。それに付した詩人の伝記「ワルト・ホヰットマン」は、当時の訳者の見解をよく表していて、貴重である。有島によれば、「〔ホヰットマンは〕自由の中に住む人間の可能性がどこまで行き得るかを彼れ自身に於て表現したのだ」ということになる。その後書きに、かれはさらにかれじしんの「叛逆者」（一九二〇年）や「新社会への諸思想」（一九二一年）などを併読することを求めている。社会の羈絆《きはん》を断った、超道徳的で無政府的な「自由人」の典型をホヰットマンにみようとしたのであろう。

（8）一九〇八年（明四一）一〇月一日にはクロポトキンから有島あての書簡がとどく。また、『新潮』一九一六年（大五）七月号には「クロポートキン」を、一九二〇年（大九）一月二五日の読売新聞に「クロポトキンの印象と彼の主義及び思想に就いて」を発表している。

（9）順吉が、姦淫をいましめる「角筈のU先生」の教えをうけながら、女中千代との関係を、廃嫡を覚悟してまで通そうとする姿に、有島は喝采をおくったのである。一九一二年九月二日には、かれは志賀にこの小説の読書感を書き送り、「強烈なる主観の色彩夏の日の如く目を眩し申候」と記した。全集第一三巻二五四頁。志賀への傾倒はその後もつづき、『和解』（一九一七年〔大六〕）の読後などは、「泣きなから《ママ》唯今読み終へた処です。……強い美しい芸術が生まれ出た事を御祝ひします」と書き送っている。

（10）「背教者としての有島武郎氏」（『万朝報』一九二三年（大一二）七月二一日）。新内村全集、第二七巻五二六―五三一頁。内村は、有島と会ったのは、「たしか明治四十一年であつたと思ふ」と書いているが、これは大正元年の誤りである。

かでかれは習慣的生活や知的生活が個性に圧迫を加える現実を批判し、本能的生活を愛の生活の基礎であると規定してみせた。キリスト教会で婚約までした一人の女――Y子――が、他の男との恋愛関係に陥る過程を、熱い同情の目をもってえがくのである。そしてその女に、「女の本能が、世の中の習慣など申す事を忘れさせたのでございます」と告白させている。これはキリスト教信仰への反逆と、自然主義的「生の躍動《エラン・ヴィタール》」への依拠の「宣言」なのだ。この思想は、その後『カインの末裔』（一九一七年〈大六〉）などにおいて無政府主義的色彩をほどこされ、『ドモ又の死』（一九二三年〈大一二〉）などにおいては虚無的な傾向を加えられたにしても、終始有島の文学の中軸から離れることのない基本的な考え方となった。有名な『惜しみなく愛は奪ふ』（一九二〇年〈大九〉）の主題も、これを凝集したものであり、代表作『或る女』（一九一九年〈大八〉）もこの主題をめぐっている。

『カインの末裔』は有島の短編中の傑作である。主人公広岡仁右衛門《にんえもん》の本能的で超道徳的《アモラル》で、超秩序的な姿は、社会の習慣や知恵をこえたところに新しい価値を見いだし、新しい秩序の樹立をめざす荒々しい闘士としての生き方を表現したものである。そこには広大な荒蕪の地に「生の躍動」を体現するタイタン的な姿がある。読者はここに一種のさわやかな希望と安らぎを感ずるのである。ところが、それから二年後の大作『或る女』では、その仁右衛門（と、かつての『宣言』のY子）の後裔とみられる女主人公早月葉子《さつきようこ》は、「生の躍動」に立つ生き方をしながらも、さいごは虚無的な懐疑に陥って、悲劇的な終局をむかえる。「個人的の飛躍的動向」を高らかに宣言したはずの有島でありながら、『或る女』では、どうしてもその「動向」の勝利を宣言することができなかった。仁右衛門と葉子とのあいだを作家は動揺し、二人の間隙を埋めることができず、ついにかれは敗北を是認せざるをえなかったのである。この作品は作家としておのが存在をかけた主張の敗退の是認であり、芸術的良心の、美しくも痛ましい懺悔の弁であった。

これは作家としての有島の危機であった。かれがもし作家でなかったならば――つまり、おのが思想の痕跡を文芸のかたちにとどめることで、同時代の青年男女の渇仰を得てなどいなかったならば、かれはひそかに札幌で与えられた信仰の境地へ戻ることもできたのかもしれない。『カインの末裔』を発表した前年、一九一六年（大五）に、かれは「『聖書』の権威」という一文を雑誌『新潮』に載せている。そのなかで、「何と云っても私を強く感動させるものは大きな芸術です。然し聖書の内容は畢竟総ての芸術以上に私を動かします」と書く。[11] また、一九一九年（大八）の六月、つまり『或る女』を上版したと同じ月の末日に、かれは内村を訪ねている。有島の心は揺れていたにちがいない。内村はそのときこの札幌の後輩――いまは敗残の心をいだいた四十一歳の後輩――の訪問をうけて「喜んだ」。「君は正直なる愛すべき人である、君の近頃の信仰の大変化に対して同情に堪えない、……君が進化論の帰結に走ったに対して余は進化論を棄てゝ宇宙万物の顕現的解釈（Apocalyptic explanation）に移ったのである」。[12]

有島の心は揺れ、内村はその揺れる心のゆくえを見定めていたというほかはない。その後の有島はひたすらかれの道を突き進み、かれの刻み上げた女主人公葉子のあとを追うように、悲劇的最期を選びとった。社会的規範を断ち、本能的生を重んずる生き方をよしと主張した一近代人の、しかもその道は敗退の道であると知りつつおのが主義に殉じた文芸人の、これは覚悟の死であった。かれは人妻波多野秋子と、一九二三年（大一二）六月九日、軽井沢・浄月庵で縊死した。これは同時にかれの女性遍歴の止どめでもあった。行年四十五。

二人の遺体が発見されたのは七月七日であった。これはセンセイショナルな一大ニュースとなった。内村にとって

(11)「『聖書』の権威」は叢文閣版有島武郎全集、第二巻（一九二四年〈大一三〉八九―九〇頁）、叢文閣版に「一九一七年一月、新潮所載」とあるのは、不正確。
(12) 新全集、第三三巻一二七―一二八頁。

も衝撃は格別であり、七月八日以降、有島のことを日記に書きつらねて、止どまるところを知らなかった。有島同情論が内村のサークルにもあったらしく、内村は、「有島氏が今度為した事を善しと思ふ余の友人は此際断然余と絶交して欲しい」と、七月一〇日の日記に書いている。[13] 内村の考えは終始変わらなかった——「神とキリストとを棄去りし結果が終に茲に至ったのであると確答するに躊躇しない」。[14] このことは内村が『万朝報』（七月二一日づけ）に書いた「背教者としての有島武郎氏」の論旨でもあった。[15] 有島問題のほとぼりのさめやらぬ九月一日に関東大震災が起こる。「宇宙万物の顕現的解釈」——つまり黙示的宇宙観——に立つ内村の目には、この大地震は、有島問題に対する神の側からの審判とすら映った。[16]

有島事件のほとぼりのさめた一九二六年（大一五）には内村は「芸術と宗教」を、またその翌年には「芸術と救ひ」なる小文を『聖書之研究』に発表している。「芸術の人は感情の人であり易く、随つて自己本位の人、過度に主観的の人、自己を支配し得ざる人であり易くある」として、「道徳を離れたる美」を不可とし、「芸術を宗教の侍女《ハンドメード》」とすべしという主張をとった。[17] 一読して有島を脳裏にえがいての芸術至上主義批判の論述であることがわかる。これがかつて、その思想形成期にあっては、ほとんど内村を模倣し、内村の跡を襲うばかりの一時期を経た一後輩を弔うことばであり、またその弔いの苦悩のなかで内村じしんが学びえた芸術論でもあった。

有島の情死は、ちょうど朝日新聞に小山内薫の『背教者』が連載中の出来事であった。この年、内村の「背教文士」排斥論は揺るぎなきものとなった。

(13) 新全集、第三四巻一九九頁。
(14) 新全集、第三四巻二〇二頁。
(15) 前注(10)を参照。
(16) 九月五日の日記に、「天使が剣を提げて裁判を全市の上に行うたやうに感ずる」と書く。新全集、第三四巻二一九頁。
(17) 新全集、第二九巻四六二―四六三頁。第三一巻九九―一〇〇頁

〈内村鑑三とその周辺〉

江原　萬里

江原萬里《まさと》は一八九〇（明治二三）年に岡山県津山の士族の家系に生まれた。第一高等学校（旧制）時代に同級の高木八尺と連れ立って内村鑑三の聖書講義に列したことで、彼の一生が決まった。一九一一年に東京帝国大学法科に入学し、内村門下生からなる柏会に加わって、(1)キリスト教的人文主義の教養を身につけた。塚本、黒崎、三谷兄弟、高木、矢内原、金澤らとの終生の友誼はここに始まった。

一九一五年に東大を卒業し、ただちに住友総本店に入社する。住友の公益優先主義の経営方針と、当時の住友総理事鈴木馬左也の言動に感じた結果であった。(2)江原は自ら身につけたプロテスタント的エートスを背景にして、住友の有望社員として財務処理の才をじゅうぶんに発揮した。入社三年目の一九一八年秋、内村の司式で黒崎祝《いわい》と結婚し、芦屋で家庭集会を始めている。このころは江原の一生でもっとも安定した時期であった。

住友在職は六年で終わる。その六年間で江原が培ったものは、「武士道に接ぎ木されたキリスト教」の精神に立って、金融社会の商道を高めるという思いと生き方であった。武士道的キリスト教と、現実直視主義、公益第一主義の傾向は、日本の右傾化の時局のただ中にあって、江原特有の香気を醸成しつつ、彼の主張の中軸を形成することになる。

一九二一（大正一〇）年は江原にとって、大きな転機となる。その秋、彼は東大経済学部助教授に任ぜられた。しかし、横浜への転居作業中に喀血し、鎌倉の額田病院に入院する。翌年退院するや、鎌倉在住の塚本、蒲池信《かまちしん》らと家庭集会をもつ。一九二五年六月に扇ガ谷《おおぎがやつ》に新築移転する。(3) この年までに二女一男にめぐまれている。しかしこの新居への移転のころ、江原はすでに大学退職のことを考え、苦悩していた。内村は江原からとどいた葉書に応じて、八月一四日に、「御弱りの由承はり御同情に堪へません。君に少し方針を変へよとの神よりの声ではありますまい乎(4)」と答えている。内村は江原の辞職の意に賛意を表したのである。その翌年一九二七年、大学を休職。翌々年、自然退職となる。

せっかくの母校への栄転も、重い結核のゆえに、不本意の結果となった。「私は或る者に捉へられ、終生その奴隷とされた(5)」。そして「内なる声を談《はか》ること」、これが彼の「天職」であると認める、と雑誌『思想と生活』の「発刊の辞」（一九二七年一一月）でのべている。(6) この雑誌が、この後の江原の信仰と思想の表白の場となった。彼の生前の

（1）『無教会史Ⅰ』三二―三三頁。
（2）『聖書的現代経済観』（独立堂書房、一九三一年）所収の「鈴木馬左也」を参照。鈴木は「自利利他公私一如」を説き、また当時の住友には「浮利を追わず」、技術を尊重するの気風がみなぎっていたという。宮本又次『住友家の家訓と金融史の研究』（同文館出版、一九八八年）、八一―八二頁。
（3）一九二五年九月のこと、帝大生好川増輔らがこの新築の江原邸に夫妻を訪ねている。好川「江原萬里先生への感謝」、江原萬里全集、第二巻（岩波書店、一九七〇年）の「月報2」所収。
（4）内村全集第三九巻、二二一頁。
（5）『聖書之真理』第六三号（一九三二年一月）。全集、第三巻六〇七頁。
（6）全集、第二巻四頁。

二書『聖書的現代経済観』（独立堂書房、一九三二年）と『宗教と国家――エレミヤ記の研究』（岩波書店、一九三二年）は、ともにこの雑誌に発表した文章を中心に補正編集されたものである。

妻子をかかえ、収入の道を絶たれ、「肋下一升近くの水がたまる」[7]の身で定期刊行物を出す。それは常識を逸していた。しかしこの苦しい決断が予期しないいくつかの事柄を、彼にもたらした。その第一は、小さな雑誌であるとはいえ、病弱の主筆一人の仕事としては荷が重すぎると知った内村自身をはじめ、内村の弟子たちが、快く執筆陣に加わってくれたことである。さながら柏木がそのまま鎌倉へ引き移った感がある。江原は師友の愛の深さに頭を垂れたことであった。

さらに第二に、雑誌発行はある程度の経済基盤を要する。「発行部数は六百、贈呈は数部のみ。印刷諸費は償い得るに至った」と、第六号で記している。[8]講読料前金主義を励行している。「寄附の願出は一切致しません」と広言している。[9]しかし果たせるかな、幾度となく経済的危機に瀕している。住友が同期であった田中良雄――のちの住友本社常務理事。浄土真宗信徒――は、江原の良き理解者であり、雑誌発行の強力な援助者であった。初めから毎号百部を購入して、大阪住友倶楽部で読者会を主催した。[10]その他、かなり「多くの友人」の「心からなる厚志」があった。江原は財務感覚の豊かな人であるだけに、多くの人びとの具体的善意に涙した。いつ倒れても不思議でない弱木を人びとの愛が支えたのである。これは、まさに「共同事業」[11]であり、かつての順風の江原には体験できない交わりの出現であった。

第三は家庭集会の充実のことをあげねばならない。彼は芦屋時代から家庭集会をもち、鎌倉へ転じた後も塚本、蒲池らとの合同の家庭集会をいとなんだことは、すでにのべたとおりである。しかし雑誌発刊後、一九二九年四月に始めた集会は、そのことを雑誌に公表したうえでの集会であるから、公開性をもつことになった。（川西田鶴子は雑誌によってその集まりを知り、それに連なった一人である)[12]。二年目にそれを鎌倉聖書塾と名づけたことも、主宰者の心構えの変化と、それに伴う集会の性格の変化を反映している。当初集まった者の数は二、三人、と江原は記す[13]。これは家族を除いた人数ではあろうが、しかし川西の証言によって「一番多かった時でも、男女併せて十余名」であったことがわかる[14]。しかし江原はここに「活ける基督の臨在」を実感し[15]、それを雑誌に発表し、読者との交わりを深めていった。集会を始めて四年たったころ、江原は日記に、この「小さい群」によって、自分の「克服し難しと見られた性格」まで、「次第に改造され」るにいたったと告白している[16]。たしかに集会は彼に「福音の実力」、「世を救う神

(7)第一一号。全集、第二巻六七六頁。
(8)第六号。全集、第二巻六七三頁。
(9)第四号。全集、第二巻六七二頁。なお、第三〇号には、一九二九年の「本誌発行の収支計算」をしたところ、「寄附金を合して一ケ年純益、金二円三十銭也を得た」とある。こう書くことも、江原らしい。全集、第二巻六八八頁。
(10)第三六号(一九三〇年一〇月)、「親しき友よりの愛信」。また第六三号、全集、第三巻一六一―一六二頁。『聖書之真理』第六七号に、大阪の読者会、「聖書之真理の会での感話」として、好川増輔の「就職戦術の先生」というスピーチが収録されている。
(11)第六一号。全集、第三巻六〇二頁。
(12)全集、第一巻の「月報1」所収の川西「鎌倉聖書塾」を参照。
(13)『思想と生活』第一九号(一九二九年五月)。全集、第二巻六八〇頁。
(14)前注(12)に同じ。
(15)前注(13)に同じ。
(16)『聖書之真理』第七一号(終刊号)に発表された江原日記。一九三三年四月二一日の記述を参照。全集、第三巻五六三

の力」を経験させた。これは雑誌発行にともなう家庭集会の公開性が、主筆の江原に与えたエクレシア現在の実感であった。

一九三〇年三月の恩師内村の死と、七月の先輩藤井の死は、それ以前から自ら死と対峙していた江原に深刻な決意を求めることになる。彼の最後の三年の働きの有り様を思えば、それまでの年月は、実業界での経験も、『思想と生活』の発刊、鎌倉聖書塾の運営をも含むすべての年月が、最後の三年のための前段階、準備期であったとしか映らない。

彼が最後の三年に為したことを三点に絞って観察してみる。

まず、雑誌のこと。江原はその経費のやりくりには苦慮のしどおしであった。藤井死去の夏も過ぎたころ、江原の良き理解者であった田中良雄から一通の書簡がとどく。雑誌の廃刊など考えてはならぬ、「書くことは……君を育てること」になる。大阪住友でも雑誌の読者会を催してその恩沢に与かっている。内村、藤井なきあと、その「後を引き受けて立つべき者は大兄や黒崎氏などであらうと思ふ」、「この際一層積極的に進出せらるべき場合であるかと思ふ」[17]。江原はこれを読んで感涙にむせび、「明年からは雑誌の拡大を計らう」と決意する[18]。

ところが江原のこの決意を知った柏木教友会が、この拡大されるはずの雑誌の一部のページを割いてもらい、内村なきあとの信徒集団にその生き方の指針を闡明《せんめい》する場としたい、と申し出た。条件として出版費の一部を負担することも考えていた。柏木教友会を代表して、藤本武平二、斎藤宗次郎らが鎌倉扇ガ谷の江原邸を訪ねたのは、その年の一〇月一二日のことであった。江原はこの訪問を心から喜んだ。話し合いの結果、編集、発行、経営の権は江原ひとりにあることを両者確認した上で、「純福音主義」、「純恩恵主義」のために、柏木教友会に八ページを割くことが決まった。一九三一年一月号は『聖書之真理』と改題され、菊版三二ページの大冊となった[19]。その号から斎藤宗次郎の江原の「独創独行」主義は、とくに時局批判に関して著しいものがあった。彼の時局批判の根底には、現実を直視を掲げた。これは内村没後の信徒集団にむかっての、江原の側からの「独創独行」の指針の提示であった。[22]

は前記の双方の立場から一定の距離を保ちつづけ、「教会に在る者と教会外に在る者とを問は」ない「純福音主義」に無教会論を書くようになるのは、これ以後のことである。このことがこの時期の、彼の第二の特質となる。彼自身き後の弟子たちのなかに「純福音主義」派と「無教会主義」派との対立が生じたことを憂慮している。[21] 江原が自覚的

柏木教友会と手を結んだかたちの江原に対しては、内村の弟子集団の一部から、当然批判が起こった。彼は内村な

「柏木通信」が掲載されはじめる。新装初号だけは六千部も刷った。[20]

---

(22)「私が無教会主義を唱へない理由」（前掲誌、第四七号、一九三一年九月）、「教会主義と無教会主義」（前掲誌、第六三号、一九三三年一月）。全集、第三巻二五―二七、四九―五二頁。

(21) 前掲誌、第四六号。全集、第三巻五八〇―五八一頁。塚本虎二と一時疎遠になったのも、これが原因となっていると思われる。江原が塚本との交友の回復をよろこぶことができたのは、江原の最後の年であった。前掲誌、第六七号（一九三三年五月）。全集、第三巻六一四―六一五頁。

(20)『聖書之真理』第四二号「編輯余禄」。全集、第三巻五七五頁。

(19) 柏木教友会の代表者との面談の詳細については、『聖書之真理』第四一号（全集、第三巻五七三―五七四頁）を参照。なお、そこに福田襄二とあるのは、襄三の誤記。この日の面談内容の記載が明確公正であることは、斎藤宗次郎の日記「二荊自叙伝」（未公開）の当日の記載にてらして明らかである。

(18) 前注と同号。

(17) 前掲誌、第三六号所載の「親しき友よりの愛信」。前注（10）に同じ。―五六四頁。

して国民の苦しみを和らげるべし、とする経世済民の思想が控えていた。さらにその背景には「武士道に接ぎ木されたキリスト教」のエートスがあった。このいわばキリスト教的経世済民主義が江原の晩年三年を特色づける第三の面となる。

一九二七年、それは『思想と生活』創刊の年であるが、この年に金融恐慌がはじまり、社会不安がふかまった。左右両勢力が伸び、軍部はいわゆる満州事変を引き起こし、傀儡《かいらい》政権を樹立した。日本は、それを非とする国際連盟を脱退し、好んで世界の孤児たるの道を選んだ。

この難局に際して、江原は日本武士の魂とは、世上唱えられるところの固陋《ころう》偏狭な国粋主義とは違い、高雅、寛仁、勤倹などを美徳とし、民の苦しみを救うことを目的とするものである、とする。[23] さらに武士道を台木とする福音の精神のみが日本の優れた国体を聖化すると主張した。国家至上主義を排して正義の道を唱導するには、なによりも現実を直視する「科学的認識」が必要であり、この国難の時局にあたってただ思弁的な信仰告白のみに終始する態度は偽預言者の態度であると糾弾する。これが『聖書的現代経済観』や『宗教と国家――エレミヤ記研究』を貫く思想である。理不尽な武力行使による満蒙経営は、経済的に見合うはずはないという認識が、彼にはあった。[24] このことからして、江原は、満蒙の権益を求める国策を批判し、逆に「満蒙の公益を広め、一般人を恤《あわれ》み……以て此の地を世界の平和境」とすべしという願いを表明している。[25] 当時としては稀有の国際主義的経世済民の主張ということができるであろう。

一九三三年四月から江原は鎌倉市中のキング商会別館[26]で公開の「基督教講話会」を主宰した。彼の求めに応じて三谷、矢内原、山田幸三郎が、これに加わった。江原自身は安静を命じられている病軀であった。二〇名足らずの集会であったが、[27]各講師とも熱誠あふるる講話を重ねた。七月九日までの、一四回の連続講話であった。江原不起のゆえに、ここで終わった。

江原の講話にかんしては、その要約が『聖書之真理』第六七号から第七〇号にかけて掲載されている。[28]日本が誇りとするものは万世一系の皇統であり、鎌倉武士の精神である。その精神を台木にキリスト教を接ぎ木して、「日本魂を聖化」しなければならぬ。[29]その精神が現実を見る目を与えてくれる。その目をもってすれば、日本の満蒙政策は誤っている。リットン調査団報告をつきつけられるとは、なんたる失態か。日本は国際信義にもとる国策をとっているのだ。

こう語る江原は、さらに承久《じょうきゅう》の乱を論じて、非は後鳥羽上皇側にあり、京都に向かって単騎鎌倉を発った北条泰時の武士魂がなかったならば、国は治まらなかったであろう。また元寇の国難に打ち勝つにも、北条時宗の武断が

---

(23) 江原が一九三一年から一九三二年にかけて書いた「祖父の書簡——鞍懸寅二郎伝」(『聖書之真理』第四八—五八号。全集、第二巻六一七—六八八頁、とくに六六三—六六六頁) がそのことを物語る。

(24) とくに全集、第一巻二〇七、二七八—二七九、四五〇、四五二—四五三、四八八頁などを参照せられたい。「一体財政と没交渉なる軍備に何の成算ありや」(前掲誌、第六五号。一九三三年三月。全集、第三巻一六八頁。

(25) 生前、未発表。全集、第三巻一九一頁。

(26) 現在の「鎌倉市由比ガ浜一丁目三の一」の吉沢ふとん店が、その位置にあたる。

(27) 前掲誌、第六八号。全集、第三巻六一七頁。

(28) 全集、第一巻五七一—六一八頁。

(29) 全集、第一巻五九二、六一八頁。

必要であった。鎌倉武士は大逆を犯したどころか、「経世済民の学」[30]を心得ていたのである。かのクロムウエルは英国民のために、誤れる国王を処刑した。それがあってその後の英王室と国民の信頼関係が出来上がった。つまるところ、「正義は国家以上」であり、正義が「国民性を高め、聖め、之を改造」するのである。こう語る江原の公開講話には、ことによると天皇への諫止《かんし》の意が込められていた可能性さえある。

日本が世界的国民国家となるために、日本は今こそキリスト教を受け入れよ、と江原は憂国の情をこめて語った。彼は自らを鎌倉の辻に立つ日蓮に擬して、こう語った。鎌倉講演は彼の総決算であり、「二つのＪ」（すなわち Jesus と Japan）を愛して止まぬ昭和の一キリスト者武士の討死の庭であった。最後は家族一人びとりに、とくに祝夫人に、ふかく感謝して息を引き取るのであるが、夫人に向かって、「すべてよかった。殊に最後は良かったね」と、公開講演のことをとくに感謝した。[31]「主イエス・キリストを信ずること、是人の至上善」――これが絶筆となった。

一九三三年八月七日早暁に逝去。満四二歳。九日、柏木の今井館において、三谷隆正の司式による告別式が執り行なわれた。そのとき矢内原忠雄は南洋諸島調査の途上にあり、「江原萬里君の死を聞きて」なる一文を認めた。彼は、長い病気に苦しんだ江原が私生活のことを語らず、「多く公的生活を、国家社会の政治」を論じたことを不思議とし、「可矣《よし》、僕も僕の道程《みちのり》を歩き終るであろう」との決意を披瀝する。[32]江原の手を離れた剣を、矢内原がその後、より大きなスケールで取り上げることになるのである。

(30) 全集、第一巻五八九頁。
(31) 前掲誌、第七一号（最終号）所載の、江原祝「臨終」。全集、第三巻六三二頁。
(32) 前掲誌、第七一号（最終号）。全集、第二巻の「月報２」。

〈内村鑑三とその周辺〉

諏訪　熊太郎

山形県西田川郡西郷村に生まれた諏訪熊太郎（一八九〇―一九七五）がキリスト教を知るのは、一九一二（明治四五）年に友人諏訪順次郎の勧めでその妹ゆきと結婚したことが契機となった。妻の所持品のなかに金森通倫《みちとも》著『基督教三綱領』を発見した熊太郎は、キリスト教なる邪教はよろしく排斥すべしとの意気ごみでこの書物を読み、かえってその論旨の虜となった。その後、順次郎から送られてくる書物のなかに、山室軍平著『平民の福音』その他があり、それらを耽読した。金森といい、山室といい、救世軍の行動派キリスト者であり、諏訪が接したキリスト教が、まずこの系譜の福音主義であったことは注目されなくてはならない。(1)

その後、一九一四（大正三）年に、義兄順次郎から内村鑑三の『聖書之研究』が送られはじめる。諏訪はやがて自

(1) 諏訪熊太郎の生涯と活動にかんしては自著『信仰一人旅（田舎基督者の還暦回顧録）』（聖泉会、一九五五年）による。この原本発行後、二〇年が経った一九七五年に森田外雄編による復刻版がキリスト教図書出版社から出た。復刻版であるから、ページづけまで同一であるが、編者による校訂の手が入っている。ただし、これも今は版を絶っている。また、久保伊作、後藤岩吉、森田外雄共編『諏訪熊太郎――遺稿と回想』（キリスト教図書出版社、一九八一年）があり、これには森田による詳しい「年譜」がついている。

らすすんで内村の諸著作を読むようになる。その内村が翌一九一五年の秋、藤井武同道で鶴岡へ来、公会堂で「宗教と其の必要」なる講演を行なった。しかも内村の宿泊先は諏訪本家であった。諏訪はここで初めてこの高名なる伝道家の謦咳に接した。そのうえ内村が彼のことを「あれは本物である」と人に漏らしたことは、一生の励ましとなった。(2)

一九一六年一〇月のこと、妻ゆきは結婚後四年四カ月にして重度の精神障害に陥る。この出来事のなかで、彼は神の声――「悔い改めて帰り来れ」――を聞き、贖罪の体験をする。妻を東京・神田駿河台の佐野病院に入院させるために上京し、そのまま約六カ月、看病のために在京した。贖罪体験後のこの半年が彼の将来にとって、とくに意義ある時期となった。

彼は上京二日目に、まず救世軍大佐山室軍平の講演を聞きに行き、その後も山室の集会へは出席を欠かさぬようにこころがけている。その他、各種講演会に出席して知識をひろめている。森村市左衛門の講演「青年の自覚」にも感動している。森村は救世軍「軍友」であり、救世軍の支柱となっていた人物である。

諏訪が内村を訪れるのは、山室の講演を聞いたあと、一九一六年一一月一九日の日曜集会であった。内村とは、鶴岡以来の再会をよろこびあった。四月末に妻をともなって鶴岡へ帰るまでに、諏訪は柏木へ二〇回ほど通っている。内村は諏訪の妻の病状を知るにおよんで、彼にたいして「万事相働きて益となる」と教えた（『旅』五七頁）。このことは諏訪にとって生涯の指針となった。翌一九一七年四月九日に内村は諏訪に異例のバプテスマをほどこす。彼は元服の覚悟でこれを受け、内村は神にむかってする、「あなたに此の者を献げます」という祈りに打たれた（『旅』七二頁）。諏訪はその後も上京のたびに内村の講演を聴講し、一九二二年二月には大手町の大日本私立衛生会講堂におけるロマ書講演「三大呻き」を聞いている。これが内村に会う最後となる。諏訪は山室と内村とを「基督教界の巨璧」

とよび、救世軍と内村の宣教とは、彼にあって最初は併存していた。

結婚をとおしてキリスト教に接して以来、とくに内村によるバプテスマ以来、やがて農村巡回伝道に立つ一九二五年までの八年は、彼の全生涯の準備期と見てよい。その間、彼は世俗的には諏訪本家の帳場勤めの身であったが、精神的には宣教の「使命感」と「献身の精神」を培った。そして「在家伝道」の意識に立って俗塵のただ中で福音の伝播をこころがける年月を送っている。

この準備期の出来事のなかで、とくに彼の四つの活動を指摘しておかなければならない。第一は、一九一八年以来、何回にもわたって鶴岡城址公園での野外伝道の弁士をつとめていること。第二は、一九二一年以来三年間、若葉町の基督教会側からの要請をうけて木曜聖書講義を受け持ったこと。第三は、一九二三年に鶴岡に隣接する大山町の野村裁縫塾の依頼により、聖書研究会（ベタニア会と称する）を始めていること。第四には、上記の大山集会発足とほぼ同時期に、これもまた求めに応じて、自宅で公開の聖書講義を開き、毎週火曜日夜の会合であったがゆえに火曜会と命名した（『旅』一〇三―一一〇頁）。以上をまとめると、この期間の諏訪の伝道活動には、（1）野外伝道、（2）教会での講演、（3）個人集会（ベタニア会、火曜会）の三形態があったことがわかる。（これらは、やや図式的に、「救世軍的」、「教会的」、「無教会的」ととらえることもできよう。）しかし諏訪の意識が、三分断されていたのではなく、ましてや「諏訪の教会」の発足を目論んだものではない。ただ「信徒の交わり」、「愛の一団」の結集を求めていた。彼は教派心を忌み嫌い、「教会もなければ無教会もなく、唯だ貴きはキリストのみであった」と、のちに述懐している（『旅』一一〇―一一一頁）。

（2）『信仰一人旅』四五頁。以後、本書を『旅』と略記する場合がある。

準備期を終えた諏訪は一九二五（大正一四）年には農村巡回伝道を開始する。ひとつには教会の実情に嫌気がさした結果、福音未踏の地へと目が向いたということがあった。また、彼自身が農村出身であり、彼の農民キリスト者の血が、福音を携えて「農民に往くべし」、「庄内全地に向つて進まんかな」の使命感をかきたてた（『旅』一一三―一一四頁）。

農村伝道は、前述のごとく、一九二五年から一九三二年におよぶ前後足かけ七年にわたった。鶴岡市を中心に、最上川以南の主な村落一二四を選び、各所三夜連続（日曜―火曜）の講演を行ない、第二回目の伝道としてはそのなかでも主な村落六七にたいして、こんどは二夜連続の講演を行なった。訪問村落数は合計一四六、開会日数二一三回、延べ五五〇夜。初めは和服に袴姿の徒歩、のちには洋服、革靴、水筒、雑嚢、バンドの、兵士姿に、自転車であった。最遠の村落は鶴岡市の自宅から二六キロもあった。講演は冬季は夕方六時からであったが、積雪期は、おおむね休止した。場所を選定すると、その前日に「敵情偵察」のため、そこへ赴き、区長（あるいは消防組頭）の許可を得、野外会場と決めた場所に広告幟（のぼり）を立てる。「基督教講演あります」と墨書し、日時を付した。野外伝道には、ときには妨害が入ったが、まじめな聴衆も与えられた。彼の説教が契機となり生涯の信仰を誓う者まで出てきた。求めがあればバプテスマをほどこしている。内村鑑三は、病妻の面倒をみながら単身伝道に尽瘁《じんすい》する諏訪にいたく感心し、いくたびか激励の便りを与えている。そして、「東北は日本の尻尾なり」との暴言は取り消すと公言した。[3]

諏訪は山室ゆずりの「神の兵士」の自覚をいだいて、福音未踏の地への「下令」を受けて「出陣」し、「聖戦」を重ねた。これはまさに救世軍の行なう「野戦」の流儀である。[4] 古関《ふるせき》の奥山英次郎は諏訪の野外説教によってキリスト教を知るのであるが、彼はのちに救世軍将校となった。

この時期の諏訪は、ちょうどドイツ留学を終えて鶴岡に帰省していた黒崎幸吉の協力をえて、日曜午前の私的な自宅集会をつづけている。(5) 諏訪の農村野外伝道で福音に接した久保伊作（広岡新田）や阿部英《ふさ》（新堀《にいぼり》）が集まったのは、この集会である。諏訪は農村巡回伝道の最中でも、集会形成に励んでいたのである。

諏訪は一九三二（昭和七）年二月に脳貧血で倒れ、その月の二六日に「顕著な夢」を見る。これをとおして彼は農村巡回伝道への「退陣命令」が下ったものと解し、同時にこれはこれ以降「講壇に立ちての伝道」に励むべしとの「聖命下令」であると認識した（『旅』二二一、二二七、二三二頁）。この時から数えて一四年後、敗戦後の一九四六年に自宅での公開の聖日礼拝集会を開始するまでの期間は、諏訪がいうところの「雌伏十四年」である。さきに、農村伝道に入る前の八年をそのための準備期と規定したが、農村伝道後の一四年は、さらにそれ以降の公的活動に備えた時期、いわば第二の準備期と称することができよう。諏訪は一九三二年を境にして、山室流の伝道方式を越えて、内村流のそれへと方向転換をはかったと見ることができよう。

この一四年の準備期はおおよそ日本の十五年戦争の時期と重なる。この時期を諏訪は自宅での私的な聖日集会を守りつつ過ごした。ときに特高の手が入ることもあったが、おおむね平静な時を送ることができた。彼はこの時期を、「前途に控える講壇」のためにと、力一杯の勉強を推し進めた。宗教、哲学（田辺元、波多野精一など）の勉強のほ

（3）『信仰一人旅』一三二―一三三頁。内村鑑三全集、第三五巻、岩波書店（一九八三年）五四、六九頁。
（4）「聖潔とは何か」（一九三二年）。『山室軍平選集』第四巻（一九五二年）一四三―一四四頁
（5）『信仰一人旅』二一七―二一八頁。久保、後藤、森田共編、前掲書、一七四頁。

かに、戦中であるにもかかわらず英語にまで手を伸ばし、聖書の注解書が読解できるようにまでなったらしい。
この時期における諏訪の精神面での展開をみるうえで、一言しておかなければならない出来事がある。それは彼自身が『信仰一人旅』のなかで詳しく告白しているH姉との関係である。彼女は諏訪の感化で入信している。ただ、病妻をかかえての諏訪とH姉との心の交流は微妙であった。諏訪には激しい苦悶があったが、その苦悶をとおして彼は、キリスト者の生き方は「全献供」であるべきだとの、特異の答えを引き出す（『旅』一九一頁。なお、一八六、一九九頁参照）。これはかつて内村が彼にバプテスマを授けたとき、内村が「此の者を献げます」と祈った、その祈りの再確認、深化ととってよい。「雌伏十四年」の時期に入ってからの二人の関係は、信徒同志の信頼関係へと一新されていた。「全献供」の自覚は、前記した力一杯の知的精進とともに、敗戦後の彼の活動の精神的基盤となったという意味で、特筆するに値する。

諏訪は霊的な人格であった。人生の岐路に「聖夢」を見、また大自然——鳥海山の姿など——の変容と思しきものに特別な意義を認めて、そこに神の摂理の声を聞き分けた。これはほんらい土に生きる者に特異の霊的感覚なのであろう。それを彼自身は、のちに自分は神の言を受ける「受者」、「受話者」でしかないと語った。[6]その「受者」意識は、一九四七年二月七日に見た「聖夢」が契機となって開始される、彼の戦後の宣教活動にあって、とくに著しい傾向となる。外へ撃って出るという救世軍流は彼の通常の方式とはならず、滴り落ちるみことばを受け、「受者」としてそれを他に伝える「全献供」の姿勢が、彼の基本となった。

彼の主宰する聖書研究会の淵源は、そもそもは一九二三（大正一二）年に自宅で開始した「火曜会」にさかのぼる。彼の農村伝道期は日曜の午前に集まり、それは十五年戦争期にもつづけられ、やがて戦後の鶴岡聖書研究会の母体となった。同研究会は一九五三年に「規約」を採用し、組織化の方向を歩んだ。地方農村都市における集会形成の困難性が、やや性急なと思われる集団形成を諏訪に強いたものであろう。しかし、彼の集まりはどこまでも「超教派的立場」の集会でありつづけた(『旅』一一〇―一一一、二四八頁)。その立場は現在の鶴岡聖書集会に継承されている。

諏訪は晩年、無教会信徒らの、とくに黒崎を中心とするグループの厚遇に出会い、無教会信徒としての交わりを深めることができた。また関東、関西、九州にまで「受者」の心で巡回講演の旅に出た。この場合でも、「教会もなければ無教会もなく、唯だ貴きはキリストのみ」の精神が生きていた。「専ら活ける主を仰ぎ、聖霊の聖助に依頼」することのできる「真の教会」に連なりたい一心で、「所謂無教会の立場に立たざるを得ない」(7)と彼は語っている。しかも彼の基点はどこまでも鶴岡聖書研究会であって、彼の晩年の一連の活動がそこを中心としての交わりであり、そこを起点としての巡回であったことは論をまたない。

(6)「私の信仰」(一九六二年)。森田編『信仰一人旅』所収。
(7)「余が宗教的立場」(一九五一年一月二三日)。今井館図書資料センター所蔵。

〈内村鑑三とその周辺〉

金澤常雄論

一　略伝

内村鑑三の弟子のなかで、金澤常雄（一八九二［明治二五］―一九五八［昭和三三］）は教会にふかい関わりをもったという意味で、特異な存在であった。群馬県甘楽《かんら》郡高瀬村（現　富岡市）の鏑《かぶら》川ぞいで生まれ育った金澤は、母親の影響で日本組合基督教会甘楽《かんら》教会の日曜学校に通い、県立富岡中学校（旧制）の四年生のときに受洗している。父千万太郎《ちまたろう》は自らはキリスト信徒ではなかったが、若くして板垣退助の自由民権運動に参加した開明の士で、夫人ナホに勧めて教会に通わせた。次女モリを神戸女子伝道学校（後の聖和大学）に送り、三女フサ（のち前田多門夫人）は普連土高等女学校を卒えさせた。その末弟が常雄である。もし金澤が第一高等学校（旧制）時代に内村鑑三に出会わなかったならば、彼は日本キリスト教会の柱とも仰がれる人物に成長したことであったろう。

東京帝国大学法学部（フランス法）時代は、内村の柏会に属した。学窓を出たのは、一九一八年［大正七］で、内務省官吏として神奈川県庁につとめた。文官試験の二度の失敗や病患も原因で、官途一年余、辞して、北海道・社名淵《サナブチ》の留岡幸助創設になる北海道家庭学校に赴く。（官界は金澤の気質に合うはずもなかった。）一九一九年［大正八］

末のこととであった。不良少年家族舎に起居した、ここでの一年足らずの歳月は、精神的な荒野をさまよう金澤には決定的な意味をもった。それはここでの起伏のなかで、ロバートソン（Frederick William Robertson, 1816-53）の説教「トマスの懐疑」を読んだことである。十字架と復活の信仰がわかった、という。（その背後には、当時再臨運動のさなかにあった内村の影響もあったことであろう。）それが懐疑のどん底にあった金澤を立ち上がらせたのである。(1)

一九二〇年［大正九］秋、新たな希望をいだいて上京し、一一月からは内村の聖書研究社の助手となった。ここに勤めるうちに、住谷天来（一八六九［明治二］―一九四四［昭和一九］）の懇請をうけて、翌一九二一年［大正一〇］九月には桐生組合教会牧師となる。桐生に赴いてまだ日も浅いころ、藤井武（後出）の紹介で浅見つなを識り、翌一九二二年四月に内村の司式で結婚した。つなは浅見仙作（後出）の次女で、函館の遺愛女学校を経て、横浜の聖経女《せいけい》学校（のちの日本女子神学校）を出、牧会の資格をもっていた。（このつなが実際的・精神的に金澤を支えた面は等閑視できない。）

常雄は初め正規の牧師資格はもっていなかったので、牧会の実際面に不都合を感じた。だからといって牧師試験や按手礼の儀式によって牧師資格や洗礼資格を得る考えはなかった。しかし（おそらくは住谷天来の強い推薦がものをいったのであろう）金澤は「牧師試験を経ずして牧師の資格を認められた」。これは自ら書いていることである。(2)

（1）金澤が内務省官吏であったり、社名淵に退いた一九一九年から翌年にかけて、内村は再臨運動に奔走していた。金澤はこの再臨運動に全く関心を示さなかった。それを彼は「時代錯誤の思想」、「古きユダヤの思想」ととった（『信望愛』第二五号、一九三〇年五月。『金澤常雄著作選集』一九五八年、第三巻、四六ページ。）社名淵で復活・再臨の問題にいちおうの解決がついたことで、恩師のもとへ戻れる自信がついたということがあったのかもしれない。

（2）「生命の河（一三）」、『信望愛』第二六四号（一九五五年〔昭和三〇〕三月）所収。

桐生の牧会生活一年余にして、こんどは内村の勧めで札幌独立教会主管の任をうける。一九二二年（大正一一）の秋には札幌に着任。そのとき内村は「まあ三年は辛抱せよ」と諭した。金澤は札幌に五年とどまった。生活面ではこの五年は生涯でもっとも安定した年月であった。しかし牧会面では金澤は教会組織の「因襲」とよぶものを打破すべく努め、そして破れた苦闘の五年であった。一九二七年（昭和二）六月いっぱいで、独立教会の教職を辞めている。

逐われるようにして札幌を去り、確たる計画もなく東京へもどったとき、金澤の立場をよく理解していた内村は「君、恩恵だよ！」と言ったという。これは金澤にとって厳粛な瞬間であった。[3] ときに彼三五歳であった。（内村の宮部金吾あて書簡を調べてみると、それは九月一一日のことであったらしい。）この時以来、金澤は独立伝道者として立つ意を決し、翌一九二八年（昭和三）五月には個人雑誌『信望愛』を創刊する。この雑誌は反戦思想の故をもって途中発禁処分をうけた数年はあったが、主筆最期の年の一九五八年（昭和三三）にいたる三十年間、彼の伝道活動の器となった。

二　教会と無教会のはざまにて

金澤は内村門下では「生粋の教会の子」として異色の士であったことは、すでに述べたとおりである。彼が教会にたいして、はじめ同情的であったことは当然のことである。桐生に赴任するに際しても、「柏木の長所を取りて教会の欠陥を補ふならば必ず教会は柏木以上のものとならうと期待した」と述懐している。[4] 新婚の金澤夫妻は牧会に励んだ。しかし、「教会は聖書の福音を棄てゝ顧みざること、及び教派組織そのものがカトリックの変装に過ぎざること」を知るまでに、時間はかからなかった。彼が教会に期待するところ大であっただけに、彼の落胆は深かったにちがいない。その後その彼が、内村の強い勧めがあったとはいえ、札幌独立教会に赴いたのは、そこは教会とはいえ教派に関係のない唯一の教会、しかも恩師その人がその創設に関わった「光輝ある歴史」の教会であると思ったからである。しかしそこで「徹底的に」知ったことは、「制度教会が全く主の体にあらざる事」であり、「制度そのものが福音と相容れない事」であった。(5) 一例をあげれば、札幌独立教会の、クラーク先生を祭り上げるに急なる態度などには、異教的なる雰囲気をさえ感じざるをえなかった。ここにいたって金澤は、もう迷わなかった。教会を知っているだけに、ふつうの無教会人以上に、教会との関係をきっぱりと断った。彼は前後を考えずに、独立伝道を決意する。

三　エレミヤ―藤井武型

金澤が一途に独立伝道へと踏み切るにいたった背景には、内村鑑三の生き方への思慕があったにちがいない。しかし金澤への影響力において、内村にまさるとも劣らぬ人物がいた。藤井武（一八八八［明治二一］―一九三〇［昭和五］）である。金澤が藤井と交わりはじめるのは、金澤の帝大学生時代である。藤井は官途を去り、内村の助手を勤めていた。やがて独立伝道者として立ち、『旧約と新約』を刊行する。一九二〇年（大正九）のことである。この藤井の歩み方が金澤の眼前にあった。官途を辞し北海道へ退くおりにも、桐生に赴く際にも、結婚も、また札幌へ行く

（3）『信望愛』第一五七号（一九四一年［昭和一六］五月）。『金澤常雄著作選集』第三巻一四〇―一四二ページ。なお同『選集』第三巻五二ページ参照。
（4）前掲誌、第二五号（一九三〇年、［昭和五］五月）。『選集』第三巻五〇ページ。
（5）前掲誌、同前。『選集』第三巻五一ページ。

とき、去るときにも、藤井の言が関わっている。
とくに札幌を出たときに、藤井は「我らの生涯はどうせ盲信あるのみです。……すべて彼に委ねませう」と書いてきた。そのうえ、「両友の出埃及」なる一文を『旧約と新約』誌に発表して、教会の不信を鋭く批判し、金澤の立場を公的視野から弁護した（同誌第八八号、一九二七年一〇月）。金澤はこれを常磐線電車のなかで読み、泣いた。(6)これで「曠野」に立つ決心がついた。「神と偕に歩まれし藤井さんの生涯とその絶対信頼より溢れ出づる真実とが私をして神を仰がしめたのである」と、あとあとまでも金澤は述懐している。(7)

内村が切り開き、藤井が進んで行った独立伝道の道。教会問題を深刻にうけとり、札幌を去った金澤に、それ以外の道はなかった。これ以降、彼は「無打算」で「紅海を渡る」道を選ばされたのである。(8)その内村と藤井とは一九三〇年という同じ年に逝くことになる。恩師の死（三月二八日）のあと、五月二九日に青山会館で行なわれた内村鑑三先生記念講演会において「近代の戦士内村先生」を語った藤井武は、それから二カ月とたたぬ七月一四日に師の跡を追うようにして地の塵を蹴った。金澤の目には、この師とこの先輩の生涯が重なって映ったのも無理はない。

彼は一九三四年（昭和九）三月の『信望愛』（第一七三号）に、「内村先生の信仰階梯」を発表している。それより先に、一九三〇年八月号の同誌第二八号（藤井武記念号）に「噫、藤井武逝けり」を書いている。この両者を比べてみると、二人にたいする金澤の見方が明らかとなる。彼は内村の信仰階梯を、（イ）「汝こそ罪人」の自覚から（ロ）十字架を仰いで、（ハ）苦難の預言者として、（ニ）栄化の希望へと進んだ、とまとめている。罪の自覚により仰瞻《ぎょうせん》の信仰が内村をして荒野に立つ苦難の預言者たらしめ、さらには宇宙の完成をさえ祈る信仰へと至らしめた、と跡づけている。藤井にかんしては前記「噫、藤井武逝けり」において、「エレミヤの如き預言者」と規定して、（イ）若くして選ばれた（ロ）苦難の人であり、（ハ）失敗の途をゆく（ニ）愛国者（ホ）戦士として、（ヘ）弱きに徹した人、とまとめている。

両者を比べてみると、金澤が預言者的生き方をどう捉えていたかが、よく分かる。つまり両者の「階梯」の型のなかには制度宗教のもつ形式、律法、祭事の要請はなく、かえってその伝統の型からはずれた個人の、自由で生命あふるる誠実の信仰態度があるのみである。つまりはそれが金澤の求めた生き方であることは言をまたない。ただ、藤井の歩みゆく道はより狭く、それだけ彼の味わう悲哀の度合いは深かった。藤井は純粋であり、「弱きに徹した人」であった。金澤が戦後第二イザヤを講じたおりに、神は日本を神の民たらしめんとして二人の預言者を遣わしたと言い、「日本のイザヤが内村とすれば、エレミヤは藤井です」[9]と述べたのは、この辺の事情を指しているものと思われる。そして金澤自身が藤井型であり、終生エレミヤを講じて倦むところを知らなかった。[10]金澤はエレミヤ―藤井型で

(6) 前掲誌、第二八号(一九三〇年［昭和五］八月)。
(7) 前掲誌、第一七二号(一九四二年［昭和一七］八月)『選集』第三巻二一九ページ。
(8) 前掲誌、同前。『選集』第三巻二一七ページ。
(9) 前掲誌、第二二七号(一九四九年［昭和二四］一〇月)。
(10) 金澤は「悲哀の人エレミヤ」を前掲誌、第一五号(一九二九年［昭和四］七月)から第四六号(一九三二年［昭和七］二月)にかけて、「エレミヤの生涯と其の預言」を同誌、第一五六号(一九四一年［昭和一六］四月)から第一八一号(一九四三年［昭和一八］五月)にかけて、「エレミヤの生涯」を同誌、第一八三号(一九四三年［昭和一八］七月)と第一八五号(同年九月)とに、「エレミヤ対ハナニヤ」を同誌、第一八七号(一九四三年［昭和一八］一一月)と第一八八号(同年一二月)とに書いた。戦後は、「エレミヤ記の研究」を同誌、第二〇九号(一九四八年［昭和二三］四月)から第二六三号(一九五四年［昭和二九］五月)にかけて執筆した。また黒崎幸吉編『旧約聖書略註下』(一九五二年［昭和二七］一〇月。立花書房、一九八五年)では、エレミヤ記の注解を担当した。その他エレミヤにかんする文章は

あったといえよう。

四　エクレシア形成――独立伝道者として

一九二七年（昭和二）秋に札幌から東京へもどった金澤は、その翌年に『信望愛』を発刊し、独立伝道の道を歩みはじめる。それは「武蔵野の曠野」に叫ぶ預言者といっておかしくない暮らし方であった。最初は当時の東京郊外仙川に、ついで東京府下千歳村上祖師ケ谷、烏山、さらには世田谷・中原、上高井戸。ここで戦災にあう。浅間山麓・軽井沢に疎開。戦後は一九四六年（昭和二一）に八王子市台町へ。中野へ。武蔵野市西久保が、終焉の地となった。「いかに飲み食らはんかと思ひ煩った。……されど主は私をかたく捉へたまふ」と、金澤自身率直に告白しているように、武蔵野に、また信州に叫ぶ悲哀の預言者には生活の苦しみとまた一家を襲う病魔の憂いがあった。また社会的には太平洋戦争をめぐる時局の不安が、その後は戦後の混迷がつづいた。そのなかを金澤とその一家は闘いぬくのである。

独立伝道者としての金澤は『信望愛』の執筆に心血をそそぎ、また高台聖書研究会（成城）、中原聖書研究会（世田谷区代田の自宅）、金澤聖書研究会（神田・如水会館）などで、おもに青年たちを相手に聖書の講解を続け、またパスカル、ミルトンなどの古典を講じた。また大日本私立衛生会における大手町聖書講演会、駿河台講演会などの連続講義をくわだて、内村門下生たちとの共同講演会も数が多い。また地方伝道にも意を用いた。独立伝道者としての金澤の働きは受けの姿勢ではなく、どこまでも攻めに徹していた。

これは一言でいえば、エクレシア形成のために積極的な努力を重ねたということである。ここで金澤のエクレシアの形成の実際面にふれておく必要があろう。彼は公開講演会の場合は別として、中原聖書研究会――時により中原聖書塾、中原聖書学舎とも称した――のようないわば私的な集会においては、「出席資格」のワクを設けていた。『信望愛』の表紙裏などに散見する注意書きによってみるに、その資格は次のような項目を充足することによって得られるものであることが分かる。(イ)旧新約聖書および讃美歌持参のこと、(ロ)『信望愛』の読者たること、(ハ)毎月一定の会費(一九三二年当時で、学生一円、他は二円以上任意)、(ニ)一カ月以上の無断欠席者は会員の資格を喪失、(ホ)入会の諾否は面談のうえ決定。(11)『信望愛』誌第五三号(一九三二年九月)によれば、中原聖書学舎の「特色」として、「創設以来二年半、最初の会員五名、目下は十九名、未だ一人の落伍者なし」とある。集会の規律と雰囲気が伝わってくる。遅刻はゆるされず、聖句の暗誦が要《もと》められた。ここでの集会は主宰者と聴講者のあいだに真摯な人格的信頼関係をもとめる共同体であったことが分かる。「会員」というのは、「直接にキリストを仰ぐ」者同士、つまりエクレシア構成員というほどの重い意味合いをもっていた。

この集団形成は金澤が内村や藤井の実践方法から学んだことであったろうが、より深くは金澤自身の教会牧会者としての苦い経験と反省に出ているものと思われる。そのことは前掲誌第一八号(一九二九年[昭和四]一〇月)の表紙裏に載せた詩「我等の教会」によって明らかである。その作品のなかほどにある長い一行――「我らの教会には会堂なく教職無く信仰箇条なく主の名によりて二三人集ふところにイエスはゐます」――に表われている。これを一行で言わなければならないほど切迫した心が、金澤に働いていたのである。つづいて「然り、生ける主イエスのゐます

多数にのぼる。

(11) 前掲誌、第二八号(一九三〇年[昭和五]五月)、第三八号(一九三一年[昭和六]六月)、第五三号(一九三二年[昭和七]九月)、第六九号(一九三四年[昭和九]一月)、その他。

ところに教会はある」とうたわれる。金澤にとって、これがエクレシアであり、終生これ以外のことは言わなかった。彼は会員の数の多いことを求めなかった。「福音の真理に接して喜び」、「雄々しく立つ」「少数者」の育成に励んだのである。(12)

五　悲哀・仰視・「間接愛」

金澤の無教会主義は彼が教会を深く知っているがゆえに、かえって激しく、かつ純粋であった。「イエス・キリストと其の十字架のみ——之が私の福音であり同時に私の無教会である。(私は霊的の教会即ちエクレシアを否定せんとするのではない、ただ制度的教会の無用なるを主張するのである)(13)」。それを「第二の宗教改革」と称した。教会根性を批判し、「現代の或る無教会的団体の指導者」の教会根性を許さなかった。(14)この精神が前段でふれたところのエクレシア形成の理念を生んだ。

金澤の信仰がエレミヤ—藤井型であることは、前述のとおりである。しかし金澤には金澤の特徴があった。それを(一)悲哀感、(二)仰視の姿勢、(三)間接愛の主張の三点にしぼることができよう。第一の「悲哀感」にかんしては、(藤井の説くところとは、また違った)金澤流の香りがある。それは一言にしていえば、「教会よりの出エジプト」を敢行した者が「曠野」に立ってうめく姿である。(15)人のため世のために病患を担う「苦難の僕《しもべ》」のイメージが金澤の全生涯を覆っていた。信仰が真実なるときは、必ず苦難が伴う。そうでなければウソだ、という確信に彼は生きていた。(16)

第二の「仰視」について。内村がもちつづけた仰瞻《ぎょうせん》の思想をうけつぐものであるが、山国上州で妙義山や浅間山を仰ぎつつ育った金澤には彼独特の「仰ぎ」の思想が形成されていた。[17] もちろん信仰とは、「内を視ずして」、罪の淵から「キリストを仰ぎ視る」ことである。[18] しかし彼が、「山よ、汝は無声の預言者である」。[19]「吹雪する浅間山に預言者の姿を見る」[20] と語るとき、大自然との交感のなかで創造主の存在に接していた金澤をみることができる。とくに戦中の言――「富嶽よ、純潔、高貴、正義、平和、勇気、真実、寛容、忍耐等は悉く汝の体現するところ。また汝は朝毎に真の光（基督）を待望む者である」という言[21] などをみると、山は「仰視」を不言実行している預言者であり、見

(12) 前掲誌、第三一号（一九三〇年［昭和五］一一月）の「日曜学校に就て」、第九二号（一九三五年［昭和一〇］一二月）の「編輯室より」、その他。
(13)「教会か、無教会か」。前掲誌、第三三号（一九三一年［昭和六］一月）。
(14)「教会根性を警戒せよ」、前掲誌、第五二号（一九三二年［昭和七］八月）。
(15)「信望愛創刊」、「誰が為にか書かん」。前掲誌、第二号（一九二八年［昭和三］六月）。
(16)「藤井武君と真実」。前掲誌、第三九号（一九三一年［昭和六］七月）。
(17) 金澤は『信望愛』誌の創刊号（一九二八年［昭和三］五月）は「富士山に寄す」という一文ではじまる。これは「発刊の辞に代へて」書かれたものである。富嶽を仰いで金澤は言う――「汝は日本の代表者である。……汝は曽て豫言者の如く火を吐き此民を警醒した。今は真の基督者の如く静かに待望する。げに汝は真の信仰の人の姿である」。富士を仰視することで、信仰の本質を凝視したのである。一歩過てば、アニミズムに陥る危険をおかして、金澤はキリスト教の信仰を培ったものと考えられる。この点、きわめて日本的なキリスト教把握であったといえよう。
(18)「仰視」。前掲誌、第一五六号（一九四一年［昭和一六］四月）。『選集』第三巻、一一四―一一六ページ。
(19)「我は山を愛す」。前掲誌、第四号（一九二八年［昭和三］八月）。『選集』第三巻一七ページ。
(20)「希望の山に立ちて」。前掲誌、第二一八号（一九四九年［昭和二四］一月）。『選集』第三巻七二ページ。

る者に待望の心を教える人格的存在と促えられていたことがわかる。

第三の「間接愛」について。金澤がこれについて書いた最初は、おそらく一九二九年（昭和四）七月の「愛の間接性」であったろう。[22]「キリストを通じての愛」でなければ、父母・夫婦・親子間の愛情も、友愛も、愛国心も、人類愛も、すべて盲目であり、呪いである、という主張である。この主張は一九三四年（昭和九）三月の「再び間接愛に就て」[23]に継承される。この間接愛の主張は、日本が突き進みつつあった暗黒の時代を批判的に生きる力を金澤に与える強靭な思想的基盤をなしてゆく。

六、非戦の論理――ファシズムの時代に

昭和の初めの二十年間の暗黒の時代をファシズムの時代とよぶことができよう。いわゆる十五年戦争の時期に跋扈《ばっこ》したミリタリズムを、内村も藤井も経験しないですんだことは、彼らにとって幸せなことであった。彼らはいわゆるアメリカニズム（官能的享楽主義）とマルキシズムを相手にすれば足りた。その後を生きた金澤は、日本の国際連盟脱退、中国大陸への侵略、国内世論の弾圧など、一連の右翼的国策の出現をまえにして、彼は強く「否！」を叫ばざるをえなかった。[24]

ここで問題になるのは「愛国心」の内容であろう。金澤は一貫して「聖書そのまゝのキリスト教」への回帰の必要性を唱えた。（ここには日本のキリスト教会が軍国主義に加担していく傾向――いわゆる「合同」――への批判がこめられていた。[25]）聖書そのものの伝えるキリスト教は、金澤に言わせれば、（イ）人に罪の赦しを与え、（ロ）不朽の生命を約束するばかりか、（ハ）「真の愛国心」を鼓舞し、（ニ）日本的な「固有の良き国民精神を伸長し完成する」

ものであった。[26]「日本が自国の為でなく正義を以て世界の為に生きる時に日本人も日本国も救はれます。」「之が真の愛国であります」と語った。[27]金澤流に言えば、「真の愛国」とはキリストにあって国を愛すること、つまり「間接愛」としての愛国であるということになるのであろう。これが非戦の論理の基礎をなした。

天皇制にたいする金澤の信頼は絶対であった。明治生まれの教養人として、これはむしろ当然のことであった。ただ彼は、あるがままの皇室への尊崇の念はなく、「純化」された皇統の出現を待望していた。[28]たとえば二・二六事件（一九三六年）に際しての金澤の慨嘆であるが、それは深刻であった。「悲しい哉。大いなる暗黒は祖国を蔽いぬ。……愛する同胞よ、醒めよ。事のよつて来るところを深く省みよ。正義を愛して善を行へ」と書いた。[29]そして天皇がつくられた歌を引用する――「天地の神にぞいのる朝なぎの海のごとくになみ立たぬ世を」。（金澤はこの御製がよほ

(21) 一九四四年（昭和一九）一二月。金澤常雄著『信仰短想』（新地書房、一九八四年）、一〇五ページ。同書、二〇ページ参照。
(22) 前掲誌、第一五号（一九二九年［昭和四］七月）。『選集』第三巻一八一、一八七ページ。
(23) 前掲誌、第七一号（一九三四年［昭和九］三月）。『選集』第三巻一八七―一八八ページ。
(24)「日本の危機と基督教」。前掲誌、第五七号（一九三三年［昭和八］一月）。
(25)「君、恩恵だよ！」。前掲誌、第一五七号（一九四一年［昭和一六］五月）。『選集』第三巻一四二ページ。
(26) 前出「日本の危機と基督教」。
(27)「非常時の眞相」前掲誌、第六六号（一九三三年［昭和八］一〇月）。『選集』第三巻九五―九六ページ。
(28)「旭光を待つ日本」前掲誌、第七号（一九二八年［昭和三］一一月）。『選集』第三巻八八ページ。
(29)「暗黒か光明か」前掲誌、第九六号（一九三六年［昭和一一］四月）。

ど好きであったらしく、別の機会にもこれを引用して、軍備全廃の主張の根拠とした。[30]）この御製にあらわれる大御心こそ「大和の基督者の最大の栄光」である。「現実の日本を見て失望の外はない。併し聖化され完成されし未来の日本の姿を仰いで希望に溢れる」と言い、「少数の民」に希望を託する。[31] ここに言われている「聖化された日本」の幻影は、日本という国にたいする「間接愛」の結果したものであるというほかはない。

日本にたいする「間接愛」の思想は、太平洋戦争の開始とともに、さらに深化する。この戦争に突入した日本に、なんらかの使命がありとすれば、「東亜各地にキリストの愛を宿す日本人が進出」して、「日本から旭日の如くキリストの真理が現はれ出で」、全世界を照らすにいたるべきであり、その時を金澤は「幻に見る」というのである。[32] この種の叙述を捉えて、金澤は戦争賛成にまわったのだと解し、「満州事変から日中戦争にかけての金澤の非戦論は、太平洋戦争で大きく屈折した」ととる論者がある。[33] が、事実はそれほど簡単に割り切れるものではない。金澤は「キリストの愛を宿す日本人」の進出を念じたのであって、現実の日本人の東洋制覇を歓迎したのではない。

このことは、戦後の金澤の言をみれば、さらによく判ることである。「聖戦」ならざる戦いの庭へと、「私の許で聖書を学んだ学徒」を送り出さなければならない場合には、「戦場に斃るべきを勧め、反戦思想を宣べなかった。また人が万歳を叫ぶとき私はひそかに心で泣いた、――敵側にも味方にも多くの尊き血の流されしを思ひて」。「茲に基督教の十字架があった」と金澤は述べている。[34] これはかの「少数者」にたいする、金澤の悲哀にみちた勧告となって現れた。つまり祖国への「間接愛」のゆえに、その祖国の罪を双肩に担っていけ、という勧告である。そのことは当時の金澤の周辺にいた青年たちは、よく判っていたことであった。キリスト信徒は祖国の罪を負うべしという金澤の思想は、彼の戦中の非戦論の支柱をなしていたが、それは等しく戦後の彼の絶対非戦論の基礎をなす思想であった。彼は戦後の日本国民にたいして、「政府も国民も世界的戦禍の再び起るとき獅子の前の小羊の如き立場を甘受するまでの覚悟ありや」と質している。[35] 金澤の非戦論は太平洋戦争時に方向転換して、戦争肯定に傾斜したとする論者があるとすれば、その論者はあの緊迫した時局下の、自由な発言のゆるされなかった時代に書かれた文字の黙示録的奥行きが解せない浅薄な読者としか言いようがない。

敗戦を迎えた金澤は、その戦争を終戦へと導いた天皇の「聖断」を多としている。[36] しかしこの言を捕まえて、金澤

(30)「日本の平和的使命」。前掲誌、第六四号（一九三三年［昭和八］八月）。
(31)「信仰短言」。前掲誌、第九六号（一九三六年［昭和一一］四月）。
(32)「世界動乱と基督教」。前掲誌、第一六六号（一九四二年［昭和一七］一月）。
(33) 藤田若雄編『内村鑑三を継承した人々』（上）木鐸社、一九七七年、一六七ページ。金澤常雄を担当したのは山田隆也氏。
(34)「絶対非戦と天皇制（上）」。『浅間山麓より』第六信（一九四六年［昭和二一］四月）。日露戦争当時、非戦論に立つ内村鑑三は戦時においてキリスト信徒はいかなる態度をとるべきかの問題に思い悩んだ。その結果を「非戦主義者の戦死」なる一文にして『聖書之研究』誌上に発表した（第五七号、一九〇四年［明治三七］一〇月）。そのなかで内村は次のように述べている――「総ての罪悪は善行を以てのみ消滅することの出来るものであれば、戦争も多くの非戦主義者の無残なる戦死を以てのみ終に廃止することの出来るものである。……逝けよ両国の平和主義者よ、行いて他人の冒さゞる危険を冒せよ。……戦ふも敵を憎む勿れ。……死に至るまで平和の祈願を汝の口より絶つ勿れ」（岩波版　新全集、第一二巻四四七―四四八ページ）。太平洋戦争中の金澤常雄に、恩師のこの苦衷の言が生きていたことは、十分考えられることであろう。
(35)『浅間山麓より』第六信（前出）。
(36)「天与の平和」。『浅間山麓より』第二信（一九四五年［昭和二〇］九月）。なお『浅間山麓より』第二信は『信望愛』第二〇二号（一九四七年［昭和二二］九月）に「終戦所感」として再録。『選集』第三巻九六―一〇一ページ。

が「救い主・天皇」の考え方をもっていたなどと解するのは、これも思想史をひもとく資格のない者の曲解である。(37)(天皇の判断で戦争が終結したのは、歴史的事実に属する。この事実を重視する金澤は、天皇を、ユダヤ人のバビロン捕囚を終わらせてユダヤ人解放を実現させたペルシア王クロスに比肩する。)

金澤は「義なる神」が「祖国の罪を厳しく罰して敗戦の苦杯を飲ましめしも是を潰滅に至らしめず、平和的道義的国家として再建せしむべく一切を備へ給うた」と書く。(38)天皇は新日本誕生のための「神の杖」でしかないのである。

金澤は天皇制の廃止は主張しなかった。しかし「多くの民は天皇陛下の為に尊い生命を棄てた」のであるから、「望むべくは戦争の罪への率直な悔改の告白が欲しかった」と書いている。(39)これはキリストをとおして日本を思う、つまり「間接愛」から出る真実の勧告である。彼は合わせて自らの「戦争責任」にふれて、『信望愛』復刊第一号(一九四七年一月)には、「私の愛は何故もっと重き痛手を負うまでに徹しなかったたか」という自責の念を吐露している。(40)これは、非戦の立場をとりつつも、形のうえでは直接的非戦の行為に走らなかった自己への反省であろう。

さきに金澤の「仰視」の思想の説明をしたおりに、われわれは戦中の金澤が富士を仰いで、その姿に純潔、正義、平和、真実などの体現をみとめ、「汝は朝毎に真の光(基督)を待望む者である」と呼びかけている姿に出会った。「仰視」は「待望」を内容としている。ここで、戦中の金澤の同趣旨の発言を引用してみよう。「人は言ふ、富士山こそ日本精神の権化であると。げに然り。さりながら、彼が或る者を切に待望しつつあることを知る者は多くない」。(41)日本の聖化への期待が、黙示録的表現をとって言い表わされているのである。その「或る者」の力が働いて、日本に敗戦を強い、平和への道を拓かしめたというのが、金澤の理解であった。これは日和見主義者の延命主義とは、質的に異なる生き方と主張であった。

なお金澤の非戦論を検討する場合、反戦思想のゆえをもって官憲の追及にあい、治安維持法違反としていったんは有罪判決を受けた岳父浅見仙作翁との関わりにふれなくてはならない。詳細については、稿を改めなければならないが、ひとつだけ、一九四三年（昭和一八）以来三年にわたったこの浅見事件に、金澤常雄がキリスト教の平和思想を弁明する立場で終始関わったことは、ここで強調しておかなければならない。そのことはこの事件を扱った浅見仙作著『小十字架』（待晨堂書店、一九五二年）に付された金澤自身の「後記」を読むだけでもわかることである。(42)

七　敗戦のあとに

戦中戦後の食糧難の時代を吐血の病患におかされつつ過ごした金澤常雄は、とくに新日本の建設のためを意識しつつ、新たな気持ちで福音の伝道に乗り出した。まず軽井沢で、『浅間山麓より』の第一信を一九四五年（昭和二〇）八月に発刊する。もっともこの第一信は実際は敗戦のことを知らずして執筆されたものであって、最後の数行に、「測らずも十五日正午、畏くも平和に関する大詔を拝し感涙にむせびました。胸にあふれる万感はみ許しあらば第二

(37) 藤田、前掲書、一七三ページ。
(38) 『浅間山麓より』第二信（前出）。
(39) 「独立日本の進路」。前掲誌、第二五三号（一九五二年［昭和二七］六月）。
(40) 「祖国の絶望と希望」。前掲誌、一九四号（一九四七年［昭和二二］一月）。
(41) 「山茶花」。『信望愛』第一七五号（一九四二年［昭和一七］一一月）所収。『信仰短想』（前出）二〇ページ。
(42) 浅見仙作に対する金澤の評価については『信望愛』第二五五号（一九五二年［昭和二七］一一月）――「浅見仙作翁追悼号」――を参照のこと。

信で申上ます（八月十六日）」とある。第二信は同年九月に発行。その後、第三信は一二月。翌年一月に第四信とつづき、第九信（最終信）は敗戦一周年の八月発行である。その第九信の「山荘より」には、その秋九月には単身山を降りて、一〇月六日の聖日より八王子市台町八〇番地にて日曜集会を開始する旨が明記されている。

第六信（一九四六年［昭和二一］四月）に掲載された「絶対非戦と天皇制（上）」に、（前に引用した）次のような一節がある。絶対非戦を世界に宣言するからには、日本は獅子に食われる子羊の運命を甘受するだけの覚悟が必要である。「其の為には民主主義の普及や平和思想の普及だけでは到底足りぬ。基督教の普及が何よりの急務である。それも在来の教会的基督教では余りにも無力である。無教会的、聖書的、預言者的、福音的の基督教でなければならぬ。特に預言者的になることが必要である。」これは戦後の金澤常雄の一貫した主張であった。同通信第七信（一九四六年〔昭和二一〕六月）の「戦争抛棄と天皇制（下）」では、「基督教に由る国体の聖化」を論じ、天皇も国民もキリストの教えを受け容れるとき、日本は「世界に稀なる正義と平和の国」となるであろうと説いている。前にも述べたことであるが、金澤は初めから「純化」され、「聖化」された皇統もしくは国体の出現を待望していたのであるが、その思想の発展した姿をここにみることができる。宮内庁長官の田島道治――内村同門――の依頼をいれて、高松宮に五回にわたりキリスト教を進講したのは、この秋のことであった。皇統の「聖化」の必須なることを説いたに違いない。

一九四七年（昭和二二）一月には『信望愛』を復刊する。軽井沢に残してきた家族が八王子に集まることができたのは、一九五〇年（昭和二五）秋のことであった。その翌年からは森本静子学長の招きで、東京文化学園短期大学で基督教倫理を講ずる。このころ同学園内でも集会をもった。病弱の金澤は意志剛直で、国内各地に伝道の旅に出ている。一九五四年（昭和二九）春には、ついに肺結核を発病。国立中野療養所に入院の余儀なきにいたった。満三年の療養所生活中も、聖書読書会を開いている。また「病床通信」を発行し、同信の友へ指針を送っている。「日本は敗戦の苦杯の経験を忘れずに、後進のアジヤ諸国の先達となり、絶対に再軍備せず世界平和に貢献すべきである」として、「逆コース」批判を行なった（一九五六年〔昭和三一〕一二月一〇日）。「東京都中野区江古田三丁目　中野療養所二十七舎　金澤常雄」とある。一九五七年（昭和三二）六月に退院。八月には集会を再開する。また一〇月一〇日づけで、葉書通信『信望愛』を発行する。『信望愛』誌そのものを発行する体力は、いまだ戻っていなかった。しかしその一一月からは、けやき幼稚園（武蔵野市西久保四一八番地　八吹本氏方）での集会も始めている。

この中野療養所入院の前と後に、金澤は注目すべき二つの発言を行なっている。入院前の発言というのは、復刊『信望愛』誌第二六二号（一九五三年〔昭和二八〕一一月）に発行した「黒崎幸吉氏著『一つの教会』を読む」である。内村門下の先輩黒崎幸吉（一八八六〔明治一九〕―一九七〇〔昭和四五〕）の著述が「神との交わり」を重視するあまり、贖罪信仰を軽視する結果となっているとして、これを批判したのである。黒崎は同書にたいする「反響と補足」を『永遠の生命』誌第二六八号（一九五三年〔昭和二八〕一二月）と第二六九号（一九五四年〔昭和二九〕一月）に発表している。金澤はそれを読んだうえで、『信望愛』第二六二号（一九五四年〔昭和二九〕二月）において、前号とほぼ同趣旨の内容の再批判を書き、補足もしている。（黒崎論文の長所もみとめている。）贖罪の信仰をもたぬ者でも「神とのコイノニア」はありうるとするが如き主張は受け入れられない、というのが金澤論文の内容であった。

もうひとつ、さきに中野療養所退院後の発言といったのは、退院直後の七月一七日づけで書いた「粟屋仙吉君を憶う」と題するパンフレットのことである（四百字原稿用紙にして二〇枚ほど）。粟屋は東京帝国大学法科の後輩、内村同門の親友であった（一八九三〔明治二六〕―一九四五〔昭和二〇〕）[43]。このパンフレットは粟屋の思想ばかりでなく、金澤自身の本質をうかがううえで大事な文献である。とくに粟屋が馬政局長官を辞めたころ、だから一九四二年(昭和一七)ころの粟屋が金澤に「聖霊内在の体験」の要を語り、「聖霊の臨在を実感すべきである」と考えていると述べた。それにたいして金澤は、聖霊の内在をつねに実感したいとすることは無理な願いであり、また不自然であると答えている。これはいかにも金澤らしい。

思えば若き金澤常雄が北海道の荒野でロバートソンの説教を読み、十字架と復活の信仰を与えられて以来、彼にとって罪の赦しの信仰が全ての全てとなった。牧師となって桐生に、また札幌に牧会の生活を送ったときでさえ、彼のこの贖罪中心主義がけっきょく伝統的教会主義と相容れない結果を生み、彼は教会を離れたのであった。贖いなしの神との交わりなど、彼には考えられなかった。それほど彼は純粋であった。たとい神に捨てられようと、神を仰視する——これが金澤の姿勢であった。ここには黒崎流の救済論とソリの合わない感性がある。また、中野療養所を退院後に、尊敬してやまない粟屋仙吉の思い出を語りながら「神との交わり」を重視するこの友の聖霊内在論を斥けたのは、金澤として当然のことであった。彼にとって神とは仰視すべき間接的・外在的・超越的他者なのであった。この点は、金澤として四十年間不変であった。中野療養所を退院してから出しはじめた、前述の葉書通信「信望愛」の第五信(一九五八年［昭和三三］二月一日)の一節に、次のような記述がある。「我らの救われる理由を自己の内に見出さんとするも空しい。……救いの理由は全く神の側にある。……体験は尊い。併し聖書の言によって裏付けされないと危険である。体験は人を救わない。救うのは神の恩恵である。」この発言は、当時無教会内の一部に行なわれた異言運動への批判でもあったろうが、そもそもこうした批判を生む土壌そのものが、彼の贖罪論的仰視の思想であったことを、われわれは見失ってはならない。

この文章を発表した翌々月四月の六日に行なわれたキリスト教講演会では、金澤は「恩師の一言」と題して演壇に立つことになっていた。（金澤が札幌を去って上京したとき、恩師内村が「君、恩恵だよ！」と言ったことは、本拙論の冒頭部分でもふれたことであったが、金澤はその言をめぐって語ることにしていた。）病気回復後はじめて公衆の前に立つはずであった。しかしその日を待たず、三月四日が、彼の最期の日となった。武蔵野市西久保二四六番地の自宅で、心臓麻痺で逝いた。行年六十五。告別式は三月八日に今井館聖書講堂で執り行なわれた。矢内原忠雄が司式。黒崎幸吉は感話を述べて、金澤君が召されて「一面においてほっとした」と言った。(44) 金澤君は手ばなしで神を信ずる人だから、傍で見ていてひやひやする、という意味であった。(45) 黒崎とともに感話を述べた塚本虎二は、金澤を称して「無教会の良心」とよび、金澤を「私の理想でもあり、手本でもあり、インスピレイションであった」と告白した。そして、「金澤君、君はいい生涯を送ったんだよ！」と結んだ。(46)

(43) 粟屋仙吉は内務省畑を歩き、敗戦当時の広島市長として原爆落下の際に死亡した。それにより以前、大阪警察部長時代の一九三三年（昭和八）六月に、信号無視の陸軍兵士を警官が制止した、いわゆる「ゴーストップ事件」が起きたおりに、陸軍を向こうにまわして警察権の正当性を堂々主張した。津上毅一編『粟屋仙吉の人と信仰』待晨堂書店、一九六六年。
(44)『信望愛』終刊号、第二六六号（一九五八年［昭和三三］五月）所収。
(45) 岩島公「独立伝道者金澤常雄先生の半生」。金澤康編『朝には歓び歌はん——金澤つな記念文集——』（一九八七年七月三〇日）、一〇九ページ。
(46)『信望愛』終刊号、第二六六号（一九五八年［昭和三三］五月）、および『聖書知識』第三三六号（一九五八年［昭和三三］四月）所収。

〈内村鑑三とその周辺〉

信州の農村伝道——松田智雄と小山源吾

戦後の農地解放は農村社会に、旧来の因習を打破する転機をあたえた。そのために農村社会には、いちじ混迷が訪れ、ややあって模索の機運があらわれた。その過程のなかで、従来の農民指導者層のなかから、これからの時代に求められるべき農民像の形成を、緊急な課題とする動きがみられるようになる。

松田智雄（一九一一—一九九五）は戦後、信州・蓼科山《たてしなやま》の北麓にひろがる農村、とくに旧中山道の北辺、鹿曲川《かくま》を挟む二つの台地——御牧原《みまきがはら》と八重原《やえはら》——に関して、社会科学者としての関心を集中した。三五〇年前までは荒蕪の地であった台地が、稲作をふくむ農耕の地へと開けた理由をさがし、その社会の内側にメスを入れようとした。蓼科山から水を引く三用水路——五郎兵衛堰《せき》、塩沢堰、八重原堰——の辛苦の開削のおかげで、この高原荒地が灌漑され、稲作が可能となった事実をつきとめたキリスト者としての松田は、ここに「荒れ地に川が流れる」（イザヤ三五章）事実を目撃した。しかし同時に、その水利管理をささえるヒエラルキー的社会制度が、（調査の時点まで）現存する事実も発覚した。

松田をこの地へ導いたのは、塚本門下の小山《こやま》源吾（一九一二—二〇〇三）であった。二人はまた、ともに金澤常雄に親しんだ。松田はこの小山とその縁戚にあたる小山洋《よう》の先導で、農村に散在するキリスト教の求道者を頼って、一九四八年九月に、この地方に足を踏み入れた。望月などでヨーマンの意識、その担った生産力の歴史的形態、イギリスのピューリタン革命のことなどを、土地の農民たちに語った。ピューリタン革命期における土地問題の解決法を語ることで、現実の農地解放後の諸問題への解決の糸口を示したかった。同道の農村指導者小山源吾は、イネの結粒のこと、ジャガイモの発芽防止の方法などを講じた。二人はこうして精神的・知的教養が、日常の生産性を高めるものであることを訴えた。

この二人には共通の願いがあった。それは独立自営農民の育成ということであった。日本の農民には自発性、合理性への努力の念が足りない。そのためには（小山の言をかりれば）「制度や技術の根底に真正のプロテスタントの信仰が導入されなければならぬ」ということであった。

二人のこの願いは一九五一年二月の御牧原農民福音学校の開設となって実った。主催は農業科学者福音同盟というもので、小山が校長、松田が副校長であり、御牧原農産加工農業協同組合の組合長清水正一が、彼の組織をあげて後援、協力した。清水は農民求道者であった。講師には総論的な立場からの鈴木俊郎、鈴木正久、農業技術に関しては石原秀志、高井康雄、小山源吾ら、経営方面にかんしては柴田徳衛、住谷一彦らが選ばれた。特別公開講演としては湯澤健が結核の話を、松田が北御牧村の調査報告を行なった。朝拝と夕拝は両鈴木が責任をもった。三泊四日の「学校」の定員は「三十名（内、女子十名）」とあるが、松田の記録によれば、第一日夕刻の開校式には「六十名ばかりの人々」が集まったという。臨時聴講者の類を含んでの数であったのかもしれない。彼は「鈴木俊郎氏の聖書講話は私にとって全心《（ママ）》全霊を深く揺ぶる感動であった」と記している。当時の聖書学関係、農学関係の最前線で活躍する実践家、しかも超教派の識者たちが中心となって、蓼北の傾斜地にキリスト教信仰に立つ農村共同体の形成が模索されたのである。

この翌年一九五二年の一月には、清里に近い平沢に在住する野坂穣（一八九六―一九七九）の招聘にあって、松田、小山の両名は八ヶ岳農民福音塾を計画、実行する。全期五日間の講師は政池仁、石森延男、高井康雄、松田智雄、小山源吾であった（このうち高井は病のために欠席し、杉山信太郎が代わった）。御牧原の場合にくらべて、講師の数は限定されているが、農学関係者のほかに、精神文化、人文学系の一流の専門家を招いている点は、前年の例とかわりない。野坂は自ら塾長をもって任じた。

「冬の農閑期に爐を囲んで、相共に学び、共に語り度い」という趣旨であったが、その真意が御牧原の場合と同じ、福音の精神に立つ独立自営農民の育成にあったことは、あらためて指摘するまでもない。松田、小山両名の目には、外ならぬ野坂塾長その人こそ、ヨーマン的自営農業者の典型と映った。この福音塾はこの翌年一月に、もう一度開かれた。

御牧原農民福音学校、八ヶ岳農民福音塾は、合わせて前後三年にわたる企てでしかなかった。しかしここにつらなった農村青年たちの心のなかに、（野坂の言によれば）「荒野の彼方に乳と蜜の流るる地のあるを堅く信じ得る」希望をのこした。この二つの企てが実行された二つの高地には、福音を求める農業者がいまに生きている。しかもこの二高地は高い生産性をあげる地域となっている。野辺山の開拓にたずさわった佐々木一夫は、若き日に平沢で松田の講義をきき、野辺山の生産性をたかめるには、ヨーロッパふうに高地を集団化し、住居を散居制――家屋を、各自の農地内へ散在させる方式――に切り替える必要性を認識し、のちにその方式を提唱し、実施させた。現在、高原野菜の産地として名をはせている野辺山の開拓の成功の一因は、ここにあるともいわれている。

現在、日本の農山村にはキリスト教共同体を実践している農業者グループの数は少なくない。その多くは都市在住のキリスト者との連携を組んで、精神的に、また経営的に、より大きな共同体を構成している。そのような傾向が始動するごく初期の段階で、その傾向の原型を、戦後の信州の二つの共同の場が指さし、実験したものと見ることができよう。

参考文献

「御牧ケ原農民福音学校案内書」

松田智雄・小山源吾共編『御牧原農民福音学校読本』(小山源吾発行)、一九五一年二月一日。

座談会「キリスト教と現代社会」(山本和、矢内原伊作、隅谷三喜男、松田智雄)、『独立』(明和書院)第四号(一九四八年八、九月)。

座談会「日本農村社会とキリスト教伝道」(松田智雄、中村菊代、桂伸子、鈴木俊郎)、『独立』第一三号(一九五〇年三月)。

小山源吾「農村における技術を分析して——一農業教師の提言——」、『独立』第一三号(一九五〇年)。

小山源吾「日本の農業を考える」、『東京エクレシア新聞』第6号(一九九四年二月二〇日)。

松田智雄「一つの報告——水と村落共同体——」、『展望』(筑摩書房)一九四九年一二月号。

松田智雄「高原の記録——知識層の脱知識層化の問題——」、『基督教文化』(新教出版社)第五六号(一九五一年五月)。

松田智雄「『水』が創り出す文化史——西欧と日本——」、『日本をみつめるために——伝統と創造——』(学校法人日本女子大学)第一三集(一九七九年六月)。

佐々木一夫『野辺山高原に生きる』(私家版)一九七八年。

野坂穣『遥かなる旅——野坂穣遺稿集——』小山源吾編(地平社、一九八〇年)。

新井明「荒れ地を開く——野坂穣氏のこと」『若木』(経堂聖書会編)第一九号(一九九三年一二月)。

〈内村鑑三とその周辺〉

中沢洽樹の「伝統」論

中沢洽樹《こうき》（一九一五―九七年）は「無教会と伝統」、「無教会の伝統」の問題を生涯考えつづけたひとりであった。キリスト信徒の母の影響下で育ち、旧制中学一年の年（一九二八年）に高知県・香美教会で洗礼をうけている。旧制高知高校時代に内村鑑三、藤井武の著述を知り、「罪のゆるし」をすべてとする純福音にふれ、無教会の道を歩むことになる。

その中沢が一九四八年九月の『キリスト教常識』誌（第二九号）に「無教会の前進」なる一文を投じた。教会側からの無教会批判にたいして答えたものである。無教会がもとめるのは「真にキリストの体なる教会」なのであって、「見ゆる教会」の形式――職制、儀式など――は霊的教会の成立のための前提とはならない。無教会は各教団同様に、基本信条として「使徒信経」を認め、「十字架の下で砕かれゆく砕けのエクレシヤ」（小池辰雄）として不断に成長する生命体たらんとするものである、と規定した。したがって、無教会に敵ありとすれば（教会にとってと同様に）己れを尊しとして固定化に安住する教派精神である、と書いた。これはおそらく中沢の初の無教会論である。その後、彼の論説は急速に精緻の度合いをふかめるのだが、しかし一九四八年の論理は彼の生涯を生きつづけた。

一九五〇年の「無教会と伝統」[1]は彼の無教会論のひとつの到達点を示す論となる。教会の伝統――旧教、新教とも——はその中心に経典、信条、職制（儀式を含む）をもつ。それにたいして無教会は、まず第一に、職制はもたない。ルターの万人祭司主義を徹底させた結果である。第二に、信条にかんしても、「使徒信経」を認める点で、無教会は既成教会と一般であるが、その形式そのものに捕られることなく、現実の信仰の戦いに応じた自由な告白をする。告白の中心はルターの言った「信仰のみ」sola fideによる「罪のゆるし」である。「信仰のみ」を告白して「わが名において集まる」ところに、キリストの体なる教会がある。第三に、経典の問題であるが、無教会はそれを教会の書ではなく、神の書であるとする。聖書を制度的教会のなかの「専門的教職」にゆだねることはせず、それを「平民」の手に返そうとする、と論ずる。

無教会はこの信仰的伝統を不断の自己否定的な砕けの場に成立させようとする。その場はバルトのいう「十字架の下」である。ここに独立と自由をかかげる平信徒の「自主的伝道団」が出現する。それは霊的団体であると同時に、愛に立つ家族的団体でもある。既成教会はそれを烏合の衆にひとしいと批判するであろうが、それにたいして無教会は歴史的実践によって答えるよりほかない、と中沢は弁護する。

無教会のなかには、内村いらい、無教会の成立に構造的にかかわった「武士道に接ぎ木されたキリスト教」とか師弟関係の重視などの、特種日本的な倫理観がある。しかしながらこのエートスが無教会の伝統を形成するとすれば、それは安易な継承に終わってはならず、「非連続的継承」でなければならない。無教会にひそむ自己絶対化と「先生」

（1）石原兵永編『無教会主義論集』（3）三一書店、一九五〇年四月刊。のちに中沢『忘却と想起』（山本書店、一九七二年六月）に、文体を改めて、再録。『忘却と想起』には、後出の「伝統について」（一九六三年）も収録されている。いずれも『中沢洽樹選集』（泉、高木、月本編。キリスト教図書出版社）、第三巻「内村研究・無教会論」（一九九八年）に再収録。

偶像化の傾向が、無教会のセクト化への危機をはらむことを、中沢はつよく警告した。[2]伝統は「非常な努力によって獲得すべきもの」(T・S・エリオット) だと述べて、彼は伝統そのものを客体化する。この伝道論は、一九六三年三月の内村の三三周年記念講演会で、彼が語った「伝統について」で、より明確化された議論であった。

プロテスタント教会は「戦闘的教会《エクレシア・ミリタンス》」である。それが武器としたものは、歴史的には、たしかに組織と神学であった。しかし、と中沢は言う、「霊の戦いにおいて、此世的な組織と、いわゆる神学の武器をもたなければ戦闘はできない、などということはありません」[3]。戦いたもうは神である、と言うのである。ここら辺は既成教会のみならず、無教会内部への警告を秘めて言っているのであろう。無教会に伝統ありとするなら、「それは十字架の下に絶えず自ら砕かれつつ、師の屍をも乗り越え、人間的な伝統を踏み破り、あらゆる真理の敵と戦うすさまじい曠野魂」である、と述べる。[4]

中沢は自らも言うごとく、「こちこちの無教会主義者」ではなく、自らはむしろ「教会と無教会の隔ての中垣を取り去り、両者のあいだに橋をかけること」を念じてきた。[5]彼の矛先は教会・無教会の分かちなく、つねに人間集団の生み出すところの独善に向けられ、「プラトンよりも真理」を尊びつつ「真のエクレシヤ」の形成をめざし、その原理を模索していた。ひろくはエキュメニカルな教会形成の追及ということが、彼の生涯の目途であったというべきである。

(2) とくに『土佐無教会通信』第八九号 (一九九二年一二月)。
(3) 前掲『忘却と想起』一二二―一二三ページ。
(4) 前掲書、一二二ページ。
(5) 注2の『通信』中の「香美教会献堂式祝辞」(一九八四年六月一〇日)。

第二部　無教会と平信徒

無教会と平信徒

無教会夏期懇話会　発題
一九八五年八月二八日
ルーテル市谷センターにて

プロテスタント教会は万人祭司主義に立脚して歴史に登場した。しかし事実はこの主義は建て前論として後退して、現在にいたっている。無教会が現在のキリスト教世界でその独自性を主張する面があるとすれば、平信徒による万人祭司主義をかかげ、それを相当程度実践している点に求められよう。

しかしこの平信徒主義の主張も、たんに歴史の過去の形態を温存しようとする頑迷にもとづく主張であってはならない。無教会がこれを主張し、実践するのは、それが旧新約聖書一巻の主張するところにかなうと信ずるからにほかならない。

それでは現代における平信徒主義、とくに無教会の平信徒主義とは、なんなのか。なんであるべきなのか。その内容と思われるところを、五点にしぼって整理してみたい。

第一に、キリスト教は「イエスこそキリスト」（マルコ八の二九）という告白に立っている。この告白は新約聖書の基層にぞくすることばであり、贖罪と復活の信仰にもとづく告白である。無教会も、新約聖書の最古層をなすこの告白を信仰の基礎としている。それにつづいて原始教会で成立した宣教《ケリュグマ》の告白や、さらにその後のキリスト教会で成立し、ひろく受けいれられてきた「使徒信条」（日本基督教団讃美歌五六六番）を、無教会も尊重する。（これ以外の特定の聖書釈義が無教会の共通の神学となることはありえない。）この点で、無教会はキリスト教の正統信仰に立つものと考えられていい。

第二に、無教会は明確な救済史的歴史意識をもつ。神の創造の行為と救済の意志とを別のものとは受けとらない。終末は神の創造行為の完成の時であると考える。しかし神の創造行為の完結、つまり神の救済の完成は将来の一点のことにぞくし、その意味でいまの時は未完成の時ともいえる。げんに現実の歴史には「罪」も「暗闇」も存在する。しかし歴史は創造の完成の時をめざして進んでいる。いまは、黙示されたその完成の時の到来を待望する中間時である。信徒はこの中間時を、「イエスこそキリスト」と告白しつつ、たがいに欠けたるを補い合い、協同の生の場を守るべきである。それは神の救済の出来事を、この世において、ことばと行為をもって証しする結果をともなう。

第三に、無教会には辺境者意識ともよぶべきものがある。無教会信徒は神なきこの世を、神からあたえられた「隣人」としてとらえ、その罪を負い、その潔められることをねがう。既成の「聖」なる場に拠らず、この世にたいして開かれた態度をとる。そして既成教会の組織の及ばぬところへ福音の種子を持ち運ぼうとする。より具体的には、信徒は世俗の職業を重視し、しかも信仰にあってあらゆる権威、あるいは組織から自由である。みずからにあたえられた持ち場——職業、専門領域——において、それをとおして、神の名をあらわそうと努める。その持ち場こそ福音伝達のための最前線であるという自覚に立つからである。日本の大部分の信徒にとって、各々の持ち場は異教のただ中にあるが、信徒はその持ち場を、救済史的視野に立ちつつ守りとおし、キリストを告白する。その場合、いわゆる職場伝道のかたちに重点がおかれるのではなく、キリスト者としての生そのものが伝道であると考える。(結果として職場集会のかたちがあたえられれば、それを恵みとしてうける。) 組織なく、世俗のただ中で「証人」として生きる生きかたは、聖と俗との接点、つまり辺境を生きる生きかたと考えられよう。

第四に、信徒は聖なる交わりを重視する。その交わりが集会のかたちをとることも、とらないこともある。またひとつ集会が核となり、その周辺に——といっても、かならずしも地域的な周辺をいうのではないが——ゆるやかなかたちの交わりが成立する場合もある。さらに既成の教会との交わりの可能性をもふくみ、その実例もある。いずれにせよ、信徒どうしが聖書を学ぶ共通の場をもつことは、自然のことであろう。

集会とは、第一に、神のことばが語られる場であり、第二に、神のことばの具現化を学ぶべき場である。しかし教職者のいない無教会の場合、集会とはいっても、一般の教会の場合とはおもむきを異にする。教職者が不在である以上、ふつう儀式はおこなわれない。集会に連なる各々の信仰告白が中心となる。ただ、一般的には、その場に居あわすもののうち、聖書への接近においてより進んだもの(たち)が、その集会の指導者《リーダー》とされ、聖書講義をおこなう。あるいは初めから指導者としての召命をこうむり、集会形成を進める場合もある。いずれのかたちの指導者を中心とするにせよ、集会に連なるひとりひとりは、聖書の味読を心がけ、感話会その他の折に、ことばあるいは行為のかたちで、信仰告白をする機会にめぐまれる。結婚式、葬式など、信徒の実生活にかんする行事は、集会の指導者の責任で執り行なう。

集会は一般の教会組織とは異なり、人的な結束力は微弱である。無教会は集会を、神からの恵みとして受け、尊重し、それ以外の含みのある集会であることを拒否する。したがって、集会の解散も自由である。

第五に、平易なことばの使用ということ。無教会は平信徒の集まりであるから、教職者や専門学者の特殊用語を必要としない。一般の日本人にわかることば、平均的共通語を尊重する。福音のことばを、この国の風土に根づいたことばで語り合えないはずはない。これは相互理解を求める福音の精神にもとづく言語観である。各分野の専門家が用語の特殊性に酔うような現象が生まれれば、ことばは魔と化し、ひとのこころに独善を生む。さらに、もし無教会でのみ通用することばができあがったり、無教会の集会内での対話でさえ全く不可能となるような日が来たとしたならば、それは無教会終えんの兆候とみていい。

以上で、平信徒主義としての無教会の立場は要約できたと思われる。ところで、このグループには、いまでも独立伝道者として活躍している人びとがいるので、平信徒主義との関連でその立場、役割を整理しておく必要があろう。独立伝道者は、まえに述べた言いかたにしたがえば、ひとつの（あるいは、ふたつ以上の）集会の指導者《リーダー》である。しかしふつうの集会の指導者が世俗の職業をもち、職業人として生き、同時に集会に拠っているのにたいして、独立伝道者は、すくなくともそうよばれる時点においては、世俗の職業にしばられず、聖書研究と伝道に専心している。召命の体験にもとづいて独立したのであり、その生きかたは尊い。（世俗の職業を果たしおえて、余生を伝道にささげるタイプは、この範疇にいれない。）

無教会の指導者《リーダー》は一般的に世俗のなかで具体的な持ち場をもち、その具体的持ち場において、あるいはそれをとおして、信仰の告白をなす人びとのなかから出る。この型を在世間的な指導者とよぶことができよう。無教会が平信徒主義を基本とするかぎり、この型が常識的である。したがって、独立伝道者の存在は一般的なものではなく、特別の選びの結果である。

独立伝道者はこの世との関係において、世俗のただ中で生きることを強いられる一般信徒にくらべて、より自由である。そのために、世俗の各職業分野にかんする認識においては、一般信徒に劣る傾向にあることは否みがたい。しかし他方において、福音の精神をより原理的に指し示し、またそれをより原理的に生きうる立場にある。とくに福音伝播の実践面において、より積極的な可能性をあたえられている。だから独立伝道者は、各地に散在する小集会の育成にかかわり、またときにはそれらを連携する役割を担う。すぐれた独立伝道者が、前記在世間的指導者のおもだった人びとともに、聖書講義、講演、集会形成、著書・信仰誌の発行などの仕事を通じて無教会信徒の中心的存在となり、こんにちにいたっている。

ここで、独立伝道者たる資格を、パウロの場合を原型として考えておきたい。独立伝道者は、第一に「十字架のことば」にふれたものでなくてはならない（第一コリント一の一八、他）。第二に、終生、謙虚に学ぶ姿勢をくずさぬ教養人でなくてはならない。パウロはきびしい教育をうけて育ち（行伝二二の三）、その後たんなるひとつふたつの専門領域をこえる広さの知識を身につけることで、精神の豊かさを培った人格であった。第三に、独立伝道者は経済的に独立していなければならない。さもなければ、神のことばを自由に、明確に語ることはむつかしい。パウロは、それゆえに、テント製造業者であることを誇りつづけた（行伝一八の三、二〇の三四、他）。伝道で生活を立てようとする「独立」伝道者があるとすれば、かれはすでに「職業」伝道者であるというべきである。以上三点は平信徒一般にかんしていわれるべきことがらであるが、影響力の大きい独立伝道者については、よりげんみつに受けとられなければならない条件であると思われる。

二〇世紀の最後の四半世紀は、それまで以上の速度で文明の世俗化が進行するであろう。そのことを考えると、世俗に密着して「地の塩」として生きる在世間的指導者の役割は、世俗にたいして一定の距離をもつ独立伝道者の役割にくらべて、より重くなるかもしれない。

無教会は教会《エクレシア》の一部である。それは既成の教会が教会《エクレシア》の一部であるのと同じ関係にある。だから無教会は、既成教会を同労者と考えて、教会組織の力の及ばぬところへ福音の種子を持ち運ぼうとする。それは教会の欠けたるところを補うことにもなる。しかしそのためには、とくに異教的風土のなかでは、徹底した平信徒主義が必要となってくる。

キリストの御名のとなえられぬところで、「福音を伝えること」こそ、「異邦人の使徒」パウロの意図であった（ローマ一一の一三、一五の二〇）。パウロがこの道を選んだのは、教会《エクレシア》への堅き接続を望んだからである。無教会が強いて既成教会との直接的連帯を求めず、無組織の平信徒主義を標榜するのは、信徒ひとりひとりが福音未踏のところへおもむくことで、真の教会《エクレシア》への全教的《エキュメニカル》な接続をねがうからにほかならない。

教会側にも「信徒運動」というものがある。それについて『キリスト教大事典』（教文館）は、次のごとくに記している。「万人祭司制の原理に立つプロテスタント教会でも、実際の教会活動においては、教職と信徒が明確に区別され、教職の活動にすべてが依存し、それが制度的に固定したため、信徒は常に受身となっている。教会は制度ではなく、生きた信徒の群であることを再認識しなければならない」（一九七九年版、五七五ページ）。これは既成教会の側でなされた反省の弁と解せられる。無教会はこのことばを、そのまま受けいれることができる。「教会は制度ではなく、生きた信徒の群」なることは、無教会の積年の主張であった。無教会はこれからも、平信徒主義に立って、ここでいわれる「生きた信徒の群」の一部でありつづけることをねがうものである。

辺境のめぐみ

無教会キリスト教全国集会
一九九六年一一月二三日
鷗友学園講堂にて。

一

四年ほどまえに、ある研究課題をかかえて、オックスフォード大学で過ごしたことがありました。その折に、ある方のお勧めがあり、ロンドンで宣教に従事しておられる盛永進という改革派の牧師に出会いました。その夏はわたくしは一時、帰国し、秋には再びオックスフォードへもどる予定でした。日本におりましたときに、その盛永牧師から国際電話がかかりまして、秋にロンドンの教会で説教を数回やっていただきたい、ということでした。わたくしが無教会であることはじゅうじゅうご存じの牧師が、こういう願い出をしてこられることに不思議を感じて、戸惑っていますと、「海外に出ましたら、教会も無教会もありません」。「ご奉仕をください」と勢いこんでおっしゃるではありませんか。現役の牧師が吐くこのことばに感じ入りまして、聖書講義をいたしましょうとお答えいたしました。

晩秋のロンドンでは一回は「地にては旅人」という題で、あのヘブル書第一一章をテクストとしたお話をいたしました。われわれキリスト者は来るべき時と国とをめざした旅人である。目を上にあげ、御国の到来を待望しつつ生きてゆきましょう、という話をしたのでした。東京という「中央」を遠く離れて、寂しい思いを重ねて、国際機関の第一線で働いておられるキリスト者の方がたをお励まししたかったのであります。

それにしても、忘れられないのは、「海外に出ましたら、教会も無教会もありません」という盛永さんのことばです。これはわれわれが「無教会」を唱える場合に、よく肝に銘じておかなければならない問題を含んでおります。

二

ここで見方をかえて、古代イスラエルの族長の動きを振り返って見ることにいたします。たとえばイサクのことですが、彼とその一族は飢饉の折に王アビメレクを頼ってゲラルという町におもむきます。しかし、その町にもいられなくなり、谷（ワディ）へ下ることになります。ところが、人も住まぬその涸れ谷で、イサクの一族は井戸にめぐまれます。羊も増え、生活も安定します。するとまたゲラルの人びとの妬みの対象となり、「そこを退け」と脅される。そしてさらに涸れ谷の他の所へと旅をつづけ、神を拝する。するとまた井戸にめぐまれる。ついにアビメレクのほうがこの一族に恐れを感じ、「契約の関係にはいって、不戦を誓い合おう」と申し出ます。「創世記」第二六章は、町から離れた辺境の地において、創造主のめぐみが発動されるという歴史上の諸体験を、集約的に証言している箇所と読めるのであります。これは古代イスラエルに共通の信仰告白でありましょう。

同様の告白は、他にもありまして、モーセにとってのエジプトの「荒野」は彼とその一党が、そこでこそ他と「区別」されるというめぐみに出会った場でした。また葦の海での救いの体験はイスラエルの歴史にとって、払拭できぬ深刻なめぐみの体験となりました。それからバビロンのほとりでの、南ユダの民族的な苦難と救済の体験も、その後の救済史的歴史観を決定した出来事でありました。一般に中央の「聖なる所」からは離れた所――辺境――で、神の御力が現れているのであります。

ここで思い出されるのは、サマリア人の話であります。ユダヤの「中央」なるエルサレムを下って、「ある人」がエリコへ向かって旅をします。強盗に襲われ、財産をすられ、傷まで負わされます。倒れていると、エルサレムから祭司が下ってくるのですが、見ぬふりをして過ぎてゆく。レビ人がこの後に来るのですが、これも知らぬふりをして去ってしまう。次に来たのが、ふだんはエルサレム勢力からはバカにされていたサマリアの出身者でした。この人が傷ついた「ある人」にオリブ油とブドウ酒で応急手当てをほどこし、宿まで連れてゆき、デナリ二つを出して、この男の面倒をみてやってくれと依頼する。帰路また立ち寄ってくれる様子です。エルサレム神殿の関係者二人――ほんらいは「隣人」たるべき二人――が「隣人」たることを拒否したのです。では三人のうち、だれがこの不幸に出遭った男の「隣人となったか」と、イエスは問うのです（ルカ一〇の三〇―三六）。

考えてみますと、サマリア人が「隣人となった」――隣人となれた――のも、エルサレムとエリコという二つの都市の中ほどの、人里はなれた所――辺境――であったからであります。しかも「ある人」はこのサマリア人との二、三日後の再会を、どれほど待望したことでありましょうか。傷ついた人びとのための救いのわざは、神いますとされる神殿でこそ発揮されるべきものですのに、そうではなく、神殿を離れた所で発揮されている。これは「隣人」関係の成立にかんして、初代信徒のいだいていた考え方の基本を、よく言い表している話であります。

きょうのこの講義のテクストとしてマタイ一四章一三―二一節を掲げさせていただきました。「五千人のパンの奇跡」といわれる箇所でございます。初代信徒たちに共通したこの重要な思い出は、人里離れた寂しい所で起こっております。多くの群衆がそれぞれの住処をはなれ、イエスに従った旅をしてきております。それで何が起こったか。群衆はイエスの「あわれみ」（愛）のみわざとイエスの「賛美の祈り」（感謝）のなかに引き入れられるのであります。愛の共同体に入れられたという体験と思い出は、イエスに従った貧しい社会層の人びとにとって、イエスの死後、数十年たっても忘れられない出来事でした。この世ではありえない「愛の交わり」がイエスの祈りとあわれみのなかで成立したことは、彼らにとって消すに消されぬ思い出となったのであります。

この感謝の念に満たされた者の数は、イエスの死後二世代もたつうちには、四千や五千で収まる数ではなく、ローマ皇帝に脅威を感じさせるほどの数となった。これこそまさに「奇跡」でありました。イサクにたいするアビメレクの恐れがローマを支配し、やがてはイエスの教えはその帝国の国教の位置を占めるにいたるのであります。

三

「聖なる所」とは何か。一般的にはそれは「神殿」であります。しかし聖書そのものには、「聖所」がはたして真の「聖」のありかであるのか、という批判の声が聞かれるのであります。「聖」と目される所を離れた所に神、神の子の「聖」なる行為が発動される場合がある。いや、その寂しい所でこそ、「聖なるもの」が激しく「俗なるもの」を襲う。パウロが地の果てにまでみことばを宣べ伝えたいという思いにかられたのも、地の果てにおいてこそ、創造主のみ心が発動されることを信じてのことでありました。

わたくしはかつて無教会夏期懇話会で、その第一回が一九八五年に開かれました折に、発題講演を依頼されまして、「無教会と平信徒」という話をいたしました（『一九八五年　無教会夏期懇話会記録』一九八六年六月刊〔本巻一〇三―一〇八ページ所収〕）。そのなかで次のように述べました。「無教会には辺境者意識ともよぶべきものがある。……信徒は世俗の職業を重視し、しかも信仰にあってあらゆる権威、あるいは組織から自由である。みずからにあたえられた持ち場……こそ福音伝達の最前線であるという自覚に立つからである。日本の大部分の信徒にとって、各々の持ち場は異教のただ中にあるが、信徒はその持ち場を、救済史的視野に立ちつつ守りとおし、キリストを告白する。……組織なく、世俗のただ中で『証人』として生きる生きかたは、聖と俗との接点、つまり辺境を生きる生きかたと考えられよう。」

この考えは、あれから一一年たった今も変わっておりません。

辺境というのは、必ずしも地域的・空間的辺地をいうのではありません。みずからが事の中心にあろうとは思わず、低く、苦しみを負い、真なるものを求めるとき、人はおのずと「寂しい所」「人里離れた所」にあらしめられます。そここそがその人の辺境であり、そこにおいてこそみことばが立つ「聖なる所」でありましょう。家を守る方がたはその家で、手に職をもつ方がたはその職場で、学徒は学徒として、それぞれ「寂しい所」に出会う。出会わなければうそであります。それぞれ召された所で傷つき、神の愛のなかにあらんと祈るとき、サマリア人の姿をとったキリストが現われ、一人一人は「キリストの体」のなかにたぐり込まれてゆくのであります。

四

いま、中沢洽樹《こうき》先生を中心とした無教会史研究会というものがあります。無教会には確たる組織がありませんだけに、無教会内の出来事を点描的にでもいいから記録しておかないと、すべては忘却の彼方へ消えてしまうという、一種の危機感がこの仕事をつづけさせているのであります。やがて将来もっと立派な通史ができることを願いながら、であります。

その第Ⅲ巻が出ましたのは、昨年五月のことでした。それを日本プロテスタント史研究会が取り上げて、東洋英和女学院大学の原島正教授が批評をなさるということで、中沢先生に付き従ってわたくしも、それに出席いたしました。集まったのはほとんどが教会側の先生がたでした。原島先生のご批評は、われわれとして満足でした。先生は最後に、この書には随所に、「キリストの体なるエクレシア」の建設こそ、無教会の意図であると書いてある。だから副題には「エクレシアの形成」とするほうがふさわしいと思われる、とおっしゃった。教会側の批評者からこのことを強く指摘されたということで、わたくしは新鮮な驚きを禁じえませんでした。

ただ、「キリストの体なるエクレシア」といっても、それならば無教会は教会とどこが違うのか、という問題がのこります。しかも現在の、そして将来の無教会はどうなるのか、という質問も出ました。このような質問にたいして中沢先生は次のように答えられました。無教会には成文化した信条はなく、組織も儀式もない。しかし各人が「使徒信条」（賛美歌五六六番）を受け入れ、各集会がキリストの体なるエクレシアの自覚に立って伝道にはげむ点は、教会と違わない。この点で無教会は日本キリスト教史の一環として、世界キリスト教史につながるものと考える、とおっしゃったのであります。

中沢先生にうながされて、わたくしまでも次のようなことを申しました。日本の伝道はここにおられる教会の皆さまがたが強力に組織的に押し進められておられる。その献身ぶりに敬意をはらう。しかしそのご努力にもかかわらず、日本の福音化が果たされたとは思えない。教会の力の及ばないところに居る人びとから、みことばの伝達が求められるときに、無教会のなかで都合のつく者が出向いて、神のみ力を賛美し、キリストにつながることが救いの根本だ、と説く。これはお許しいただきたい。このわざは公同のエクレシアにつながるものとお認めいただきたい。われわれを福音伝達のための同労者とお考えいただきたい、と申しました。(このとき、わたくしはロンドンの盛永牧師の「海外に出ましたら、教会も無教会もありません」ということばを思い出しておりました。) 居ならぶ諸氏は黙っておられました。

ただ、キリストの体なるエクレシアにつながるといいましても、現実にはいろいろな問題があるでありましょう。それでも、われわれはキリストの体のなかへ招かれてあるという事実そのものを、何はともあれ、恩恵と認めなくてはなりません。なぜならば、キリストの体に組み込まれることがゆるされるということ自体が、ほかならぬ終末の救いの出来事なのでありますから。

五

きょうは族長イサクがゲラルの「門の外」の涸れ谷へ追われ、行く先々で創造主のめぐみにあずかるという話から始めさせていただきました。イサクだけではなく、旧新約聖書全巻にそのタイプの話は出てまいります。「聖所」を遠く離れた所、ふだんは人も住まぬ荒涼とした所で、イエスの「あわれみ」と「祈り」のなかに置かれて、「キリストの体」なる愛の共同体にめぐまれたという感謝の体験も、その典型のひとつであります。

イエス・キリストはどこにいますのでしょうか。キリストは「あんな所からはろくな者は出ない」といわれたガリラヤ（ヨハネ七の四一）の出であり、まずその地の伝道に力をつくされた方でした。エルサレム神殿を遠く離れた僻地での仕事でした。

キリストはどこで生涯を終えられたのでしょうか。「門の外」でありました（ヘブライ一三の一二）。しかもそこで、「わが神、わが神、どうしてわたしをお見捨てになったのですか」と叫んで絶命した。神に見捨てられたのです。

このキリストの生涯が、われわれ無教会者のゆくべき道を示しています。「中央」ではなく、「中央」からはじき出された所、つまりフロンティアであります。そこでキリストの苦しみの一端を身にまとい、それを光栄と思い、感謝して生きぬく。「五千人のパン」の群衆のひとりとして、キリストの体に招かれていさえすれば、われわれはその外に何を望むのでしょうか。「門の外」には世にいうところの「聖所」はありません。しかしそこをこそ、ときに、神の御力は激しく襲うのであります。「門の外」では「聖所」も「非聖所」もありません、とわたくしは言いたい。「門の外」でこそ真に聖なるみわざが発動されるのであります。そして「門の外」へ、イエスは二、三日後に、また戻ってこられて、傷ついたわれわれに御姿を現わされるのであります。われわれには今その再会の時を待望することがゆるされているのであります。それこそ、まさに「辺境のめぐみ」であります。

バベルを越えて

内村鑑三記念キリスト教講演会
一九八一年三月二九日
神田駿河台・東京YWCA講堂にて

一

矢内原忠雄先生は戦後間もない昭和二一年の秋に、「聖書に現れたる国際平和の思想」という題のお話をなさっていらっしゃいます。新渡戸稲造博士記念講演としてお話くださったものであります。このご講演のはじめのところで、矢内原先生は、それよりさらに一〇年まえに出された『民族と平和』という書物の一節を引用しておられます。

ああ新渡戸先生！　平和と善意の使徒！　……先生の死によって日本は一人の偉大なる実行的思想家、良心的教導者を失ったのだ。先生逝きてより漸く二ヶ年にして、国民の「心一つの持ち方」は益々一方的に偏して、飛行機・毒瓦斯的に指導せられて居り……国際連盟は又々鼎《かなえ》の軽重を問はれつつある。日本、又世界は今何を欲して居るのであらうか。一つの声である。平和の声である。人類をして平和を欲する「心一つの持ち方」を、有《も》たしむる為めに叫ぶ野の声である。

こう書きました矢内原先生の『民族と平和』という書物は、昭和一二年の末に、当局の発売禁止処分をうけたのであります。

それだけではなく矢内原先生は検事局へ召喚されて、取り調べを受けました。検事はこの書物のところどころを声を出して朗読し、「ああ新渡戸先生！　平和と善意の使徒！」というところにいたって、その鼻に冷笑を浮かべて、「ふん」といったそうであります。それを思いおこされて矢内原先生は、戦後、先に申し上げました昭和二一年秋の新渡戸博士記念講演のなかで述べておられる――「何がふんであるか。汝のその冷笑が日本の国を失ったのではないか。権力者の宣伝は強い様でも無力である。若干の時がたてば、時のテストは権力者の宣伝の空しさを露して余す所がありません。思想の力は弱い様に見えるけれども、若干の月日がたてば、世人が捨てて顧みなかった思想が真に真理の声であったことがわかる」（矢内原忠雄全集、第一九巻三六二―三六三ページ）。こういわれて、人類が聖書の神を信ずるときに世界の平和は実現する、と説かれたのであります。

わたくしはこの講演が岩波書店から出版された昭和二三年に、それを求めて読みまして、大変驚いたのであります。第一に、戦時中はこの国の指導者たちはじつにきびしい言論統制を敷いて、ひとりの特定の人間をひとりの神にでっち上げていたのでありますが、あの思想統制下にありながら、それとは別の神を信じとおした人物が、ここにいたのだということを発見したからであります。第二に、その別の神を信じたひとりが、その信仰を秘していたのではなく、言論界に訴え、また実際行動をもって、その信仰を告白した、という事実に驚いたのであります。第二に、「何がふんであるか。汝のその冷笑が日本の国を失ったのではないか」ということばにあらわれる、いわば預言者的気迫に驚きました。

昭和二〇年夏に日本が戦いに敗れて、いわゆる玉音放送なるものを聞かされた日のことを、わたくしは生涯忘れることはないでありましょう。中学校の二年生でしたが、天皇の放送はソ連にたいする正式の宣戦布告であるはずだと、胸をふくらませて期待して、聞きはじめていたのであります。これからがいよいよ本格的な戦争なのだ。現人神《あらひとがみ》の統率のもと、この神の国は必勝の戦いを戦いぬくのだ、と信じて、心はずませていました。ところが、玉音なるものを聞いてみると、どうも妙な日本語でして、すみずみまでは判らなかったのですが、何やら宣戦布告などという景気のいいことではなくて、矛《ほこ》をおさめよ、ということであるらしい、ということが判りまして、これではこの声は、はたしてわれらの天皇の声か、と一瞬疑ったものでありました。体から力がすうーと抜けたことを思い出します。そしてまた外国軍の飛行機の音が、その日ばかりは聞こえてこないことが、かえって無気味に感ぜられたことを思い出すのであります。また自分は死ななくてすんだのだ、という安堵感と、自分は死にそこなったのだ、という慙愧《ざんき》の念とが交ざりあう複雑な思いをかみしめました。これが中学二年生のいつわらざる実感なのですから、偏向教育というものが、どれほど恐ろしいものであるのか、よく判ります。

敗戦の翌年の元旦に、天皇は「新日本建設に関する詔書」というものを出しました。いわゆる「人間宣言」といわれるものであります。そのなかで「天皇ヲ以テ現御神（あきつかみ）」とした「架空ナル観念」を否定した。天皇は現人神だと信じこまされていたわたくしのごとき少年にとって、こんな困る宣言はなかった。現人神は、どこまでも現人神でなければならぬ。神ご本人に「わたしは人間ですぞ」などといってもらっては困る。――そう思って、情けなくなったものであります。そう思う一方では、現人神が人間に変っても、このたびの戦争で散っていった約二百万の犠牲者のいのちはもどってはこないではないか、という怒りと空しさが残りました。

二

価値観を喪失して悶々の日々を送っていたある日、「何がふんであるか。汝のその冷笑が日本の国を失ったのではないか」という、矢内原先生の、いわば一喝に出会ったのでありまして、ハッといたしました。時の流れに押し流されることのない真理の存在を知らされたのでありました。あの苦しかった大戦の時代、真の神の代用物としてのひとりの人間を拝まされたあの時代に、その神ではなく、真の神――普遍的価値――の存在を信じた人びとが少なからずいらした、という事実が、わたくしの畏敬の的となりました。その方がたが、多くは内村鑑三というキリスト信徒の系譜にぞくして、教会のワクのはずれたところにいらしたという事実を知ったのは、ずっとあとのことでございました。

きょうはその内村鑑三を記念する講演会なのであります。記念すると申しますのは、内村鑑三崇拝論をここで打ち上げるということではありません。内村鑑三の求めたところを求め、確認しあい、目を前に向けて歩み出すの覚悟を新たにするための集いなのであります。

内村鑑三の仕事の内容は、いろいろにいえるかと思いますが、わたくしはひとくちにいって、それは日本における平信徒主義の確立を目ざしたもの、といえると思っております。そして内村先生も、内村を師と仰いだ方がたも、近代日本の激動期を、この平信徒主義に立って戦いとおしたのだと考えております。このことにつきましては、また先になって戻るといたしまして、いまここでは、少し別の角度からのお話をさせていただきたいのであります。

三

昨年三月の内村記念講演会で、関根正雄先生は、この同じ講壇から、「内村先生五十年の記念に」と題するお話をなさいました。そのなかで、「創世記」第一章から第一一章までの、いわゆる始源史の提起している問題について、お考えを述べられました。ご記憶の皆さんも多かろうと思います。そのお話のなかで、先生は、この始源史の問題としていることは、「人間の知恵」ではあるけれども、それは「科学的な知恵」ではなくて、むしろ「技術的な知恵」「技術的な知恵の高ぶり」である、といわれました。全くそのとおりなのであります。

このことは具体的には、第一一章のあのバベルの塔の物語に集約せられております。人びとは地のおもてに散ることを免れるために、町と塔とを建てて、人間的に結束しようとこころみた。これはいいかえれば、人間の技術の力をもって、神の創造のみ力に刃向かったということであります。これはさらに申し上げれば、がんらい神だけが経綸すべき歴史のなかで、人間が小さな知恵をはたらかせて、世俗の歴史を絶対化しようとこころみた、というふうにいいかえることができるかと存じます。

シナルの地の人びとは「全地のおもてに散るのを免れよう」と言った、と「創世記」のテクストにはございます。この人間の高ぶりを土台とした結束の誓いというのが、だいたいいけない。そもそも、「創世記」のはじめに、創造のわざのおこなわれている過程で、人間は神に祝福されて、「生めよ、ふえよ、地に満ちよ」（一の二八）と命ぜられているのであります。地に散れ、といわれているのであります。シナルの人びとはこの大前提に刃向かった。始源史としては、もっとも人間の歴史に近い記述のなかで、「創世記」は、神の歴史の絶対性を否定するところの、人間の罪の問題をきわだたせているといえます。こういうふうに始源史を読むことができるかと存じます。

四

それならば、バベルの塔を建てた人びとの罪がきよめられるには、どうすればいいのか。「地に満ちよ」という神の祝福に従うほかはありません。それならば「地に満ちよ」といわれる、その満ちかたは、どうあるべきか、という問題がのこる。それへの答えは、具体的には「創世記」第一二章以下のアブラハムの生きかたにあらわされておりま す。アブラハムの生涯におこった重大な事件は、いずれもこの問題との関連で語られていると考えられます。ハラン出立、カナンへの到着、ロトとの分離、ロトの救出、神との契約、イサクの献供など。これらの重大事件をとおして語られていることは、第一に、神を信じて黙って従う、黙って行動するということであります。アブラハムは神の命令にたいして、ほとんど返答をしていません。それをシナルの人びとの多弁とくらべていただきたい。「さあ、町と塔とを建てて、その頂を天に届かせよう。そしてわれわれは名を上げて、全地のおもてに散るのを免れよう」。じつに多弁であります。人間の高ぶりにもとづく空しいことばの羅列が、ここにはみられます。アブラハムはこれに類したことは語りません。

アブラハムは第二に、歴史における神の意志を絶対といたします。このことはアブラハムのハラン出立、ロトとの分離、東方の戦争にまきこまれたロトを救出する行為、その他に、あらわれております。世俗内の出来事の背後にはたらく神のみ手を、アブラハムが見きわめ、それに頼んでいたと考えないと理解できないことが、多々あるのであります。第三に、アブラハムは行く先々で、祭壇（バベルの塔ではなく！）を築き、神の名を呼んだ、とあります。これは神と結ばれることを願い、神との契約を堅うすることを求める姿であります。

以上三つのこと、つまり神への黙従ということ、歴史における神の意志の絶対化ということ、神との契約関係に立つということは、それはこの順で重要だというのではなく、この三つの要因が、それぞれにからみ合って、アブラハム像をつくり上げているとみることができます。アブラハムは祭司系の人物ではありません。一家畜飼育者でしかありません。ですから、以上三つの要素は、一信徒の、あるいは一平信徒の、信仰の生涯を支えた要素だといえると存じます。

「創世記」おける始源史のあとに、つまり第一一章のバベルの塔の物語のあとに、こういう姿のアブラハム像が出現するということは、たいへん重要な意味をもっていると思われます。世俗の歴史を絶対化しようという人間の欲求にたいしまして、それは間違いだ。「地に満ちよ」という神の祝福のことばに沿った線で人間が生きていくためには、このアブラハムの生きかたこそ必要なのだ、ということを、「創世記」は語っているからであります。わたくしは以上三点に要約できるアブラハムの生涯は、平信徒の範とすべき生きかたなのだと思っております。

五

内村鑑三という平信徒がおりました。彼がその生涯において為した仕事は、量的にも質的にも、大変なものでありまして、ひとことで要約することは危険であります。それはよく承知のうえでいわせていただければ、内村鑑三は、さきにもふれたことでございますが、日本における平信徒主義の確立を目ざした、といえると思います。平信徒主義と、いま申し上げました内容は何か、と申しますと、さきのアブラハムのばあいとひじょうに似ているのでありま す。第一に、聖職者、つまり宗教の専門家の力を介することなく、各人にあたえられたそれぞれの、この世における持ち場を、イエス・キリストの福音のみ力で支えていく、という低い生きかたであります。宗教の専門家ではありませんから、宗教論をたたかわせることを第一とはいたしませんで、聖書そのものの意図するところを、むしろ寡黙に、謙虚に学びつつ、愛の精神をもってそれぞれの持ち場、専門分野をきよめ、高めていくのであります。内村はそういう生きかたを尊重いたしました。

第二に、内村は、歴史を重んじました。それは世俗の歴史の背後に、神の意志がはたらいている、という救済史的な歴史意識でありました。そのことは、先生の臨終のことばのひとつ――「言わんと欲する事尽きず。人類の幸福と日本国の隆盛と宇宙の完成を祈る」ということばを考えただけでもわかります。また、この歴史意識は、あの有名な墓碑銘――

I for Japan;
Japan for the World;
The World for Christ;
And All for God.

わたしは日本のため、
日本は世界のため、

世界はキリストのため、
そしてすべては神のために。

――を読んだだけでも、いえることであります。

第三に、内村鑑三は、つねに（人間に、ではなく）神につながれることを願っておりました。贖罪、つまり罪のゆるしの信仰が、彼のキリスト信徒としての在りかたを決定しておりました。さいごに申し上げた、この贖罪の信仰ということが、彼にとっていちばん大切なことでありました。以上三つのことが、内村鑑三という人の平信徒意識の根底にありました。そして、内村の系譜に立つ先生がた、皆さまには、たとい色合いの違いはあるにいたしましても、この意味での平信徒主義は受けつがれたと、わたくしは考えております。

内村の系譜にぞくする平信徒の群れは、制度としての組織には関心を示しませんでした。教会制度のワクを越えたところに生き、世俗のただなかに生きることを望みました。しかし世俗のただなかにありながら、かえってその世俗の歴史にはたらく神の力を絶対としていったのであります。制度のワクを離れた平信徒であったからこそ、神の自由な恩恵にあずかることができ、世俗にたいして自由でありえたと思われるのであります。

六

ところで、先ほどの司会者のお祈りにもございましたが、いまわたくしどもの国は、かつての神国日本を志向しつつあるのではないか、と思われるフシがあります。昨年の八月一五日――いわゆる「終戦記念日」――には現閣僚のほとんどが、靖国神社に参拝いたしました。閣僚といいますのは二一名おるのでありますが、そのうち一七名が参拝した。これなどは防衛力増強――じつは軍備拡張なのですが――をのぞむ勢力と結託した保守内閣の、右傾化の徴候を示す象徴的な事件でありました。現行の憲法の下で軍国化を図るためには、われわれ日本人の意識の基層にひそみつづける祖先崇拝の信仰をくすぐり、靖国神社の国営化を実現させまして、擬似宗教のオブラートでくるんで国防観念を養成すれば、いちばん手取り早いのであります。それはこの国の一部支配者層の利権と、それを結ぶ一部政治家の地盤固めにつながる一挙両得の手段でもあるわけであります。

日本はかつては現人神を中心とした「八紘一宇」という虚偽の理想をでっち上げ、「大東亜共栄圏」という一大バベルの塔を築こうとしたのであります。日本はみずからをその一大バベルの「盟主」をもって任じたのであります。その高ぶりが神のむちに出あって崩れおちたことを、われわれは忘れてはならない。真の神を神としない国は、かならず亡びるのであります。平和憲法を守っていこう、靖国神社の国営化は憲法の保障する信教の自由の精神に反する、というような当りまえのことを主張すれば、「ふん！青臭い」という嘲笑が返ってくる時代になりつつある。「何がふんであるか。汝のその冷笑が日本の国を失ったのではないか」という矢内原先生のことばを吐かなければならない不幸な時が、ふたたび来ないことを願わずにはおれないのであります。国を守るのは武力ではない、という、いとも簡単なことが、どうしてこの国の知識人に分からないのであろうか。

七

しかし、考えてみますと、バベルの塔は世俗の政治のなかにばかり建っているのではなさそうであります。われわれのあいだに、無教会と呼ばれるもののなかにさえ、さまざまのかたちをとって、それは存在しているのではないでしょうか。人間崇拝に根ざしたバベルの塔が、方々に建っているのではないでしょうか。おたがい同志、ことばの通じあわなくなっている状況ができあがっているのではないでしょうか。われわれは、いま、ここで、われわれのあいだにひそむ、いやわれわれの心のなかにひそむところの、小さなバベルの塔を、まず越える努力をはらわなければならない。

それには、どうしたらいいのか。ひとつの答えしかございません。つまりアブラハムが示し、近くは内村鑑三その人が示してくれた道を、われわれが歩んでいくしかないのであります。われらひとりひとりが神への祭壇を築き、われらひとりひとりのなかに居すわっている罪を、十字架にあってゆるしていただく。それが第一。第二に、歴史は究極の救済へと向かって進んでいることを信ずること。そして第三に、将来にたいする明るい希望をもって、各自の持ち場をきよめてゆく、高めてゆく。それ以外のことは、どうでもいいことである。こういう平信徒主義が、小さなバベルの塔をつき崩し、さらには大きなバベルの塔を倒していく原動力となるのであります。

ひとはあるいは問うかも知れない。——十字架による罪の赦しの信仰に生きることが、なぜ世界平和実現の道につながるのか、と。それにたいしてわたくしは議論はいたしません。しかし、かつてモーセが言ったことばを引いて、その答えとしたいのであります——「神なんじらのために戦いたまわん。なんじらは静まりておるべし」（出エジプト記一四の一四）。「静まりておるべし」とは、黙して歴史の主なる神に信頼しておれ、その信頼を土台として行動せよ、ということでございます。こんにちの問題に引きつけて解釈することがゆるされるならば、贖罪の信仰に立って実践的な信徒として生きていくことが、あらゆるかまびすしい問題を解決し、世に平和をもたらす近道である、ということであります。それはほかならぬイエス・キリストの説いたことであります。真の神とは、それを可能とする力をもった神である。そのことは、少し冷静に人類の歴史を見てみれば、分かることではないでしょうか。

バベルの塔は、かつて人類が一回かぎり築いたところの構築物であった、といって、すまされるものではありません。人間はいままで、数かぎりなく、また多岐にわたるバベルの塔を築き、そのたびに神の笞《しもと》に打たれてきたのであります。しかもいまも人間は、それを建てつつあるのでありましょう。わたくしどもは、つねに、バベルを越えて、神による完成の日と完成の所とを目ざして、新たなる出立を誓うべきなのであります。内村鑑三を追憶することは、その決意を新たにする契機以外のなにものでもないと思うのであります。

土の塵より

内村鑑三　六十周年記念キリスト講演会
一九九〇年三月二五日
鷗友学園ホールにて

今月の上旬に伊豆・下田で二泊三日の、日本私立大学連盟の全国規模の研修会がありました。その席へ四人の外国人留学生を招きまして、日本にたいする忌憚のない意見を述べてもらいました。四人といいますのは中国、大韓民国、インドネシア、アメリカ合衆国からの皆さんで、早稲田大学、同志社大学、慶応義塾大学、上智大学に学ぶ、男子一人、女子三人の顔ぶれでありました。四人は下田が初対面でありまして、あらかじめ話の内容を相談して参加したのではなかったのですが、いくつか共通した発言がありました。

そのひとつは、日本人学生は勉強をしないということであります。第二は、日本人には精神性が欠如しているということ。第三は、日本は高慢な経済侵略国だ、ということでありました。この三点は四人が四人とも申し述べたことでありまして、わたくしに強い印象をあたえました。その研修会から二週間ほど先には——つまり本日——内村記念講演会がひかえていますので、外国人留学生のこうした意見も、わたくしはいつもとはまた違った気持ちで聞いたのであります。

本日は内村鑑三先生の六〇周年を記念する講演会であります。六〇年といいますと人の場合ですと、人生がいちおう完成するはずの還暦の年であります。六十にして耳順《したが》う、つまり耳順《じじゅん》の年なのであります。しかし日本は、この六〇年、学問上の進歩、経済面の発展を別にすれば、どれほどの成長をとげたでありましょうか。

内村先生没後の歴史は先生にはお見せしたくない時間の連続であった、という意味のことを、かつて矢内原先生が（たしか、内村没後三〇年の折に）言われたことがあります。それは直接には日本の中国・アジア侵略、欧米諸国との戦争を指して言われたことであります。内村没後、満六〇年の今日、今ここで、われわれが内村先生に誇らかにご報告できるものが、はたしてあるでありましょうか。とくに日本人の精神性の欠如とか、侵略性とかを批判された場合、「それは違う」といって、立派に弁明してみせることのできる論理とその正当な裏づけが、いま日本国民にあるでありましょうか。

こういうことを考えます場合、最近わたくしの脳裏にしきりに去来しますのは、あの肥沃な土地エジプトに逃れて、やがてはモーセを中心にして独特の共同体の形成をとげた一グループのことなのであります。ナイル河畔の「黒い土」とよばれた、肥沃なエジプトは、とうぜんのことながら、神とも思われる支配者ファラオの国でありました。そこに住むモーセの集団の中心はカナン系の人びとであったと思われますが、そのまわりに人種を異にする雑多の人びとがおり、要するにモーセ集団とは「多くの入り混じった群衆」であったようです（出エジプト一二の三八）。人種も違い、考え方をも異にするごちゃごちゃのグループであったのです。それをモーセは統率した。彼の指導力は格別のものであったと思われます。しかし、たんなるモーセの人格の力のゆえに、雑多の下層労働者が彼に付き従ったとも考えられません。おそらくはこの人びとは、モーセの仰ぐ神なるものの威力に恐れを感じ、その神なるものへの恐れにおいて一致し、その恐れのなかで乏しきを分かち合う生活環境に親しみを覚えていたのでありましょう。そのような信仰共同体、生活共同体の意識を、モーセは人びとのなかに、じょじょに植えつけていったに違いありません。

モーセは荒野を三日路ほど行ったところへ彼のグループを導き、そこで「ヘブル人の神ヤハウェ」に仕えさせていただきたいと、ファラオに申し出ておりました。しかしその許可はついに下りませんでした。荒野に出たいというモーセの願いの背後には、このような生活共同体の神信仰を、さらに深める、強めるという意図が働いていたのでありましょう。

モーセ側はファラオにたいして、要求貫徹のために圧力をかけてきました。ナイル川の水が血に変わったり、かえるの大群が発生したりしたことは、ファラオを悩ませました。しかし、このようなわざも、エジプト側にとって、たいした打撃にはならなかったようです。といいますのは、そのくらいのことはエジプトの魔術師たちもやってのけることであったからです（出エジプト七の一一、二二）。魔術師といいますのは、当時の知者、学者、霊的指導者でありまして、エジプトの魔術師はエジプトの知力を代表していました。しかしモーセのわざは恐るべき神の力のあらわれでありました。それにもかかわらず、エジプト側はそれをモーセ個人の「魔術」としてとらえ、それに対抗しようとしたところに根本的な誤りがありました。

モーセが神の言のとおりに、地の塵を打って、それからぶよをわかせ、全地がぶよになったとき、さしものエジプトの魔術師たちもまねはできませんでした。川を血に変えたり、またかえるを産み出すことのできたエジプトの魔術師たちが、どうしてぶよくらいを産み出せなかったのか、不思議です。ここで注意したいのは、モーセはぶよを出すとき、地を打ったのではなくて、地の「塵」を打ったということです。そのことをここのテクストは三回もくりかえして指摘しております（八章一二節と、一三節に二回）。この塵ということばに特別の意味があるようです。塵は地とは異なって、地表の乾いた、細かな土ぼこりを指すのでして、なんの価値もないもののことであります。そこからぶよを産み出した。エジプトの魔術師たちは、これには参った。彼らは地からでしたら、ぶよを産み出せたことでしょう。が、塵からではだめだったのです。つまり地の塵から生けるものを造るということは、神の創造のわざを象徴いたします。モーセがエジプトの政治権力者に示したのは、まさにそのことでした。エジプトの知者は生成のわざはなしとげられても、創造のわざそのものは勝手にはなりませんでした。彼らがモーセのわざをさして「これは神の指です」とファラオに報告したというのは、正確な認知の結果であったわけです。さすがに知識人の報告です。創造者たる神が全面に出てきている事実を、彼らは知ったのです。それは無気味な体験であったことでしょう。エジプト側は大きなショックをうけ、拭いがたい屈辱感を味わったことでしょう。国家の存立にかかわる深刻な危惧の念に襲われたことでもありましょう。

ここで重要なことが起こります。モーセ集団の住むゴセンの地には、あぶの群れが入らなかったということです。その地が「区別」された、とあるのです（出エジプト八の二三）。エジプトの政治・宗教権力から、彼らは守られたということです。モーセに連なる寄り集まり人たちが世俗世界のただなかで呼び出され、区別され、聖なるヘブライの民（出エジプト一九の六）の原型となっていくという出来事が、エジプト人にも、それとわかる事実として起こったということなのであります。ここにいたってファラオもモーセ集団が荒野へ出かけることを、しぶしぶ許可せざるをえませんでした。

日常の世俗生活のただなかに神に立っていただき、その神こそいのちの中心であることを確認しつつ、日々を送る。この日常のいとなみを、もう少し集中的にこころみることが、荒野での献供であったはずです。そうすることで、地の塵から人とされた者たちは、いのちの創造者のあわれみの意思に連なり、地の民の共同体を形成したのであります。その集団が、やがてモーセに率いられて、ほんとうにエジプト脱出を敢行するにいたるのであります。モーセによる集団形成の姿を観察してみますと、二〇世紀末の現在に生きるわたくしどもにとっても、為になることが多々あります。雑多で無価値なる者たちが創造者の意思を仰ぎ、「荒野」で学びつつ、世俗のただなかに、いや世俗の底辺に生きてゆくとき、その集団は世俗の魔力から「区別され」、守られてゆく。その果てに、歴史そのものの意義を想起させてやまぬところの、出エジプトの事業を成就してゆく。それはいわばエクレシア形成の原理を示しております。

ところで、内村鑑三は大正七、八年（一九一八―一九年）の再臨運動の時期をはさんで、その前後に、出エジプト記講義を行なっています。この講義のなかで内村は「荒野」というものを解釈して、おもしろいことを言っているのです。モーセたちは「人無き寂寥《せきりょう》の沙漠にて唯エホバと共に御馳走を食するのである」というのです。この、ややヒューモラスな語り方にご注意ねがいたいのです。一般に内村の語り方の根底には明るさ、おおらかさ、笑いがあります。『余は如何にして基督信徒となりし乎』などをひもときましても、孤独な精神の苦しい遍歴を告白する行間に、しばしば抱腹絶倒の笑いが秘められていることは、皆さんよくご存じのとおりであります。その他、講演の筆記をみましても、（笑い）とか（大笑）とか書きこまれている箇所があります。内村自身が笑い、また聴衆を笑わせたらしくあります。ときに悲憤慷慨、獅子吼《ししく》する内村が、底に笑いを秘めていたという事実は注目していいことであります。わたくしなどは、内村の書き残したものは、明治・大正・昭和をとおしての、稀にみる「笑いの文学」と称してさしつかえないと考えるほどであります。これはたんに表現の上辺にのみかかわることではありません。この世の荒野にあって、神に依り頼むことが、人に喜悦《よろこび》と愉楽《たのしみ》と平安《やすらぎ》をあたえるという事実を述べるにあたり、内村は底抜けの楽観の表現をとらざるをえなかった、ということなのであります。

内村は「人無き寂寥の沙漠にて唯エホバと共に御馳走を食するのである」という注解を下した。沙漠はそれじたい恐怖の地でありますが、「神の指」にふれて、「区別」された人びとにとっては、つまり神の力のものすごさを知った者たちにとっては、そこでこそ神の臨在をなんの障害もなく実体験できる場でありました。そこでこそ自分たちが真に守られてあるという実体験があったはずです。内村流にいえば、「肉に関係のない」「聖い真《まこと》の愉楽《たのしみ》」（一九二一年一二月二七日　日記）が、そこにはあったはずであります。それが喜びの表現として、ここに出てくる、というのが、内村の注解でありました。

内村が「荒野」ということばを時事問題との関連で用います場合に、二つのことを脳裏に描いていることが多いのであります。ひとつは、あのいわゆる「不敬事件」のあと、彼は世に排斥されて、日本の方々をさまよい、いちじは餓死をまで覚悟したという窮迫の時期を指しています。（一八九一年一月二四日に第一高等中学校の教員であった内村が、教育勅語奉戴式で明治天皇のご真影に最敬礼はしなかった。これが日本の国体とキリスト教の関係をめぐっての、大議論を巻き起こした。これが世にいう内村の「不敬事件」である。）

内村が「荒野」のイメージをもって語るもうひとつの事例は、アメリカによる排斥運動のおかげで、日本がアメリカの、また世界各国の糾弾にあい、孤立化をせまられた、あの当時の日本の姿を指して言っている場合であります（一九二三年六月一三日　日記）。ここで「樹を植ゑよ」という内村の講演にふれさせていただきます。これはアメリカ大統領クーリッジが排日法案に署名した一九二四年に、それを知った内村が日光で語ったものであります。「今や日本は其親友たりし米国よりすら排斥せられて外に発展するの途は当分絶えたりと云ふも差支なし。……小なるデンマーク国はプロシヤと戦ひて敗れ、其領土の半《なかば》を奪はれしも、国内の荒地に殖林して失ひし以上の富を得た。……

我等は日本全国を緑滴《したた》る楽園《パラダイス》に化して全世界の排斥に応ずる事が出来る。……農の本元は森林である。山に樹が茂りて国は栄ゆるのである」（新全集二八巻三一六ページ）。

内村は「荒地」という表現をもって、第一に彼個人が世に捨てられて世をさまよった時期をさしている。また、第二に世界の排斥を食って世界の孤児となった国民を指していることがわかるのであります。そしてその双方の場合に、神の導きを得て「真の幸福」、「緑滴る楽園」へと導かれるための、ひとつの段階としてこの「荒地」を構想したのであります。こういうことをお話し申し上げますと、内村没後六〇年にして、いまの日本が、内村の晩年の日本のおかれた位置と、なにか似ている、あるいは似つつあることにお気づきいただけることと思います。（日米構造協議、スーパー三〇六条、その他。）

ここで、わたくしどもとして、げんに注意すべきは、狭い意味でのナショナリズムに陥らないことであります。いまのわれわれ日本人は、この生活レベルを多少おとしてもよし。エジプトの肉鍋をすてて「荒野」へ出て、より貧しい、より苦しい国々の傍らに立つことが必要であります。そして相互扶助の政策を打ち出すべきであります。日本として「荒地」を模索し、そこをいちど通らなければならない。外国から少しばかりのことを言われたからといって、狭隘《きょうあい》なナショナリズムに走ってはなりません。

いま、それを言いますのは、現今この国では、教育政策においても、その他においても、われわれが「いつか来た道」として感得せられる出来事が起こりつつあるからであります。その他、といいますことのなかには、この秋に予定されている大嘗祭《だいじょうさい》のこともあります。アマテラスオオミカミが高天原《たかまがはら》で食べた稲穂を天孫《てんそん》が持って降ってきた。それを天皇が食べることによって、世の中は混沌から秩序へと変わる、天皇は人間から神になる。その儀式が大嘗祭であります。人間たる天皇に神性をあたえる宗教行事は国事行為としては行なえないはずであります。ですから、いまそれが問題となっています。しかし、天皇家のご次男の婚礼などを利用して、皇室ブームをかきたてて、そのカーテンの陰で、天皇神格化の行事が遂行されてしまう可能性があります。このことは、もしこのことが起これば、それじたい日本の汚れとなることであります。が、それ以上に危険なことは、この皇室の一連の行事が悪しきナショナリズム、かつての「八紘一宇《はっこういちう》」的日本主義を生むための環境づくりの役をはたすのではないか、ということであります。

ここで大事なことは、われわれが何を食べるか、という問題なのであります。われわれは天孫神話に伝えられるがごとき豊穣の儀式の新嘗《にいなめ》に連なるべきではなく、神に備えられた「荒野」において、神のみ前で「唯エホバと共に御馳走を食する」こと、神のみ前で「大笑」し、喜び躍ることなのであります。

さいごに地の塵のことに、もういちど立ち帰らせていただきます。エジプトは肥沃な土地でありました。土地はいのちを育成する力をもっていると考えられていました。どの土地にも神々がいて、その土地をたくさん持つ者が神々にもまごう有力者となりました。その最高点に位したのが、ほかならぬファラオでありました。沃地文化は多神教の世界であり、人を神に祭り上げる風土を築きます。それに反して砂漠の民は土地を持ちませんし、それゆえに卑しめられておりました。土地の力を信じたくとも信じることのゆるされない世界に、つまりものを育成する力のない世界に、彼らは生きざるをえなかったのです。したがって、砂、塵、ほこりにさえいのちをあたえることのできる超越的な神の力を信ずる以外に、おのがいのちを保全するすべのない境遇が、この雑多の一群の生きた世界であったのです。彼らにとって万物の創造者の存在が、すべてでありました。神は世俗のただなかにいらして、また同時に世俗を越える人格的力であられる。これがモーセ集団の神であり、また遠く今のわたくしたちの神でもあります。

日本は「豊葦原《とよあしはら》の瑞穂の国」といわれ、肥沃な土地にめぐまれています。ですから、この国は、いわば現代のエジプトとして、現人神《あらひとがみ》の存在をゆるします。だからこそ、人生のどこかで神に出会わされたわたくしたちは、聖日ごとに「荒野」へと召し出され、共同に聖なる神を拝しまつり、いつか訪れるはずの決定的なエジプト脱出の日を待たなければならないのであります。

伊豆・下田で四人の外国人留学生が語ってくれたことを、ふたたび思い起こすのであります。「日本人学生は勉強しない」、「日本人には精神性が欠如している」、「日本は高慢な侵略国だ」。これにたいして、わたくしとして多少言いたいこともないわけではありませんが、今はなんの弁解もしますまい。今は、内村鑑三先生が六〇何年かまえに書き残したことばを静かに想起したいのであります。「世の眼より見て凡人、神の御眼より見て聖徒たるを得ば、其世の所謂《いわゆる》貴人たり、偉人たり、聖人たるの必要は少しもない、願ふ、世に無き者として見られつゝ、静かなる、正直なる、勤勉なる生涯を送りて後に、キリストが再び現はれ給ふ時に、彼に由《よ》て贖はれし者として神国《みくに》の民として現はれんことを」(一九二一年三月二三日　日記)。今は、「土の塵より」生かされた者として、その「土の塵」を生かしめたもう御方を仰ぎつつ、次の新たなる六〇年への歩みの、その門出を祝うべき時ではないかと思うのであります。

内村鑑三と新世紀

内村鑑三記念キリスト講演会
二〇〇一年三月二五日
日本女子大学・桜楓館講堂にて

今春は内村鑑三逝いて七一周年であります。この記念講演会も長い歴史をもつことになりました。長い時間を経てまいりますと、ことはよくマンネリ化いたします。幸いなことに、この講演会は大きく見て、その傾向を脱してまいりました。東京以外の各地でおこなわれる内村記念講演会を含めて、内村を偶像視する傾向は、まずありえません。あってならないことであります。われわれは内村その人を求めたりはいたしません。内村の求めたものを求め、それをわれわれが置かれている各時代、場所においてとらえなおし、学びなおすということを共通の課題として講演会をつづけてまいりました。

一八九四（明治二七）年の夏のこと、内村は箱根で開催された基督教青年会の夏期学校に招かれて、「後世への最大遺物」と題する講演をいたします。世に残すことはいろいろあろう。財産がある。事業がある。思想がある。それらは善用すれば、いずれも人のためになる。しかしそのどれにしても、誰にでもできることではない。ここに、誰にでも、その気になりさえすれば、できること、後世に残すことのできるものがある。それは「勇ましい高尚なる生涯」である、と述べたのであります。

内村は「教育勅語」への礼拝を拒み、それが「不敬事件」と喧伝され、世に枕する所のない身となりました。教会からも追われ、札幌、新潟、千葉、大阪、熊本、京都と転々といたしました。その間、妻・加津子が病没。三〇歳前後の内村には苦労がつきまとっておりました。そのなかで、『基督信徒の慰』や『求安録』などを出版しております。

この二書を出しました年（一八九三年）に、彼は『余は如何にして基督信徒となりし乎』（英文）を脱稿しております。出版は翌々年のこととなりますので、箱根で「後世への最大遺物」を語ったおりの聴衆は内村を『余は如何にして基督信徒となりし乎』の著者としては認識していなかったことになります。

この書物が一八九五年に出ましたときに、原文でそれを読んだ人びとのなかで、前年に箱根講演に列した人があったとすれば、両者のテーマが酷似していることに気づいたはずなのであります。『余は如何にして基督信徒となりし乎』は話のストーリーとしては、武士階層に生まれた一青年が札幌へ行き、キリスト教なる異教に接し、その異教に屈する。のち渡米し、流浪。やがてアマスト・カレッジでシーリー学長に出会い、内村自身が「余の生涯に於て極めて重大なる日」と記す日を体験し、「キリストの贖い」とそのキリストを「仰ぎ見る」ことの意味をこころに焼きつけられる。人間の救いはキリストのためにも必要であったとまでいう十字架中心の信仰にめざめる。やがて帰国。——というような、一青年の精神的自伝なのであります。

この自伝のなかで顕著なことは、主人公がつねに「高貴《ノーブル》」にして「勇ましい」行き方を模索している姿であります。若き日の札幌での教友たちとの交わりは「一致独立というより高貴《ノーブル》なる観念」の上につづけられた。アマストは

「高貴《ノーブル》にして名誉ある生き方」を教えてくれた。アマスト卒業後に入学したハートフォード神学校では彼は思うとおりのことはできなかったわけですが、それでも「高貴高潔なる教職者」に出会えたことを幸いとして感謝しております。ルター、ジョン・ノックス、ジョン・ハンプデンらの宗教改革者たちの生涯を「英雄的行為」の一生とよび、また「勇敢《ヴァリアント》な偶像破壊者」としての生き方、「最も偉大《ヒロイック》な勇士」の生涯として称えるのです。帰国後結婚した妻が、「不敬事件」の騒ぎのただ中で死ぬことは、すでに申し上げましたが、内村は彼女のことに触れざるをえませんでした。この出来事は彼の帰国後のことですから、ほんらいこの書物のなかで言及する必要はないのです。でも、書いているのです。さすが名前は出していないのですが、「彼女はじつに崇高《ノーブル》な戦いをおえて、神の待つ歓喜と祝福に入った」。この生き方に男女の区別はありません。

この書物の結びでは、われわれがキリスト教を必要とするのは、われわれを強化して、神にたいする忠誠と、悪魔にたいする戦いを誓わせ、蝶の生活ではなく鷲の生活へと導くためである、と言っております。つまり「高貴」にして「勇敢」なる生涯を探求することを自らに課して、故国の土を踏んだ一放浪者の告白という形をとった、自伝的文章であります。苦境のただ中での自己弁護でもあったのでしょうが、日本の近代化が国家中心主義の傾向のなかで進められたことへの反発でもあり、問題提起であったことは明らかであります。

この書物が日の目を見る直前に、箱根で内村が「勇ましい高尚なる生涯」をテーマとした講演をしました。それはほかならぬ内村の生涯を拘束し、彼の人生の指針となった宣言《マニフェスト》でありました。

ここでわたくしたちはこれから約三〇年後の内村に着目しなければなりません。彼は一九一八（大正七）年には再臨運動に没頭します。これには大変な精力を費やしました。またある事件を契機にして有力な弟子たちの離反が生じ、また別の出来事で柏木兄弟団が分裂する。またキリストの贖罪をめぐる問題で、高弟藤井　武が内村のもとを去る。こうして内村の晩年の最大の苦しみ、また寂しさの数年が訪れます。一九二〇（大正九）年から二、三年が山場であったと思われます。

その苦境のどん底で内村は自ら「ミルトン熱の復興」とよんだ体験をいたします。彼の日記をみると分かるのですが、一九二一年の夏から秋にかけて、彼はジョン・ベイリーの『ミルトン伝』を読みふけります。『英国大百科事典』第九版でD・マッソン筆の「ミルトン」を読み、「キリスト的愛国詩人の高貴なる生涯」――ここら辺が内村流の把握なのですが――に深く感銘し、わざわざ丸善へ出向いて、マッソン編の『ミルトン詩集』全三巻を購入いたします。

内村がこれほどまでにミルトンに打ち込んだ原因はベイリーの『ミルトン伝』の、その「序」のなかで、ミルトンの生涯と人格、作品は「サブライム」"sublime"なる形容詞以外では言いつくせない、と繰り返し書いている、そのことが引き金になりました。ところがそのサブライムなる語は日本語では、よく訳せません。内村はこれに困り、「高き」、「高遠なる」、「高貴なる」、「俗界を超越したる」、「高貴荘厳」などなど、いろいろに訳しかえております。また、人が恐れをもって「全能者の前に立ちし時の感なり」とも書きました。サブライムの原意は「高きに上げられる」ということでありますから、世俗に足を奪われず、超越的存在の御座に恐れの眼をむける、というほどの意でありましょう。かつて内村がアマストで（シーリー学長との出会いのなかで）あたえられた「目を上に上げる」「仰瞻」という体験を、ここで深く、さらに動的に再体験したものと理解されるのであります。

問題は六〇歳前後の内村がこのサブライム体験を、あの苦境のなかで、どう生かしたかということなのであります。それは日記を参照いたしますと、案外簡単にわかります。要するにキリスト中心の生き方の勧めなのでありますが、まとめてみますと――

一、教派・教会に属さない生き方をすること

二、キリスト的愛国者であること

三、人類最後の救いをうたうこと

ということになります。

これは、かつて「勇ましい高尚なる生涯」を理想として表現した生き方を、約三〇年後の新たな苦境のなかで、より現実的に再理解した結果であると考えられます。このころから後の内村は英文を書いても、nobleということばではなく、sublimeということばを多く用いるようになっていったことも、ごく自然の成り行きでありました。ここに内村自身の信仰の深化を見てもいいと思われます。

ところで、内村はこのころ公的には東京・大手町の大日本私立衛生会講堂で「ヨブ記」を講じ、それにつづき六〇回にわたって「ロマ書」講義をいたしました。一九二〇（大正九）年から一九二二年にかけてであります。この「ロマ書講義」は内村の最も苦しい時期に、それ故に最善の時に、全生涯の総決算として行なわれた講義と評価されております。毎回六百人内外の聴講者が集まり、獅子の吼えるがごとき内村の語りに聞き入ったと記されております。

この生涯最高の講義において基調となった主張が、全く同時期に到達した「高貴荘厳《サブライム》」なる生き方の告白であったことは、ごく自然のことでありました。その「高貴荘厳」なる理念が（内村自身の告白にあるように）「ミルトン熱の復興」に触発された結果であるいじょう、この大講義のなかで、かれが一貫して（一）教派・教会に属さない独立信仰人の生き方を主張し、（二）狭い民族主義に陥ることのない「キリスト的愛国」を説き、（三）神による「人類最後の救い」を指し示すことに力を尽くしたことは納得のいくことであります。

ここでは代表的な講解のみをあげさせていただくにとどめます。その一は、「最も貴き服従」ありてこそ「人は初めて自由独立の人たり得る」（ロマ書一の五―七講解）。「教会堂はなくとも教会はあり得る」、「最も善き教会」は

「二人三人、キリストの名によりて集まる所」にある（ロマ書一六の一―一六講解）。その二、ミルトンのほか、ルター、クロムウェルの名まであげて、「深き愛国心は、神を知らぬ者のいだき得ぬところである」。「聖き愛国心」に立つ「神のエクレシア」こそが全人類を救うにいたる力なのだと説く（ロマ書九の一―五講解）。第三に、この講義のなかで「世の大完成」を繰り返しのべたことは、よく知られているところであります。第二一講（一九二一年九月一八日）では、パウロ、アウグスティヌス、ルターのあとに、ミルトンの名をあげて、「新天新地の出現」を説きます。その翌日には（すでに申し上げましたように）『英国大百科事典』でマッソンの「ミルトン」の項をよみ、さらにその翌日は丸善へ赴いて、マッソン編『ミルトン詩集』全三巻を購入したのであります。その日の日記には「彼ミルトンの世に在らんことは、すべて正義と真理とを切愛する者の望んでやまざるところである」とまで記しております。

ロマ書講義は「内憂外患こもごも至る」の苦境に立たされた内容が、ときに自己の立場を弁明し、ときにまた柏木の教友にむかって、また教会全体を向こうにまわして sublime な生き方、つまり「神への恐れ」に立って「俗界を越える」「高貴荘厳なる」生き方のなかで、教派主義との断絶、「キリスト的愛国」、「人類最後の救い」を説いた連続講義であったわけであります。

このサブライムな人間観の提唱はその後八〇年をへた現今、ほぼそのままのかたちで提唱されてしかるべきことではないかと思うのであります。

ここで少し私的な体験を申し上げることを、お許しいただきたいのであります。わたくしどもの世代は天皇を神とする超国家主義の下で教育を受け、「八紘一宇」を民族の理想として、「聖戦」を戦いぬくように仕込まれました。小学校ではなく、国民学校を卒業しております。まさかその「聖戦」が敗れるとは思いませんでした。神風が吹く、と信じていました。それが敗れたのです。当時は「終」戦という表現を用いました。戦いの鉾《ほこ》はいちじ収める、という意味で、一般は理解したと記憶いたします。「敗戦」とは言いづらかったでしょう。「敗戦」では国民感情は収めにくかったのでしょう。ただ、いまでは終戦記念日という言い方が正式のようです。あれは敗戦記念日というべきではありませんか。

国民学校の国語の授業では『万葉集』を習いました。「防人のうた」はよく習いました。「今日よりは顧みなくて大君の醜《しこ》の御楯と出で立つわれは」（巻第二〇）。田舎出の出征兵士の作であります。自分などはとても偉ぶれる楯ではないが、それでも今日からは一身をささげて、天皇様をお守りする楯のひとつになろう、という心意気をうたったものであります。これは国民に求められた模範的な人間像でありました。敗戦後、自分の手で『万葉集』をひもとき始めまして、驚きました。この歌集には出征兵士の歌ばかりが集められているのかと思っていたのですが、そうではありませんでした。また、さっきの歌の近くに、次のような作があるのでした。これには驚きました。「防人に行くは誰が背《せ》と問ふ人を見るが羨《とも》しさ物思ひもせず。」あの出征兵士はどこの方かしら、などと言い合う声がする。なんの物思いもなく！　あれはわたしの夫ですよ！　という詠嘆であります。この種の作品は国民学校では、いっさい教えられませんでした。こんな歌は当時の文部省あたりでは、それこそ非国民の詠嘆とされていたことでありましょう。

旧日本兵が半飢餓状態でボロ服の無残な姿で、ぞくぞくと内地へ帰還してくる日々のつづいたころ、二冊の本に出会いました。徳田球一『獄中十八年』と尾崎秀實《ほつみ》『愛情はふる星のごとく』。著者はふたりとも社会主義の立場から、日本の軍国主義に反抗しつづけました。戦中、ひとりは長い獄中生活を強いられたのです。もうひとりはゾルゲ事件に連座し、敗戦の日を待たずに、処刑されました。あの戦時下にあって、軍閥を批判し、おのが思想に殉じえた人間のいたという事実が、驚異でありました。敬服いたしました。

その後、もし内村や、その弟子筋にあたる藤井　武、塚本虎二、矢内原忠雄、金澤常雄らの思想に触れることがなかったならば、わたしもおそらく社会主義者としての生涯を送ることになったことでありましょう。動く歴史のなかで、動かざるものの存在を信じえたことは幸いでした。その後、家の宗教である日蓮宗を捨てました。

一九四八年までには内村の『余は如何にして基督信徒となりし乎』は読んでいました。しかしその年の秋に塚本の『聖書知識』と、矢内原・高木八尺《やさか》共著『聖書の平和思想とリンコーン』という薄い（したがって、ありがたいことに安い）冊子を岩波書店の店頭で購入したことは、その後のわたくしにとっては大きな出来事でした。後者は、もとは敗戦の一年後の秋一一月に東大で行なわれた「新渡戸博士記念講演」であったそうであります。（当時のわたくしは内村、新渡戸、矢内原、高木という方がたが、おたがいにどういう関係の方がたかは、全く知りませんでした。ただ、新渡戸、矢内原、八尺など、ムツカシイ名前の方がただな、と思っていました。初めは発音できませんでした。）

矢内原先生はその講演のなかで述べておられます。――新渡戸先生の没後、一九三五年のこと、ある雑誌に「新渡戸博士を憶ふ」なる一文を寄せた。思想家の声は弱いようにみえる。だがそれは良心的だ。永遠にわたたって勝利を占めるものだ。

ああ新渡戸先生！　平和と善意の使徒！

The Apostle of Peace and Good-will!

この文章の収められた『民族と平和』という本は発売禁止処分をこうむり、著者は検事局に召喚されました。取り調べの検事は、本のところどころを音読した。そして「ああ新渡戸先生！　平和と善意の使徒！」というところに至って、鼻に冷笑をうかべて「ふん」と言ったというのです。

敗戦の翌年にそのことを語りながら、矢内原先生は「何がふんであるか。汝のその冷笑が日本の国を失ったのではないか。……思想の力は弱い様に見えるけれども、若干の月日がたてば、世人が捨てて顧みなかった思想が真に真理の声であったことがわかる」と言われた。「何がふんであるか!」この一喝にこめられた力を、わたくしは終生忘れることができません。一九四六年のこの講演を、実際に耳で聞いた方がたが、あるいは今ここにいらっしゃるのではないでしょうか。それこそサブライムな声、預言者の声であったと思います。かの「ロマ書講義」に凝縮された内村の声が、矢内原をとおして、その時この混迷の世に放たれたのであります。

内村が「ロマ書講義」を行なってから約八〇年が経ちました。その間、日本の軍国主義化が進み、大きな戦争をおこし、敗戦。そのときの反省を契機として「日本国憲法」を制定いたしました。「日本国民は、恒久の平和を念願し、人間相互の関係を支配する崇高な理想を深く自覚するのであって、平和を愛する諸国民の公正と信義に信頼して、われらの安全と生存を保持しようと決意した」(前文)。いまこの憲法を邪魔扱いする階層がふえてきています。また、いま教育改革を提言し、戦後定められた「教育基本法」を崩そうと策動している輩がおります。「真理と平和を希求する人間の育成を期する」ことの、どこが悪いのですか。

一七歳はケシカラヌという。たしかに、新世紀をむかえて、世の乱れようは目を覆いたくなるばかりです。しかし問題は若者だけでしょうか。官界、政界、財界、法曹界、教育界、公安当局など、どこを見ても人間の悪欲が跋扈しています。この種のお手本を示している連中の口から教育改革をいわれるなど、笑止千万であります。それを唱える輩の「再教育」を、まずやっていただきたい。日本の歴史を書き改めようとする動きがあります。キリスト教と称する派で、それに賛同する向きさえあるかに聞いております。日本の歴史の書きかえの作業は、ときに応じてあっていい。しかし右傾化、国家主義化への書きかえは、あってはなりません。教育はいじりやすいのです。教育からいじくっていって、やがて憲法に手を出そうという目論見があるのでしょう。その目論見が実現可能と見える日が近づいたら、かならず起こることがあります。それは天皇の神格化ということであります。それも他人がそれを言ううちは、いざ知らず、天皇自らにその自覚が芽生えたときが、じつは危ないのです。

ここで、「ロマ書」九章冒頭の内村の講義（一九二二〔大正一一〕年三月一二日）にふれさせていただきます。聖書を除外して真の愛国心はない。「神はついにわれらの愛するところの日本民族を救いたもうであろう。かく思いて、われらは希望をもって働く。日本国のみならず、東洋全体に、水の海をおおうがごとく、神を知る知識が満つる時をはるかに望み見つつ」、ひとり日本のためのみならず「全世界の救いのために」働こうではないか。ここでも内村は「愛国心の模範的実例」としてミルトンの名をあげています。ミルトンはどうでもいいのですが、ただ神の前でおののきつつ、真理をもとめる崇高な生き方のことを思うと、内村はこの詩人の名を連想せざるをえなかったのでありましょう。彼が「ロマ書講義」で説いたことは、いまから八〇年もむかしのこととは思えない新鮮さをもっているではありませんか。

この国のたどりゆく道が誤っているとすれば、新世紀のどこかで審きに出会う。必ず。しかしその審きの彼方に、万物の完成がある。「混沌」から「秩序」を産み出すのが、天地創造いらいの神のわざであるからには、つまり神の造りたまいし歴史がいちずに救済へと動く歴史であるいじょうは、わたくしどもはこの二一世紀なる歴史の荒野のなかに立ちつくして、希望と喜びの生き方をつづけて行こうではありませんか。そこには教会・教派のわだかまりなどありません。いわんや狭隘な民族意識など無意味であります。これこそ万人にあたえられるサブライムな生き方なのであります。これこそ「後世への最大遺物」であり、これ以外にこの乱れた新世紀に示す指針はないのであります。

最後に内村がのこした彼自身の墓碑名を想起して、わたくしのお話を終えようと思います。

I for Japan;
Japan for the World;
The World for Christ;
And All for God.

内村鑑三を継ぐもの

ちとせのいわ聖書研究会主催　復活祭講演会
二〇〇一年四月一五日
名古屋国際センターにて

さる三月二五日には東京の内村鑑三記念講演会で、今ここにおいでの西永 頌さんが司会役をつとめてくださり、またここにおいでの木村ハンネローレさんと講壇をともにすることができました。うれしく思いました。きょうはまた私の名古屋時代の方がたのお顔も見え、きょうは古巣に帰ったという思いがいたします。

木村ハンネローレさんは、ヨーロッパの神学に育まれた方でありますのに、「キリスト教は、要するにキリストなのだ」と明言されました。ドイツでご主人に出会われ、内村鑑三を識り、無教会を知り、今春は、「余は如何にして無教会基督信徒となりし乎」という堂々たる演題をかかげて、さきほどの告白をなさったのであります。聴衆はキリスト教の信仰の中核を告白するハンネローレさんを見上げて、いたく感動いたしました。

＊

さて、イエスに従った初代の人びとは、その大部分は無学な貧者であり、れっきとした神殿儀式などには参ずることのゆるされない人びとでした。イエスの招きに応じて、彼の群れに入った人びとでした。恩恵としての信仰のみで十分とわかったがゆえに、喜びに心みたされ、相互扶助の生き方の一群につらなったのでした。当時のことばでいう「この道」に入ることはキリストその人につらなることでありました。

「ルカ福音書」の始めのほうに、イエスがナザレの会堂で聖書の一節を朗読するところがあります（ルカ四の一八―一九）。

主の霊がわたしの上におられる。
貧しい人に福音を告げ知らせるために、
主がわたしに油を注がれたからである。
主がわたしを遣わされたのは、
捕らわれている人に解放を、
目の見えない人に視力の回復を告げ、
圧迫されている人を自由にし、
主の恵みの年を告げるためである。

「イザヤ書」からの引用ではありますが、初代の人びとが師イエスの教えを、どう理解したかが、よくわかる箇所であります。あの十字架に刑死したイエスこそ、神なる「主」に遣わされた方であり、だからこそ今考えてみれば、罪と肉の囚人たるわれわれ、「捕らわれ」人たるわれわれに、何物にも捕らわれない自由を、新たに生きる自由を、あたえることがおできになったのだ、という喜びと感謝の気持ちがあらわされております。イエスの朗読行為のなかに初代信徒たちの共通の告白がにじみ出ております。

「主の恵みの年」とは「主が迎えてくださる年」、「主が受け入れてくださる年」、「主が抱いてくださる年」とさえ読めることばであります。神の側からの愛の働きかけの力を実体験した人びとの告白が、ここにあります。こうなると、イエスの伝道の始めのことばとされるもののなかに、イエスの生涯のすべてが入っていることがわかるのであります。初代の信徒たちはいわば荒野をゆく群れでありましたが、「極度の貧しさ」のなかにあったにもかかわらず、「あふれる喜び」のなかで、「惜しみなく施す富へとあふれ出る」共通体験をもったのであります（第二コリント八の二）。彼らはユダヤ教のもとめる教義、修養、慣習とは別のところに恵みを発見したのでした。

福音書のなかに「四千人のパン」（マタイ一五章）、「五千人のパン」（マタイ一四章）といわれる「奇跡」物語がはいっております。イエスの示された（イ）あわれみと（ロ）創造主への感謝を基盤とする生き方に出遭って、「極度の貧しさ」にある民衆が心ゆたかな信徒グループを形成してゆく事実のあったことを証言している記事であります。その結果、相互扶助の生き方をとおして支え合う者の群れが多数におよんだ経験を「四千人」「五千人」と表現したのであります。これは歴史的事実でありましょう。初代の信徒にとっては、単純な「奇跡」の体験ではなく、実体験をもとにした信仰告白でありました。力なき者たちに新たな力があたえられて、彼らが息づいている。これは新生の体験、復活の体験でありました。中心にキリスト信仰がありました。

＊

ここで内村鑑三のことを考えてみたいのであります。（先日、東京の内村記念講演会で語ったことと一部重複いたしますが、お許しをいただきたいのであります。）内村は一八九四年に箱根で「後世への最大遺物」という話をいたしました。後世にまず残すべきものは金、事業、思想ではなく、「勇ましい高尚なる生涯」であるということを語ったことは、よく知られていることであります。全く同じ趣旨のことを彼が自分の歩みに引きつけて述べた作品が、じつは『余は如何にして基督信徒となりし乎』（一八九五年）でありました。両者同一テーマでありまして、内村としてこれから歩み行く人生の宣言をおこなったわけであります。

内村はそれから三〇年ちかく後に、彼六〇歳のころに、信仰人としての苦難に出遭います。有力な弟子たちとの分離、柏木兄弟団の分裂、藤井 武さえ一時、内村のもとを去ったのであります。人生の苦難を味わう内村が当時よく読んだのが、ベイリーの『ミルトン伝』（一九一五年）という本でありました。彼の日記をみますと、そのことがよく分かるのであります。その書物をとおして、内村はミルトンの生き方は「サブライム」な生き方であったと確信いたします。サブライムというのは日本語に訳しにくいのでありまして、内村も困っています。「高き」、「高遠なる」、「俗界を超越したる」とか言い換えております。神の力によって強く引き上げられて、の意を出そうとした表現なのであります。自分ではどうにもならない境遇のなかから、神への恐れによって引き上げられて、その意味で「高き」ところから現実を直視しなおす、という態度を学んだのです。

内村は、ベイリーの説くミルトンの姿勢に学んで、この時期にキリスト中心の生き方を新たに打ち出したのでありますす。それをまとめてみますと——

一、教派・教会に属さない生き方をすること
二、キリスト的愛国者であること
三、人類最後の救いをうたうこと

ということになります。内村の晩年を特徴づける主張が、ここにあります。内村理解にとって大事なことは、ちょうどそのころ彼が行なった「ロマ書講義」は、まさにこの線にそって説かれたものであることが、それを繙いてみればわかるということなのであります。人生と信仰の苦難のなかで、内村はサブリミティの生き方を知り、さらにその認識の上にたって、あの大講義を果たしたのであります。

＊

このことには、後からまた戻るといたしまして、今は中山博一先生のことに触れさせていただきたいのであります。先生は一九九三（平成五）年の夏期聖書講習会で、「ヨハネ第一の手紙」をご説明くださいましたが、そのなかで教育の問題を扱っておいでです。今の大学の教育は教養というものを大事にしない。教養部を軽視する。むかし札幌農学校から大島正健、内村鑑三、新渡戸稲造、宮部金吾などという人物が輩出したのは、クラーク先生をとおしての、一流の教養主義教育があったからだ。今それが東大にさえない。今は教える側に精神的面の素養が欠落しているのだ。精神の教育が、教授連にない。ましてやそれは学生たちに伝わるはずがない、と嘆じておられます。

そういえば中山先生は一九七七（昭和五二）年の講演で「日本の教育の行くえ」を憂えて、内村のことばを引用し

ておられます。「日本の大学は自己中心の駄々ッ児の製造所たるに過ぎない。外国の侵入を待つまでもない、斯かる教育（?）の感化の下に国は求めずして滅びて仕舞うに定《きま》って居る」（一九二四年五月一四日、日記）。

このような教育観の背後には、きまってキリスト教の福音の主張があります。「教養」主義には純福音に立った個人の確立ということが、先決問題として要請されているのです。自由高等教育が知育、徳育、体育を求めるとき、以上のごとき要請が前提条件としてあるのです。中山先生もそのことを、よく承知しておられまして、教育には妙な専門科目第一主義ではなくて、心の教育を中心とする真の教養主義こそ大事なのだ、と論じておられるのです。

三重県に愛農学園農業高等学校という学校があります。そこの三年生（当時）の吉田平君が書いた「心を取り戻すこと、心に正直に生きること」という文章が、岩波書店の『世界』（一九九九年一二月号）にのりました。岩波が中高生を対象にして、「世の中で一番大切なもの」というテーマで募集した作文のなかで、優秀賞に選ばれたものです。「僕が一番大切だと感じるのは、まず現代社会の中で人々が失ってしまった、あるいは押し殺してしまっている心を取り戻すこと。それは農業で言えば、食べてくれる人への思いやりや、作物への愛情、自然への畏敬などだと思う。そして、その思いに正直に生きること、これが、人と自然とが共存していくための第一歩ではないだろうか。」まことに、しかりであります。このような心の教育、つまり教養主義にたった教育の現場が、愛農高校、愛真高校、独立学園などに生きているのです。このことはこれらの学園に関係をもつわれわれとして、誇るべきことであります。これはまさに後世に残るものであります。

＊

現在、一番大切なことは愛の心を取り戻すこと。そのとおりです。若い吉田君がよくぞ言ってくれたものと、感謝しています。愛農高校の教育が成功している例です。じつは中山博一先生がおっしゃっていたことも、まさにこのことなのであります。そしてそれは札幌農学校の系譜に立つ教育の現場で、代々受け継がれてきた教育でありました。

ここで、今もういちど思い返したいことがあります。初代の信徒たちが、イエスの死後ただちに思い出した共通のことばは、社会の最下層にある人びとの「解放」と、その人びとの「回復」を宣言するイエスのことばでありました。それを「主の恵みの年」の出来事として回顧したのであります。それまで歴史上に起こったことのない、喜びの出来事、驚くべき出来事でした。新約聖書が告げる、これが復活の出来事でした。イエスの死によって、新しい世が出現したのであります。そして、この喜びの福音は、やがて来るべき世の大完成の予兆でありました。予兆とはいえ、新天新地の完成の力づよい約束でした。それは「闇から光を」、「混沌から秩序を」造られる創造主のみ業であります。（それはお盆の時節に、ご先祖さまの霊が再来する、というような日本的再生のレベルの話ではありません。）

内村鑑三は離反した（と彼が考えた）弟子たちを「許す」と言い、「人類の幸福と日本国の隆盛と宇宙の完成」を祈りつつ、世を去りました。内村の告白は、（イ）「教派・教会にとらわれない」生き方を求め、（ロ）日本への愛を胸に、（ハ）「人類最後の救い」を願う内村、つまりサブライムな生き方を見いだした最晩年の内村の、最後に行き着いた告白なのであります。「世の完成」、それは創造主の、あわれみの業でありますが、その業のなかに自らを置くことができた内村の、これは幸せな最期であったというべきでありましょう。

われわれは混迷のなかを歩み行く群れであります。しかしわれわれはキリストのおかげで、つねに心に光と喜びを秘めることが許されています。それが生きる力の源泉であり、世を改革していく原点であることは、ここにおられる皆さまのよく知られるところであります。それはわれわれの先達、黒崎幸吉先生や、また中山博一先生が生涯をかけて示された道でありました。内村鑑三を継ぐものとは何か、それはなにも無教会論を戦わせることではありません。

われわれ一人ひとりが「主のあわれみ」を心に秘めつつ、この世であたえられた各自の持ち場を清めてゆくこと以外にはないのであります。

「主の大庭で」

内村鑑三記念キリスト教講演会
二〇〇二年三月一〇日
名古屋・ウィルあいち視聴覚ルームにて

さきほどのご紹介にもありましたように、わたくしはこの名古屋には深いご縁があります。たった七年しか居なかった所でありますが、それが「たった七年」ではすまないことでありました。この地はわたくしの再出発の地となったからであります。

今年のお年賀状に、今わたくしの前にお話しになった鳥居勇夫さんが、次のように書いてくださいました。「学生時代に新井明先生の指導の下に関根正雄訳の旧約聖書と古典を読む会があり、そこで読書のイロハから教えていただいた。あれから四〇年の年月が流れた。学問の基礎は大学で学んだが、人生の柱となった部分はこの会で学び、育てられたと思う。」

こんな書き方をされまして、わたくしは驚きました。第一に、二〇歳代の終わりから三〇歳代の始めにかけての駆け出しのわたくしに、前途有為の青年諸君を「教える」とか「育てる」などという力はありませんでした。ただ名古屋聖書研究会に連なる若手の方がたがわたくしを誘ってひとつの読書会をつくり、共に旧約聖書と古典を交互に読み、学び合ったのであります。わたくしは皆さんとごいっしょさせていただいただけでありました。

鳥居さんのお年賀状の冒頭にはイザヤ書一一章一節が引用されていました。「エッサイの株からひとつの芽が萌えいで／その根からひとつの若枝が育ち／その上に主の霊がとどまる。」そういえばこの読書会は、どなたの命名か知りませんが――鳥居さんか、西永頌さんの命名かと思ってきたのですが――エッサイ会という名で呼ばれていました。いずれにせよ、わたくしの名古屋七年は名古屋聖書研究会と、このエッサイ会が中心でありました。この会には後藤清作さん、松浦宏允《ひろちか》さん、木野本宏志《ひろし》さん、市野つくしさん、その他の方がたが加わっておりました。

＊

そのひとりに平手洋充《ひろみつ》君という方がおりました。この方は名古屋工業大学の学生さんで、名古屋北教会の方でありました。鳥居さん、西永さんらと親しい交わりのなかにあり、真摯な態度で読書会につらなっておられました。むしろ寡黙な方でした。

新井が名古屋を去って東京の母校へと移りましたのは一九六八（昭和四三）年三月のことでしたが、名古屋を引き払う直前に、平手君は結婚式をあげました。名古屋北教会――北区杉村――はこの会場の近くではないかと思うのですが。わたくしは媒酌を仰せつかりました。その披露宴の席でのことですが、二つのことを、今でもよくおぼえております。ひとつは、媒酌人としての挨拶のなかで、平手君にたいして、「多少のどろをかぶっても社会のために尽くしてほしい」とお願いし、また「この青年を新妻とともに岩国へ送るのは、小羊をオオカミの中へ出す思いがする」

と述べました。するとあとのスピーチで、同僚のおひとりが、わたくしどもの会社はオオカミの群れではありません、と強く言いました。ご出席の中山博一先生がわたくしの顔をのぞいておられたのが、印象的でした。もうひとつ忘れられないことは、やはり披露宴の席で、やはり友人のひとりが、当時はやっていた佐良直美《さがらなおみ》という歌手の『世界は二人のために』をうたったことです。「二人のために世界はあるの。二人のために世界はあるの」というリレフレインが、当時もてはやされておりました。わたくしは、これはまずい、と直感しました。善意でうたったのでしょうが、しかし平手君の意には反することだと感じたからです。平手君はずっと下を向いておりました。

結婚後五年ほどして、お嬢さんと三人で松山に移ったのでしたが、それから三カ月にして、勤務先で急逝しました。三二歳でした。急性心臓麻痺と推測されたそうです。若い奥さまからの電話でそのことを知ったわたくしは、ただ呆然といたしました。「お祈りをしていただきたくて」というのが奥さまのお言葉でした。また奥さまはあとからお便りをくださって、「今まで中途半端に神を知っていましたが、神のなす業におそれを感じます」と書いてこられました。

わたくしはこの若者の死をむだにしてはならぬという思いから、追想集を出すことを決意しました。その年のうちに『追想集　平手洋充君』という小冊子を出しました（一九七四年一一月）。中山博一先生も一文を寄せてくださいました。

この書物のなかで鳥居さんは、「人の死に対したとき、いつも大なり小なり復活のことを考えるのであるが、今回こんなにも復活のことが身近かに感じ得るのは、なんとしたことであろうか。けがれを知らぬ若者を誰の目にもふれさせずに召されてしまったのは、わたくしどもに復活の信仰を目覚めさせるための神の摂理というべきであろうか」と書かれました。また西永さんは、「われわれは現在、この世に生きて未来に明るい希望をいだくことが出来るであろうか」。日本国憲法を改悪せんとする勢いが盛んであり、一般の風俗も地におちている。「義人は主に召され、悪人は大手をふって街を闊歩している。」「神の支配を回復するためには、再臨以外に何があろうか。その時まで、平手さんとわれわれは暫時の時をわかれてすごすだけである。再び相まみえるときまで、はずかしくない歩みをこの世で続けたく思う」と書いてくださいました。平手君の死をめぐって、このお二人以上のことを、また以外のことを、わたくしは付け足すことなどできません。わたくしはこれら生ける、また死せる若き友人たちから深く学ぶところがありました。

この追想文集を編むなかで、平手君は例のエッサイ会で何を担当したのかが判ってまいりました。旧約関係ではミカ書、ダニエル書、ゼカリヤ書。その他ではダンテ『神曲』地獄篇、ドストエフスキー『罪と罰』、ブーセ『イエス』、シュヴァイツァー『イエスの生涯』、親鸞『歎異抄』、塚本虎二『私の無教会主義』、矢内原忠雄『マルクス主義とキリスト教』などでした。

平手君に「手記」が残されていました。その一部もプリントいたしました。「最近、特に自分には実行力がなかった。聞くに遅く、語るに早く、怒るに早い。」「新井先生宅でエッサイ会があった。久しぶりに全員がそろった。自分の経験の無さ、知識の無さを感じさせられた。」「みんな大変勉強してきている。深く掘りさげている。表面的な見方しか出来ないのは僕だけだ。三谷隆正『信仰の論理』。僕は天国がわからない。」「キリスト教の特徴は無条件の恩恵に対する無条件の応諾にある。」――というようなことばがあります。

平手君は生産・効率第一主義の社会のオオカミ的雰囲気のなかで殺されたのではないか。しかし「神への無条件の応諾」を願いつつ、その生涯を終えたのではなかったか。これがこの青年がわたくしに残してくれた教えなのではないか、と考えつつ、わたくしは彼の死後の三〇年をすごしてまいりました。有為な青年たちの集まりでありますエッサイ会で多くを学んだのは、外ならぬこの新井であったと、最初から申し上げているのですが、中でも平手君の死はわたくしの脳裏から、これを払拭せんとして払拭できるものではありません。

＊

一九六八（昭和四三）年に東京の学校へ移ったころ、それは「若者たちの反乱」と呼ばれた時代であり、大学紛争、安田トリデの攻防、全共闘・革マルの全盛時代で、学園は荒れ放題。この間に財界は（後から見れば）経済の高度成長をとげ、金銭欲をつのらせ、また政治家・官僚は権力欲をつのらせ、また満たしつづけた時代でした。

一九六九年七月二〇日の夜。その夜は勤め先の大学の教授会と大学院生の協議会との団交が設定されました。大学キャンパスは閉鎖されていましたので、学生委員会委員長にかつぎ上げられておりました新井は、目黒区のある施設を借りまして、そこで大学院生側からの激しい論理攻勢の矢面に立たされておりました。「国立大学の教官は国家公務員であり、人民の敵である！」というのが、学生側の理屈でした。

団交に休憩の時間を設け、わたくしは宿直室のオジさんの顔を見にいきました。ちょうど宇宙船アポロ一一号の月面着陸の映像が流れていました。一九六九年七月二〇日という日をよく憶えているのです。日本では学園は荒れ、政・官・財が乱れているなかで、アポロが月に！　この時もわたくしはこの混乱世界を突き抜けて、宇宙の創造主のみ心がどこにあるのかを、心で探っておりました。そのようなときに、きまってわたくしの脳裏をかすめるのが、かの名古屋には、専門を異にする学生・社会人が、男女ともに、また教会・無教会の「隔ての中垣」をこえて、共に学ぶ平和の共同体があったではないか！　という思いでありました。

入試もできず、授業もできない年月――この異常な年月――のなかで名古屋の「ゆるやかな共同体」への思いがつのりました。そして「授業」なるものの許されない状況のなかで、自主的な「読書会」を学部学生と大学院生側の要望をいれて始めました。（かの名古屋のエッサイ会が、その雛型となりました。）学校は使えませんので、区立の公共施設、他の大学の部屋、また少人数のばあいは東京駅前の丸ビルのなかの空間を使い、横文字の古典を読みすすめたのでした。当時のことを熱き思いで語る人びとが、今でもおります。わたくしにかんして申し上げますと、ミルトンの『パラダイス・ロスト』の訳は、すでに名古屋時代から始めてはおりましたが、その後の東京での紛争期に原稿を完成したものでありまして、紛争で授業のなかった時期がなければ、またいっしょにそれを読みすすめた若い研究者たちがいなかったとすれば、あんな大変な叙事詩の訳など出来なかったかも知れません。

＊

今年のお年賀状で鳥居さんが示されたイザヤ書一一章一節のことばは重要な内容をもって、今のわれわれに語りかけています。当時、アッシリアとエジプト両大国の争いに狭まれて右顧左眄《うこさべん》していたユダヤ王国において、アッシリア帝国の支配が確立する段階に、つまり「アッシリアの平和」ということが言われるようになったときに、国内でアッシリア寄りの自己防衛策が打ち出されてくるのが当然でした。その折に、イザヤは、エッサイの子ダビデに預言者サムエルが油をそそいだ結果、神の力が激しくこのダビデの上に臨んだ事実（第一サムエル一六の一三）を想起せよ、と言っているのであります。政治的・財政的思惑から離れよ。自由にはたらく神の霊の重要性を忘れるな、と言っているのであります。

イザヤに賛成する人びとの数は少なかったに違いありません。イザヤはそれでも、その少数者――「残りの者」――の存在意義を重要なものとして認め、このように主張したのでありました。子どもにもシャル・ヤシュブ――

「残れる者は帰りきたらん」――と名づけるほどでした。「アッシリアの平和」ではなく、大事なのは「主の平和」なのだという主張なのであります。造られた人間とか、造られた民族の高慢な声を、ではなく、創造主の声に、まず耳を傾けよ、ということなのであります。そしてその創造主の声に心から応答せよ、ということなのであります。

これはかつてエッサイ会のひとりであった平手君がその手記のなかに、「無条件の恩恵に対する無条件の応諾」が基本だ、と記した。まさにそのことなのであります。

＊

昨年の晩秋のことでありますが、秋田稔先生が『イエスの生と死――マルコ福音書に学ぶ』という本を出されました（新教出版社、二〇〇一年一一月）。（秋田先生は皆さまご存じのとおり、国際基督教大学で教えられ、その後北星学園、恵泉学園、山梨学園の学長をなさった方です。）わたくしにまでご本をお送りくださいましたので、拝読したのですが、そのなかでマルコ福音書のイエスは人びとに、宗教的独善ときびしく対立し、辺境の地で創造主の呼びかけに素直に応答することを求めつづけられる。ここに社会から疎外された人びととイエスの出会いがあり、その出会いのなかで、イエスその人さえ変わってゆく、と説明されています。この主旨の著述にいたく感銘いたしまして、そのことをお書きしたところ、『キリスト新聞』に「書評」を出してくれというお求めが返ってまいりました。同新聞社からも正式依頼がとどきましたので書きましたところ、ちょうど昨日三月九日づけの『キリスト新聞』にそれが載りました。

イエスの呼びかけに応答する、ここに新しい人格が形成される。これは確かでありまして、これはこの名古屋の地でエッサイ会という小さな集まりを通じて、そこに集まる若者たちのなかに、わたくしが目撃したことでありました。また、わたくし自身が学んだことでありました。しかしこれはこの世の「少数者の集まり」でしかありません。「残れる者」の営為でしかありません。しかし、その「残れる者」が、じつはこの世を支えているのです。支えつづけてゆくのであります。「残れる者は帰りきたらん」であります。かつてエッサイ会に連なった方がたが、この世でどういう生き方をされてきたか、皆さんご存じのとおりです。「人を恐れるな。人を信頼するな。ただ聖なる神を信じて、神のみに頼れ」ということが大事なのです。

＊

今日は内村鑑三記念の講演会でありまして、先ほどから彼にまつわるお話がつづいております。わたくしはここで内村の苦難のひとつ――娘ルツの死――のことにふれさせていただきます。ルツは一九一二（明治四五）年の一月に、一八歳（満一七歳）で亡くなります。その折に、内村（五一歳）は「我等は四人である」という詩をつくり、『聖書之研究』誌に発表いたしました（一九一二年二月号）。ここにお集まりの多くの皆さまのご存じのとおりです。

我等は四人であつた、
而して今尚《な》ほ四人である、

と始まります。

三度の食時に空席は出来たが、

残る三人はより親しく成つた、
彼女は今は我等の衷《うち》に居る、
一人は三人を縛る愛の絆《きずな》となつた。

結びは

主が再《ふた》たび此地に臨《きた》り給ふ時、
新らしきエルサレムが天より降る時、
我等は再たび四人に成るのである。

天地完成の時の再会をうたっております。その再会を実現させるためにも「一人は三人を縛る愛の絆となった」のでありました。「絆となる」必要があったのでした。

わたくしがこの詩を深刻に思い出す機会は、この七〇年の人生でも、何回かありました。しかしその最初で痛切でありましたのは、名古屋時代に出会って、名古屋時代の最後に媒酌をさせていただき、そしてその後数年にして逝ってしまわれた平手君との別れの時でございました。「一人は我らを縛る愛の絆となった」と実感したことでした。すでにご紹介いたしましたとおり、鳥居君、西永君の追想文にもありますように、復活・再会の願いを、わたくしもひとしく学んだのでありました。平手はそれを教えるために早世したのだと、わたくしには思われてなりません。少数の「残れる者」のなかに平手がいる。

彼は第一に「神との応答」の要を、第二に神と応答する「残れる者」のありかたを、第三にその「残れる者」を中心とした万物完成の時、その時における再会の喜びの期待を、わたくしに教えて、そして去っていったのであります。本日のお話の始めに、名古屋はわたくしにとって再出発の地となったと申し上げましたが、本当にそうなのであります。

*

本日は詩篇第九六篇をお読みいただきました。「新しい歌を主に向かってうたえ。／全地よ、主にむかってうたえ」で始まりまして、「もろもろの民のやからよ、主に帰せよ、／栄光と力とを主に帰せよ。／……供え物を携えてその大庭にきたれ。／主は来られる、地をさばくために来られる」とつづきます。

今この世は荒れております。国内国外をとわず、乱れ放題であります。しかし真のものを学ぶには、またとない好機であります。オオカミの乱舞するこの世のただ中で、われわれは「二人のために世界はあるの」ではなく、「わたしは日本のために、／日本は世界のために」と自らに言いきかせて生涯を送っていった先人・内村の歩みを想起したいのであります。荒れまさるかに見えるこの世界も、ひっきょう「主の大庭」なのでありますから。

新たなる生命

二〇一〇年四月八日
名古屋での講演

一九六一年三月二五日（土）と二六日（日）の二日にわたり、東京の女子学院講堂で「内村鑑三先生・生誕百年記念・キリスト教講演会」が開かれました。第一日目は司会・日暮勝英で、関根正雄、野村実、政池仁、黒崎幸吉の諸先生がた。第二日目は司会・秀村欣二氏で、講師は前田護郎、鈴木俊郎、石原兵永、矢内原忠雄の諸先生でありました。名古屋聖書研究会はそのすぐ後、四月八日（土）の夜に、矢内原先生にお出でいただき、名古屋工業大学講堂で講演会を催しました。司会・二宮元信氏で、中山博一先生、矢内原忠雄先生の順で講壇に立ってくださいました。中山先生の題は「内村に教えられしもの」であり、内村鑑三には「キリストの十字架を負って高潔な生涯を送ること」をお教えいただいたと語られました。矢内原先生の題は「内村鑑三と日本」。内村が祖国に残した最大のものは、人は教会に属さずとも、救いの道は残されている、ということであったと語られました。そう語った矢内原先生は、その翌日四月九日（日）は大阪の中央電気倶楽部で黒崎幸吉先生とともに講壇に登っていらっしゃいます。

矢内原先生は中山博一先生を信頼しておられました。「名古屋では中山君と講壇を共にしたい」という願いがあったと聞いています。この一連の講演旅行の後、（その当時は公開されていないわけですが）五月一〇日づけの矢内原書簡が中山先生のもとにとどいています。それはアマースト・カレッジへ二年間いって勉強してくれる学生が、そちらにいないか、と問う書簡であります。アマーストには（中山先生の専門とする）農学、林業はないが、生物学、化学などはよろしいということであること。選考委員はOtis Cary、高木八尺、矢内原の三人。選考には英会話の力が試験されること。「なるべくクリスチャンであることが望ましいですが、そうでなくても、誠実な人間で、内村鑑三を尊敬する人であればよいと思ひます」と丁寧に書いてあります（『矢内原忠雄全集』第二九巻五二〇ページ）。そこには、義弟・中山博一の推挙する若者が現れないものか、という願いが秘められていたのでありましょう。二人の人格の間にあった信頼関係の深さを思わせるものであります。この一九六一年は矢内原先生の最後の年でありました。

じつはこの一九六一年はわたし自身、名古屋に赴任した年でありました。まさに、その年の暮れに矢内原が召されたのであります。わたしは痛恨の気持ちを胸に、二七日に名古屋から上京し、女子学院講堂で行われた葬儀に列しました。正直言って、ひとつの時代が過ぎた、という思いを禁じえませんでした。

その年から丸七年を中山先生、合田初太郎氏などを中心とする名古屋聖書研究会の皆様と共に過ごしました。当時まだ学生であった西永頌、鳥居勇夫、松浦宏允さんたち――そのなかの何人かは、今ここにおられる――の要望で、一緒に勉強会をもちました。だれかがその会を「エッサイ会」と名づけました。聖書会とこの読書会で、お互いよく学びました。最もよく学んだのは、そのころまだ三〇歳代前半であった新井であったかも知れない、と思っています。いまでもそのころのことを思うと、ご一緒してくれた皆さんに深い感謝の念を禁じえないのです。

一九六八年春には母校の東京教育大学に戻ることになりました。聖書会は三月一七日に集会の後、送別会をしてくださいました。その折に聖書（今ここに持っているこの旧新約聖書）を贈ってくださいました。二三名の方がたの署名があります。（署名の順で）市野つくし、太田美夫、加藤正夫、合田初太郎、合田良子、合田恵子、後藤庸平、後藤喜恵、後藤清作、後藤純規、中山博一、前田幹夫、森盛重、山田邦夫、好川増輔、高岡明雄、その他の皆さんです。すでに約半数の方がたが召されています。わたしはこの聖書を大事にしていて、地球上のどこへでも持って行くのです。

この聖書の扉に中山先生が歌を一首書いてくださいました。「新たなる命とかれし七年《ななとせ》を心に刻み君をおくらん」。これはとんでもない内容の作でありまして、恥ずかしいものですから、わたしは勝手に「新たなる命を皆さまに説いていただいた七年」を心に押し頂いて、わたしは名古屋をあとにする、という風に理解することにしております。

＊　＊　＊

東京に移ってから、いろいろな体験を重ねました。世田谷聖書会を主宰した前田護郎は一九八〇年四月に召されました。その後をどうするか、ということは、集会の者たちにとっては大変な問題でありました。結局その会は閉じることに決しました。しかし、その後、新しい集まりに与りたいという願いが、多くの者たちの間に高まり、秋になってから新たに経堂聖書会なるものが生まれました。前田集会のために教室を貸してくださっていた私立・鷗友学園中学校・高等学校の校長・薄井喜美子先生が、わたしに前田護郎先生のあとも「聖書会を鷗友でつづけてくだされば、この鷗友が清まります」と言ってくださった。これは先生の信仰告白と思って、ひどく感銘しました。そのおことばに従わせていただいたのです。（現在は経堂地区会館で。）

聖日の聖書会の持ち方については、わたしは名古屋聖書研究会を範としました。毎回二人が講壇に立つ。前講者は自由な感話、その後の二人目は聖書講議、というかたちをとったのです。このかたちはその後三〇年、現在もつづけられています。名古屋のかたちです。

この集会とは全く別に、わたしは中沢洽樹先生が主催していた「無教会史研究会」に途中から、一九八〇年代になってから招き入れられました。全体は四巻となりましたが、第Ⅰ巻は内村の死までを「生成の時代」として、一九九一年に出版。第Ⅱ巻は十五年戦争の時代を「継承の時代」として、一九九三年に。第Ⅲ巻は敗戦後、矢内原の死までを一九九五年に「結集の時代」として出しました。第Ⅳ巻はその後の経過を（中沢の計画としては）政池仁の死までを、「分散の時代」としてまとめる方針であり、そのように公表してありました。

しかしこの歴史書の共編者にしたてられた新井としては、矢内原以降を「分散の時代」としてまとめることに抵抗を感じました。というのはひとつには田村光三、伊藤進、オカノユキオ、石倉啓一の諸氏を中心としてキリスト教夜間講座、伝道聖書集会、*Interpretation* の翻訳その他の事業がはじめられ、また全国集会や各地の内村記念キリスト教講演会の催しなど、それまでの無教会内にはみられなかった活発な動きを目撃して、その新しい時代を「分散」という語でくくってしまうのは、史的把握としては不適切だと思ったからでした。それまでの時代にはなかったこうした新しい動きは矢内原の死が生んだ深刻な危機意識の結果であったことは否めません。

こうした活発な動きが無教会各集会間の連携、また教会側の心ある方がたの協力があって進められた動きであることは見逃せない事実でありました。無教会史研究会としては、無教会もイエス・キリストのからだの一部として、超教派的な全体のなかに加えられているのだという「連帯」意識の発生の事実を評価すべきであるという見方から、『無教会史Ⅳ』はその副題を「連帯の時代」とするという決意を固めました。

それが出る二〇〇二年よりすれば数年前の一九九七年に、中沢先生は召されていました。先生の告別式は立教学院諸聖徒礼拝堂で聖公会式に執り行なわれました。先生は若き時に故郷・高知県の美香教会で受洗していらっしゃいます。しかし無教会信徒としての生涯を全うされました。教会と無教会の架け橋たらんとする一生であったと思うのです。それは広く深く、主イエスの十字架の下での信徒の「連帯」を願う心の表れではなかったのか、と思われてなりません。

＊＊＊

ここでイエスの「サマリア人のたとえ話」（ルカ一〇の三〇―三七）にふれさせていただきたいと思います。例のエリコ街道でユダヤ人一人が強盗に遭って強奪され、瀕死の重傷をうけます。エルサレムから祭司が下ってきますが、見て見ぬ振りして通り過ぎます。レビ人がやってきますが、同様の態度でありました。（これが、口では、「神を愛し、隣人を愛する」ことを教え諭す立場の祭司階層の取るべき態度でしょうか。エルサレム神殿での事件であったら、人びとの目もあることであり、かれらは別の行動に出たことでしょう。）その後に、ユダヤ人が蔑視して止まないサマリア人が街道を下ってくるのです。かれは自分自身がこの重傷を負わされた思いで、心からの憐れみに駆られ、大事なオリブ油とぶどう酒をそそいで応急の手当てをいたします。そして自分のロバに乗せて、宿屋に連れていきます。宿屋も（ユダヤ人を泊める宿ではなく）サマリア系の宿であったに違いないのです。そうでなくては、蔑視されるサマリア人旅行者の言うなりになって、嫌なお荷物を預かるはずはないのです。このサマリア人の旅人は二デナリ（正規労働者二日分の給与）を出して、また帰路に立ち寄ることを約して、道を急ぎました。

イエスは、考えてみれば、エルサレム神殿「外」の人でありました。城壁の「外」、ゴルゴタにて処刑され、「陣営の外で焼かれた」人でありました（ヘブライ書一三の一一―一三）。エルサレム神殿の「外」の人でありました。神の子がそのような生き方、死に方をしなかったならば、エルサレム中心主義から外れた人びとの救いはありえなかったことでしょう。エリコ街道で重傷を負ったユダヤ人の真の隣人となったのは誰であったのか。

エリコの宿屋の主人もサマリア人旅行者の言うことを信用して、ユダヤ人負傷者の「隣人」となったのでした。このたとえ話そのものの表には現れませんことですが、この主人は旅人サマリア人のことばを信じて、三日目にこの旅人が再び姿を現わすことを信用したのです。三日目の再来（再臨）が、愛の行為のなかで実現されたことでしょう。ここにこそ「新たなる生命」の保証があったのです。「新たなる生命」を与えられたこのユダヤ人は、健康の回復後、エルサレム中心主義のユダヤ教徒として、その生涯を送ったと考えられるでありましょうか。大きな「愛の連帯」のなかに生かされて、社会的弱者のための「隣人」としての生涯を送ったのではないでしょうか。

現在に生きる、しかもエルサレムを遠く離れた日本という島国に生きるわたしたち、しかも教会組織の外に生きるわれわれは、いわば中心を外れに外れた現代のエリコ街道を行く、傷をうけた旅人でしかありません。イエスのこころを解する旅籠屋《はたごや》がないとならば、どうして生きてゆくことができるでしょうか。「新たなる生命」はイエスが織りなす「愛の連帯」のなか、「キリストのからだ」のなかにのみあるのです（Ｉコリント一二の二七。エペソ五の三〇）。

＊　＊　＊

最近、ある友人をとおして、ベッドに釘づけの、ある重病の方からのご意向が伝えられました。ご自分はキリスト教に関係なく過ごしてきた。古代中国文学のご専門であられるというのです。人生の終わりに近づいて、聖書のことばに接してみたくなった。聖書のどの箇所から、あるいは聖書のどこを読んだら為になるだろうか、ということでありました。わたしはよく考えた後に、旧新約聖書全体からいくつかの箇所を短く抜き取って、そのお答えとしました。ご本人から丁寧なご返事がいただけました。今はそれには触れません。

その後、数日たってから、英国の女流詩人クリスティナ・ロセッティ（一八三〇―九四）の「登り坂」"Uphill"という作品のことを思い出しました。ひとりで人生の坂を上り行く人がいる。またその一人を励ます存在がある。二人の対話のかたちをとった作品です。名古屋を出てから十年ほどたったころ、ある出版社から頼まれて書いた本に載せた作品であります（『英詩鑑賞入門』研究社出版、一九八六年）。今ここにご出席のおひとりは、その初校を見てくださったお方であったことを思い出します。次の訳詩をかの重病のお方にお送りすることにしたのでした。

登り坂

道はずっと曲がりくねった登り坂なのでしょうか？
そう、ずっとずっとお終いまで。
一日の旅は、まる一日かかるのでしょうか？
朝から晩までだよ、友よ。

でも、夜は休む所があるのでしょうか？
屋根はね。ゆっくりと闇がはじまるときに。
暗くてそれが見つからないということはないでしょうね？
その宿を見落とすということはありえない。

夜　ほかの旅びとに出会えるでしょうか？
　先に行った人びとに出会うだろうよ。
戸をたたくか、宿が目にはいったときに呼ぶかするのでしょうか？
　かれらはおまえを、戸口に立たせっぱなしなどさせない。

足を痛め、疲れたわたしは安らぎが得られるものでしょうか？
　労苦はすべて償ってもらえるものだ。
わたくしのためにも、求めるすべての者にも、寝床はあるのでしょうか？
ある。寝床は。訪ねきたる者すべてのために。

詩人ロセッティはかの「サマリア人のたとえ話」との関連で、この作品をつくったのではありません。この作品のなかで旅人に応えているのは、たんなる旅籠屋《はたごや》のあるじではなく、キリスト・イエスを思わせる「助け主」です。かの病床のお方は、この詩をどう読んでくださったでしょうか。が、まだご返事はいただいておりません。しかしやがてすべてを完成してくださる創造主の御心のなかで、われわれは一つ帯に繋がっている幸いを思います。
この名古屋聖書研究会にぞくするお一人も、いつもは必ずここに来られるのですが、本日はお見えになれません。また、ほかにも病床についておられる方がたがおられます。今日ここに集われた皆さま、生命の主なる御方のお導きによって先に行く方がたの跡をゆき、われわれも共に「新たなる生命」の世界に招き入れられることを祈願いたしましょう。もういちどロセッティを朗誦いたします。

無教会、この六十年——この国の聖化のために

敗戦の年、一九四五年は内村鑑三の没後一五年目であった。一九三〇年三月末の臨終の床で「万事万物悉く可なり」ということばを口にした内村の思いも遠くおよばない「十五年戦争」の期が、そこに差しはさまれることになった。直弟子たちのなかで、師のあとをすぐに追った藤井武のような例は別にして、他の多くの弟子たちは厳しい歩みを強いられた。彼らのほとんどが（その質と度合いに差こそあれ）皇室にたいする尊崇の念を共有していた。それだけに、軍国主義の台頭と前進の現実を前にして、これと対峙するロジックに、歯切れの悪さを残していた。

塚本虎二も天皇制を基礎とする国体に誇りをいだいていたが、その国体がキリスト教によって潔められるならば、万邦に秀でる島国が、東洋の一隅に出現するであろうという希望を抱いていた。一九三四年一〇月の講演でも、「今日から愛国者の看板を下す」と宣言し、「国よ滅びよ」と訴えつつ、潔められた島国の出現を待望した。これは「国体保存」の思想ではない。黒崎幸吉は一九三七年の段階で、「止むを得ざる国権的行為として」は戦争を認める可戦論の立場をとった。ただ、彼も偏狭な国粋主義者などではなかった。金澤常雄は日本のキリスト教会が軍国主義に加担してゆく以外に術のなかった状況にあっても、キリストにあって国を愛する「真の愛国心」の必要を叫びつづけた。皇室の存在を重んじながらも、国体の純化を求めて、軍部による右傾化に厳しく反論を加えたのは、矢内原忠雄であった。彼は藤井武の跡を、藤井に兄事しつつ、厳しい時代を生きた。彼の時代批判の厳しさは、一九三七年末に

は東京帝国大学教授としての彼自身を辞職に追い込んだ。内村のグループのなかでも、やや若手の者のなかには、祖国の右傾化にたいして、より直接的に反旗を翻した人びとがあった。石原兵永、鈴木弼美、政池仁らである。

十五年戦争期にあって、内村の「直」弟子とはいえない人びとのなかで、最初は内村の著作をとおしてその感化をうけ、この時代の閉塞状況を抜け出たタイプの独立伝道者がいた。彼らは「原」内村を想起し、継承すべき内容と、継承するにあたっての方法を学んだ。浅見仙作、諏訪熊太郎、藤本正高らである。敗戦後、これらの伝道者たちから、無教会は逆に多くのことを学んだ。

内村没後から敗戦後まで

内村没後、ただちに開始されたのは内村鑑三記念講演会であった。なんの組織もない無教会のなかで、この講演会が果たした役割は無視できない。この講演会において、内村の系譜の信徒たちは共同の信仰の告白の場がもてたのであった。すでに名をあげた者以外に、畔上賢造、三谷隆正、鈴木俊郎、太田十三男、田中吉備彦、大塚久雄、伊藤祐之らが講壇に立った。この講演会が、藤井武、江原萬里、畔上賢造ら同信の友らを葬る記念講演会とともに、あの十五年戦争期の無教会の共闘の場であったことは確かであった。

一九四五年八月一五日の体験は日本国民全体にとって、深刻であった。教会には組織があり、組織温存のために、戦中、報国行事へと傾斜した事実がある。敗戦後、その傾向への批判などから、組織内部での自己批判、他者批判が噴出し、この問題は長く尾を引くことになった。無教会は組織をもたない。だから、教会内部に見られた深刻な混迷は経験しないですんだといえよう。他国への侵略と、長期にわたった戦争を国民の罪業としてとらえ、敗戦は創造主による「鞭」、「裁き」と理解し、戦後の出発の原点とした点は、無教会内では、ほぼ一致していた。黒崎幸吉は「失望と苦悶の奥底より」「神を仰ぎ」直さなければならなかった。彼はその後の半生を、激しく生きた。

黒崎だけではない。無教会の指導者たちの口からは、ことごとくおのれの罪、自国の罪の告白、またときには大胆にも天皇の責任まで追及する言辞も聞かれた。しかし、罪業の告白のあとに、「新」日本建設への情熱を吐露する口調は共通していた。その典型は、なんといっても矢内原であったろう。敗戦の年、その秋に東京帝国大学に復帰した彼は、早速「日本の傷を医すもの」なる講演を残し、神の子による罪の許しと、絶対的平和主義を提唱した（後からみれば、彼の先輩格の南原繁の線に近い）。

戦後の無教会も内村鑑三記念講演会を共同の告白の場として、これを継承していった。

その講演会は東京中心の催しであったものが、大阪その他に展開していった。東京の講演会そのものが二日にわたって開かれることも、また東京でべつの企画で同名の講演会が催されることも始まった。やがては東京、大阪などの中心都市にかぎらず、日本全国で講演会が催されるようになる。京都、名古屋、仙台、新潟、札幌、山形、福岡、沖縄など。このことは講演者の層が厚くなったことを示しているだけではなく、それと同時に日本各地に無教会の集会が散在していて、それぞれが力をつけて、活動している事実を表わしている。それがなければ、地方講演の実があがるはずはない。

話を敗戦直後へ戻すとして、海外留学の経験をもつ関根正雄、秋田稔、中沢洽樹、前田護郎、高橋三郎、その他の若手が十五年戦争期を乗り切った先輩たちの後を受けて、彼らの業績に新風を注ぎ込んでいった。とくに、無教会にはそれまでは希薄であった聖書学的な学問業績が積まれるようになったのも、それから後のことである。具体的には関根の『旧約聖書——その歴史・文学・思想』（一九四九年）、『イスラエル宗教文化史』（一九五二年）。前田護郎の

『新約聖書概説』（一九五六年）がつづいた。内村鑑三に関する研究も進められた。まず、挙げなければならないのは、石原兵永の『内村鑑三の思想と信仰』（一九四八年）と政池仁の『内村鑑三伝』（一九五三年）である。その後、文献学的な研究書である関根『内村鑑三』（一九五四年）、中沢『若き内村鑑三論』（一九五八年）、小澤三郎『内村鑑三不敬事件』（一九六一年）とつづいていく（その後の多数にのぼる内村研究に関しては、『無教会史Ⅳ』所収の泉治典氏の報告を参照されたい）。ただ、一九七三年に中沢洽樹（他）編による『内村鑑三研究』誌が創刊されて現在にいたっていることは特記しておきたい。

「戦後」の後半

一九六一年末の矢内原忠雄の死は無教会全体にとって衝撃であった。彼は戦中戦後における絶対平和主義の闘士であり、実践的宣教者であった。女子学院講堂における葬儀の後、これからの無教会はどうなるのか、という思いが共通に湧いた。中沢洽樹がのちに無教会研究会を立ち上げ、一九九一年に『無教会史Ⅰ』を出版したとき、その「序」のなかで、矢内原以後の無教会は「分散の時代」であると規定し、公表した。それは深刻な危機意識と裏腹の認識であったと思われる。『無教会史Ⅱ』（一九九三年）の副題は十五年戦争期における内村「継承の時代」であり、その『Ⅲ』（一九九五年）は敗戦後の「結集の時代」であった。しかし矢内原没後を調査対象とする『Ⅳ』は、中沢は「分散の時代」であると認識し、譲らなかった。その中沢は『Ⅳ』（二〇〇二年刊）の実質的な編集段階では健康上の理由があり、編集責任者を新井明・清永昭次とした（中沢は一九九七年に没）。二人の若手の編集者たちは、他の研究会員の賛同をえて、これに「連帯の時代」という副題をあたえた。

連帯の意識は、東京や大阪での内村鑑三記念キリスト教講演会、またその他の講演会などで観察されることではあったが、一九六〇年代にはその意識にもとづく動きは活発になった。この点からは、東京で一九六六年に「キリスト教夜間講座」が始められたことは、特筆に価する。組織がなく、総会のような決定機関もない無教会においては、ややもすると「先生」中心のタコつぼ型の「集会」が出来上がりやすい。それでは「キリストのからだ」なる教会の形成にとって、マイナス要因を醸成する結果となるであろう。矢内原亡き後の一種危機的な時期に、おもに政池集会と関根集会に属する四人――石倉啓一、伊藤進、オカノユキオ、田村光三――の、「無教会にも共同で勉強する機会がほしい」という素朴な願いが、その講座を発足させた。この動きはその後「キリスト教基礎講座」、「キリスト教自由大学セミナー」、「聖書語学通信講座」を生み出し、神学、聖書学にとどまることなく、ひろく人文科学、社会科学の全般にわたって、そして語学そのものの教授をまで、主に無教会人の講師をまねいて、当時として最高の講義の時と場を提供した（前田陽一、森有正、荒井献、佐竹明、並木浩一、渡辺信夫など、教会関係の人士の協力を得ることができた）。講師数は延べにして五百人、受講者数は延べ六千人余であったという。たしかに「共同の」勉強の場が、ここにはあった。夜の勉強の場に参加するために、わざわざ諏訪の地から定期的に上京する女性もあった。

この一連の動きは、一九七一年に今井館教友会が新しい世代に受け継がれ、今井館がそれまでとは異なり、無教会の諸活動の拠点として用いられるようになったということとも連動している。一九八五―八八年には連続して（今井館は手狭なるがゆえに、他の会場を借りて）「無教会夏期懇話会」が開かれ、一九八七年からは（これも他の会場で）「無教会全国集会」が、また一九九二年からは「無教会研修所」が今井館その他を会場にして始まった。

全国集会はそもそも、堤道雄と高橋三郎による「無教会シンポジウム」（一九八五年、一九八七年）が、とくに一九八七年の堤による提議を発端としたものである。最初四年は東京で行なったが、その後は東京と地方で交互に開催している。徳島、静岡、大阪、沖縄、山形、千葉、その他。各大会において、無教会信徒たちがそれぞれの違いを越えて、「キリストのからだ」にある一致を告白しあう場となっている。このような動きは矢内原没後の一九六〇年代になって始められた、むしろそれ以前にはなかった「連帯」の動きであるといえよう。

一九六〇年代に著しい動きのなかには、教会・無教会のワクを越え、さらには日本のワクをさえ越える共同の働きがある。かならずしも六〇年代になってからの動きとはいえないにしても、三代目、四代目の無教会人が積極的に加わっての活躍と評価できるものである。その一端を挙げれば、日本キリスト教海外医療協力会、日本友和会、日韓青年友和の会、台日キリスト者の会、その他である。内村以来の平和主義への志向が強いのは、無教会の特色のひとつであり、この面で思いをひとつにする人びととの連帯を模索するのは、むしろ当然であると言えよう。その点で、無教会系の学校である基督教独立学園高等学校、愛農学園農業高等学校、キリスト教愛真高等学校のいずれもが、海外、とくに韓国の学校との友好関係を推進している事実は注目すべきことがらである。

さきに、一九六六年という年に、若手の無教会者四人が無教会内の系列を超えて、それ以前にはなかった形の「キリスト教夜間講座」を開講し、その後の無教会の流れに大きな刺激をあたえたことを述べた。この四人は出版事業においても、超教派的な働きをしてきた。彼らはATD・NTD聖書註解刊行会を創め、一九七〇年代にはその註解叢書に収められたドイツ語註解書の邦訳を推進した。これは日本の教会・無教会全体にとって、宣教のための強力なる道具となった。また彼らは一九九〇年からは『インタープリテーション』日本版の出版を始め、現在はその七二号（二〇〇五年三月）が出ている。編集委員は大貫隆、鷲見八重子、千葉真、塚本明子、月本昭男の諸氏である。しかし実際の訳者には多くの教会人が加わっている。これなども教会・無教会のワクを越えたエキュメニカルな営為と言っていい。これも一九五〇年代には考えられなかった、良質な連帯の事実と呼べるものではないであろうか。

無教会運動の原点

内村死して七五年。教会組織をもたない無教会が、よくも今に生きているもの、と思う。その無教会が今、ここにあることの理由は何か、を最後に問うことにする。無教会は平信徒による万人祭司主義をかかげ、それをある程度実践してきた。それはそもそも歴史的にはプロテスタント教会の主張であったはずだ。しかしその平信徒主義の主張も、たんに歴史の過去の形態にしがみつくをよしとするという頑迷であってはならない。

第一に、キリスト教は「イエスこそキリスト」という告白に立っている。この告白は新約聖書の基層に属することばであり、贖罪と復活の信仰にもとづく告白である。無教会も、この告白を受け入れる。それに続いて、原始教会で成立した宣教《ケリュグマ》の告白や、さらにその後のキリスト教会で成立し、ひろく伝承されてきた「使徒信条」を無教会も尊重する（これ以外の特定の聖書釈義が無教会の共通の神学となることはありえない）。この点で、無教会はキリスト教の正統信仰に立つものと考えられていい。

第二に、無教会は明確な救済史的歴史意識をもつ。神の創造の行為と救済の意志とを別のものとは受けとらない。終末は神の創造行為の完成の時であると考える。しかし創造行為の完成は将来の一点のことに属し、今の時は未完成の時である。げんに現実には「罪」も「闇」もある。あっていい。しかし歴史は完成の時をめざして進んでいる。今は黙示されたその時の到来を待ちつつ、われわれは「イエスこそキリスト」と告白しつつ、たがいに欠けたるを補い合いつつ、共同の生の場を守るべきである。

第三に、無教会には辺境者意識ともよべるエートスがある。無教会信徒は神なきこの世にあって、既成の「聖」なる場に拠らず、この世にたいして開かれた態度をとる。そして既成教会の手の及ばぬところへ福音の種子を持ち運ぼうとする。より具体的には、信徒は世俗の職業を重視し、しかも信仰にあってあらゆる権威、あるいは組織から自由である。自らにあたえられた持ち場——職業、専門領域——において、それをとおして神の名を顕わそうと努める。その持ち場こそ福音伝達のための最前線であるという自覚に立つからである。組織なく、世俗のただ中で「証人」として生きる生き方は、聖と俗との接点、つまり辺境を生きる生き方であると言えよう。

第四に、信徒は聖なる交わりを重視する。その交わりが集会のかたちをとることも、とらないこともある。また、ひとつの集会が核となり、その周辺に——といっても、かならずしも地域的な周辺をいうのではないが——ゆるやかな型での交わりが成立する場合もある。さらに既成の教会との交わりの可能性をもふくみ、その実例はこの四半世紀、多くなってきている。いずれにせよ、信徒同志が聖書を学ぶ共通の場をあたえられることは、恵みというほかはない。

しかし教職者不在の無教会の場合、ふつう儀式は行なわない。集会につらなる各人が行なう聖書講読と信仰告白が中心となる。それも集会によってさまざまである。一般的には、その場に居合わす者のうち、聖書への接近においてより進んだ者（たち）がその集会の指導者とされ、聖書講義を行う。あるいは初めから指導者としての召命をこうむり、集会形成を進める場合もある。いずれのかたちの指導者を中心とするにせよ、集会に連なる一人ひとりは聖書そのものの味読を心がけ、感話その他の折に、ことば、あるいは行為のかたちで、信仰告白をする機会にめぐまれる。結婚式、葬式、各種の感謝会など、信徒の実生活に関する行事は、集会の指導者の責任で執り行われる。集会は一般の組織と違い、人的結束力は微弱である。したがって、集会の解散も自由である。

無教会の指導者は一般的に世俗の中で具体的な持ち場をもち、信仰告白の生をおくる。この型を在世間的な指導者とよぶことができよう。無教会が平信徒主義を基本とするかぎり、この型が常識的である。それにたいして、特別な選びの結果、独立伝道者の型をしめす場合が出てくる。彼らはさきの在世間的指導者にくらべれば、福音の精神をより原理的に指し示し、またそれをより原理的に生きうる立場にある。とくに福音伝播の実践面では、より可動性にとみ、各地に散在する小集会の育成にかかわり、またそれらを連携する役割を果たす。優れた独立伝道者たちが、在世間的指導者たちとともに、聖書講義、講演、集会形成、著書・信仰雑誌の発行などの仕事を通じて無教会信徒の中心的存在となってきた。

第五として、平易なことばの使用ということ。無教会は平信徒の集まりであるから、教職者や神学者の特殊用語は必要としない。一般の日本人にわかることば、平均的共通語を尊重する。福音のことばを、この国の風土に根づいたことばで語り合えないはずはない。これは相互理解、相互扶助の達成を求める福音の精神にもとづく言語観である。また、無教会内でのみ通用することば、用語などができあがったり、無教会の集会同士の対話さえ不可能な事態が生じたならば、それは無教会終焉の兆候と断じていい。

無教会は教会《エクレシア》の一部である。それは既成の教会がエクレシアの一部であるのと同じ関係にある。だから無教会は既成教会を同労者と考えて、教会組織の力のおよばないところ（辺境）へと福音の種子を運ぼうとする。それは教会の欠けたるところを補う努力である（その「辺境」は、かならずしも山村僻遠の地であるとはかぎらない）。しかしそれを実行するにあたっては、徹底した平信徒主義が求められることになる。

「キリストの名がまだ知られていない所」に福音を持ち運ぶことこそ、「異邦人のための使徒」パウロの意図であった（ローマ書一一・一三、一五・二〇）。パウロがこの道を選んだのは、教会《エクレシア》への堅き接続を願ったからである。無教会が強いて既成教会との直接的連帯を求めず、無組織の平信徒主義を標榜するのは、信徒一人ひとりが福音未踏のところへとおもむくことで、真の教会《エクレシア》への全教会的《エキュメニカル》な接続を願うからにほかならない。

教会側にも「信徒運動」というものがある。それについて『キリスト教大辞典』（教文館）は、次のように記している。「万人祭司制の原理に立つプロテスタント教会も、実際の教会活動においては、教職と信徒とが明確に区別され、教職の活動にすべてが依存し、それが制度的に固定したため、信徒は常に受身となっている。教会は制度ではなく、生きた信徒の群であることを再認識しなければならない」（二〇〇〇年版、五七五ページ）。これは既成教会の側でなされた反省の弁と解される。しかし、無教会はこのことばを、自分たちに無関係のことと見過ごすことはできない。「教会は制度ではなく、生きた信徒の群」なることは、無教会の積年の主張であった。無教会はこれからも、ここで言われる「生きた信徒の群れ」の一部でありつづけることを願うものである。

この国の聖化のために

内村鑑三の系列に立つ無教会は、神の書である「聖書」に拠りつつ、かつてM・ルターの説いた「信仰のみ」sola fide の生き方を通そうとする。その場合、（組織がないために、かえって陥る可能性のある）「先生偶像化」の危険性にたいして、つねに警告を発したひとりは、中沢治樹であった。一九五〇年の時点でも、彼は述べている——「無教会にもし伝えるべき伝統があるとすれば、それは十字架の下に絶えず自ら砕かれつつ、師の屍をも乗り越え人間的な伝統を踏み破り、あらゆる真理の敵と戦うすさまじい曠野魂」、「真の戦闘的教会《エクレシヤ・ミリタンス》の精神であります」。一九六〇年春の内村鑑三（三十周年）記念講演会でも、また一九六三年三月の三十三周年記念講演会でも、この警告をより論理的にくりかえした。「われわれはむしろ聖書的な正しい意味で教会化し、真のエクレシヤの形成に努めるべきではないでしょうか」と叫んだ。矢内原を送って、あまり時がたたない時点での無教会全体にたいする警告であり、また激励でもあったのではないか。ここに、内村その人の姿が生きている。これからの無教会は集会同士の連帯を重んじ、さらには同じ「キリストのからだ」なる諸教会とも、無理のないかぎりでの「連帯」を組み、多難の予想されるこの国の歩みの只中で、かの「曠野魂」に立って、この国の民の聖化のために力を尽くしてゆくべきである。

第三部　辺境のめぐみ

ひとつ井戸のもとで

新フッタライト大輪キリスト教会
入植二〇周年記念会にて
一九九二年三月二二日

新フッタライト大輪《おおわ》キリスト教会が入植二〇周年を迎えられますとのことで、本日は喜んで、こちらへやってまいりました。雪、あられの昨日とはうって変わって、今日は銀世界のなかで明るい春の日差しに恵まれました。今日の記念礼拝を、天然までがことほいでくれている、という思いがいたします。

こちらの皆さまのご生活を初めて知りましたのは、数年前のことでありました。日本にもかのヤコブ・フッター(Jakob Hutter, 一五三六年没)の精神に連なる方がたがいらっしゃったのかと、たいへんな畏敬の念にかられたのでありました。

こちらの皆様の生き方を目撃して、わたくしは旧約聖書の「創世記」二六章の、あのゲラルの谷のことを思い出しました。アブラハムの子イサクがその一族を率いて、いまのガザに近いゲラルの地にやって来ます。一族は謙虚にして勤勉なものですので、種をまくと、考えられないほどの収穫をあげました。するとゲラルの住民の妬みをかいまして、居られなくなりました。そこで谷（ワディ）へ下りました。谷は、日本の谷とは違い、ふだんは水もなく、荒地ですので、人は住みません。そういう所ですから、イサク一族のすみかとして黙認されたのでしょう。イサクたちは、しかし、そこで井戸に恵まれ、荒地を拓《ひら》き、羊を養い、それなりの生活を営むようになります。すると、今度はゲラルの羊飼いたちがやって来て、いじめを繰り返す。一族は仕方なく、同じ谷の別の所へ移住します。そこでも井戸を与えられ、生活がたつようになる。するとまた妨害がはいる。また他の地への移住を余儀なくされます。このような経験を何回重ねたことでしょうか。しかし、イサクは創造者（神）の声を聞くのです。「恐れてはならない。わたしはあなたと共にいる。」

そうしたある日のこと、ゲラルの王アビメレクという者が訪ねてきました。けしからんと思いますのは、参謀総長と軍司令官をつれてきたのです。全体では相当の軍勢でしたでしょう。イサクは驚いたでしょうね。ただではすまない、と思ったのではないでしょうか。軍事権力を笠に着て、王が放浪の羊飼いの族長を訪ねてきたのですから。しかし、どうも王アビメレクのほうも、イサクを恐れていたらしいのです。追い出しても、追い出しても、その行く先々で井戸に恵まれ、それなりの生活を立ててゆく一群に、なにか不気味な感じ、得体のしれぬ畏怖の念をいだいていたらしいのです。イサクに会ったとき、王はまず、「主があなたと共におられることがよく分かった」と告白したというのです。イサクの背後にイサクとその一族を支えている何者かがいるらしいと、そう察知したのでしょう。これはかなわないと思ったアビメレクは、イサクとのあいだに不可侵の契約でも結んでおかなければ、と思って、王のほうから谷を下ってきたのでしょう。「わたしはあなたと共にいる」という、イサクにたいする神のことばは、うそではなかったのです。

こちらにわたくしが初めてお伺いした折に、もうひとつ新約聖書の一場面が脳裏にうかびました。イエスの奇跡のなかに「五千人のパン」とよばれるものがあります（マタイ福音書一四章）。イエスが「人里離れた所」――荒地――にいらっしゃったときのこと、多くの群衆が集まってきました。病人をふくむ貧しい人びとにたいして、イエスは「深く憐れみ」を感じられました。夕暮れの食事どきになり、パン五つと魚二匹しかないことがわかり、弟子たちは困りはてました。しかしイエスはその乏しい食物を手にとり、「天を仰いで賛美の祈り」をなさった、とあります。すると、やがて五千人の人びとが満ち足りる事態が発生したというのです。

ここでイエスのなさった二つのわざが言われています。⑴「憐れみ」（愛）ということと、⑵「天を仰いで」の「賛美の祈り――祝福、感謝――」ということです。すこし別の見方からすれば、このときイエスはまず、父なる創造主への恐れの心に立って、創造主の「憐れみ」を頂こうとなさった。そして同時に「天を仰いで」創造主の声に耳傾けて、聞いたのです。そのイエスを中心にして、創造主の愛を思い、そのみ声に従う者同士の連帯が、そこに出来あがっていった。すると、ときにはひもじい時節はあろうけれども、けっきょくは豊かさに恵まれる結果となった。これはイエスの弟子たちのあいだで実際に起こったことであり、これこそ歴史上かつて類例のなかった出来事なのであります。「使徒行伝」二章にも記されている事柄であります。この事態を初代信徒たちは、素朴に、たとえば「パンの奇跡」という説話のかたちで表現し、それを伝承したのです。この原始キリスト教が、やがては大ローマ帝国の地盤をゆるがしていく力を形成していったのです。それは五千人というような規模にとどまるものではありませんでした。しかし、これこそ「奇跡」でなくてなんでありましょうか。

イサクの話と「五千人のパン」の話をいたしました。皆さんはこの二つの話が共通のことを言っていることにお気づきではないでしょうか。イサクたちはまず創造主の憐れみのみ声に耳を傾けて、それを行動の原点とする。そして度重なる妨害にもめげず、辺境を切り拓いていく。原始キリスト教の信徒たちにかんしても同様のことが言えます。世から蔑まれた、持たざる者の群れであったかれらが、創造主の憐れみに感じ、創造主のみ声にまず聞く心を与えられ、一つみ声に従う群れとなる。その者同士が集まって共同の生き方へと導かれ、その結果、新しい生きがいを感ずるようになる。生きがいを胸に世に出て行けば、それなりの生活に恵まれる。与えられたすべては、神からの賜与であると感謝して受け、余剰が出れば、それを神の名のゆえに他に捧げる。ときには、一生を捧げる人、献身する人さえ出てくる。こうした生き方が、じつは世の辺境を切り拓き、世を改革する力となっていく。

皆さん、イサクの一族の生き方、イエスの弟子たちの生き方をいま生きている方がたがおられるのです。この大輪にもおいでになる。数年前に初めてこの地を訪れたとき、わたくしを驚かせたのは、この思いでありました。菊田浮海夫先生を中心に、創造主のみ声に耳傾けていらっしゃる群れが、神のみ声に聞きつつ、ここに与えられたひとつ井戸のもとで、一同こころを合わせて労働にいそしむ。神につながる共同のこころが荒地を肥沃な土地へと変えてゆく。（ここを間違えてはなりません。働く条件が良いので、人びとのこころが結び合ったのではない。神にあって結び合ったこころが荒地を拓いていくのであります。）創造主に従うこころが人を生かし、土を生かし、鶏を生かし、作物を産む。そして、与え合っている。良き声に導かれて、良く耕されたこころが、山地に良き井戸を求めさせた。よく耕されたこころが荒地を生かし、万物と共存する共同体を生んできたのであります。

生きるとは何かということを、大輪の皆さまは教えてくださるのです。まず、⑴聞くべき声に耳傾けること。⑵そのみ声に応答して、その力でこころを豊かに耕していただく。⑶その豊かなこころで、こんどは荒地を耕してゆく。――生きるとは、こういうことなのです。神に生かされた人のこころが、自然をも生かしてゆく。自然のなかにある動物をも、植物をも生かしてゆく。こうして、あらゆる被造物との共存が可能となるのです。

「荒地」ということばを使うと、都会を遠く離れた所をのみ指すかのように錯覚いたします。しかし、東京づとめのわたくしなどに言わせれば、東京こそ砂漠である。空気は汚れ、人のこころは荒れ、危険な食料をあつかう外食産業ばやりの都会が「荒地」でないはずがありません。かつてT・S・エリオットというイギリスの詩人が、第一次世界大戦後のロンドンを描いて

空虚《うつろ》な都会
冬の夜明けの褐色の霧のなかを
群衆がロンドン・ブリッジの上を流れた、沢山の人びと、
〈死〉がこれほど沢山の人びとを破滅させたとは！

とうたいました。このことは、じつは六〇年後の現代の、どこの都市についても言えることであります。生ける屍《しかばね》のごとき、野獣のごとき人びとの群れ。私腹を肥やすことしか考えない人びとの群れ。これは「荒地」の様相であります。しかしまた、この「荒地」は、大変めんどうなことに、われわれ一人びとりのこころのなかにも存在しているのです。こうした現代の錯綜した「荒地」のなかに佇んで、人びとは何を、どうすべきなのか、迷っておるのです。まさに、混迷のなかにあるのです。しかし、この混迷の荒地で、よく育つものがあるのです。それは何かといえば、虚無（ニヒル）というものであります。これがこわいのです。（日本の文化はこの虚無にやられやすい体質をもっているのです。）現代の「荒地」は、日本においてのみならず、全世界において、それを良く耕してくれる手を、いま待っているのです。

大輪の皆さま。皆さまは、⑴聞くべき声とは何なのか、（政治家の声なのか。金融界の声なのか。）、⑵こころの豊かさとは何なのか、⑶荒地を拓くとは何なのかということ――つまり、生きるとは何なのか、そのことの意味を指し示してくださっています。造られた者としての人間が、創造主のみ力の前で、いかに生きるべきかを、その生き方の原型を、じつに単純率直、なんの詭弁を弄することもなく、指差してくださっているのです。混迷の度合いをふかめるこの世界のなかで、人間が他の人間たちと、そして他の被造物たちと共に生きてゆくのに、なにが不可欠のことであるのかを、皆さまは生涯をかけて証言してくださっている。この隠れた所で。それはちょうどイサクの一族がゲラルの町を離れたゲラルの谷（ワディ）で、またイエスを中心とした群衆が「人里離れた所」で証《あか》ししたと全く同質のことがらを、ひとつ井戸のもとで、いま証しなさっておられるのです。

大輪のこころ――わたくしはそう呼んでいるのですが――は、じつに普遍的な意味をもっているのです。旧約聖書いらいの、そして初代キリスト信徒いらいの、さらにはまたヤコブ・フッターいらいの、しかも東西の隔たりをこえた普遍的な意味を証ししているのです。大輪のこころは、世の「荒地」を耕して、それを沃地へと生まれ変わらせる、その原点を指差しています。この現代になくてはならぬもの、それを大輪の地は証言してくれているのです。深い感謝の意を表わさずにおれません。この深い感謝の思いとことばを、創造主のみ前で申し上げまして、本日の大輪入植二〇周年記念講演を終えさせていただきたいと存じます。

札幌の理想

札幌独立キリスト教会創立一一一周年記念講演
一九九三年一〇月二四日
札幌独立教会にて

本日はこちらの教会の創立第百十一周年の記念の日にお呼びいただきまして、誠に光栄に存じます。

只今、吉田行男先生から過分のご紹介を頂きまして、たいへん恐縮しております。そのご紹介のなかにはないわけですけれども、私は旧制中学校の頃は、山形県の鶴岡という所におりまして、敗戦は、その鶴岡中学校の校庭で迎えたのであります。

戦争中の私ども青年男子の念願は、陸軍士官学校や海軍兵学校に進むことでした。陸士、海兵に進んだ先輩が鶴岡に帰って来て、町を歩いていますと、これが憧れの的でございました。われわれもあの先輩たちの後に、ひとつ続いてやれという、そういう思いでございました。

戦後になりますと、陸士、海兵はなくなりまして、憧れの的が多少変わりました。旧制山形高等学校、今の山形大学でございますけれども、山高《やまこう》、山高と私どもは申しておりましたが、山高の先輩たちが憧れの的となりました。そして、山高あたりを出て北海道大学で学ぶ先輩などは、たいへんな憧れでございました。この北大生が夏休みなど、鶴岡に帰ってきまして、鶴岡の城址公園などを、北大の寮歌を高吟して歩く、これなどはわれわれの鏡とするところでありました。

私どものあいだで、北海道大学恵迪《けいてき》寮の寮歌などは私どもの校歌よりも有名でありまして、私など校歌は忘れてしまいましたが、北大の寮歌は今だって歌えるのです。「都ぞ弥生《やよい》の」というのですが、場所がらを弁《わきま》えて今日は歌いませんけれども、本当は歌えるのです。

ところで、先程もふれました一九四五年の敗戦は、深刻な体験でございました。当日のことを今でもよく覚えております。その日、午前中どうであったか、お昼はどうであったか、午後はどうであったか、をです。こちらはどうでございましたでしょうか。稀に見る晴天でございました。とにかく私どもは「醜《しこ》の御盾《みたて》」として、天皇のために命を捧げるということが、われら少国民の誇りでございました。そういう教育をまともに受けた世代の一人でございます。

八月一五日、天皇の放送がございました。その日から数えて一週間ほど前に、あのソ連という国が、日ソ不可侵条約を一方的に破って樺太《からふと》に侵攻し、その当時満州といった中国東北部へ侵攻を開始しておりました。ですから、今日はソ連への宣戦布告に違いないと、私どもは思いました。そして勇んで校庭に立って、「玉音放送」というのを聞きました。実は、その「玉音放送」の内容が、よく分からなかったのです。とにかく天皇というのは、人にして人にあらず、神なんですから、現人神《あらひとがみ》さまのおことばというのは、ああいうものなのかと思いました。皆さん、お分かりでしたでしょうか。その直ぐ後で、あの当時の和田信賢アナウンサーが、われわれ庶民にも分かるような日本語で、きちんと読んでくれましたものですから、これは宣戦布告じゃないのだと、これは戦争は止めということだということが分かりまして、非常な落胆を経験いたしました。何か言語《ごんご》に絶するショックというのは、ああいうものでしょうか。ふらふらとしてしゃがみこみたいような経験でございました。それからまた、あの「玉音」というのは、あれはほんとうにわれわれの国の天皇のおことばであろうかと、疑ったりいたしました。

その後は、この国は混迷と混乱の時代でございました。今まで正しいと教えられたことが、正しくないということになったわけですから。「鬼畜米英」ということばがありました。お歳《とし》をお召しになった皆様がたは良くご存じと思いますが、アメリカ、イギリスは鬼畜生《おにちくしょう》のごとき連中であると教わっておりました。それが、戦後はそのアメリカ流の考え方が日本に滔々《とうとう》と入ってまいりまして、そのアメリカ流の考え方が正しいという時代になったのでありま す。日本の戦争は間違った戦争であるということまで、だんだん分かってまいりました。文字どおり価値観の転倒ということが日本に起こったわけであります。

そのうちに、先ほど吉田先生がちょっとおっしゃってくださったのですけれども、一九四六年の元旦に、天皇がいわゆる「人間宣言」というものを発表なさいました。自分は神ではなくて、人間であるとおっしゃったのでありま す。この宣言は、ほんとうにショックでございました。なんと言いますか、ちょっとあまりにも酷いのではないかしらと思いました。日本国中の学校の入口に奉安殿というのがございまして、奉安殿のなかに、天皇のご真影がある。ですから、少国民は、それを礼拝して学校に入る、それに礼拝しながら学校から出るという教育を受けておりました。天皇は神様であると教えられて、やらされたことでありました。その現人神《あらひとがみ》・天皇のためにこそ、何百万人という人びとが戦地に連れて行かれて、戦場に散っていったわけでございます。日本軍が出向いた先々の国では、その何倍もの人的損害、あるいは物的損傷を与えてしまったわけでございます。天皇は、ご自分は人間になるんだ、人間になられたとおっしゃったわけですけれども、陛下、あなたの名において人間を止《や》めなくてはならなかった約二千万人の人たち、これは内外の人びと、おそらく二千万は下らないといわれておりますが、この人たちはどうなるのですか、そういう方がたにたいして、天皇はどういう責任を取られるのかというような、素朴な考えが私ども青年層のなかにはひろまったといってもまちがいなかったと思います。「人間宣言」というのは、これは無責任で、無慈悲な宣言である。これは何と表現していいか分からない、そういう深刻な体験でした。

敗戦後の思想的な混迷というのがつづくわけですが、そのなかで、いちはやく私どもの愛読書になりましたのは、共産党の徳田球一『獄中十八年』。網走《あばしり》刑務所まで含めて、よくぞ十八年、頑張ったなという感じがしました。それから、おなじころに出た本でございますが、ゾルゲ事件に連座して処刑された尾崎秀實《ほつみ》の『愛情はふる星のごとく』という本がございました。日本の戦争行為を悪と見て、国策に従うことなく、一命を賭《と》して、むしろ戦争を止めさせようという方向で努力した方がたでございました。まあ、社会主義系の人びとでございます。あの戦争期に、より高い視点から日本を見つめ、日本の戦争指導者の罪を断じまして、日本のほんらい行くべき道を指し示した少数の人びとが存在したというだけで、たいへん驚いたのであります。

ところで、あの戦争中に、この戦争行為が誤りであるということを唱えまして、国家と国民に別の道のあることを説いて止まなかった方がたが、この社会主義系の方がたの他にもいらしたのだということを知るようになったのは、それからちょっと経ってからでございました。つまり、内村鑑三の弟子筋の方がたの存在でございました。北海道と関わりのある浅見仙作翁、それから矢内原忠雄というような人物の思想と行為でありました。

一九四九年、五〇年ころと思いますが、内村鑑三の『余は如何にして基督信徒となりし乎』という本を、岩波文庫で読みました。これは後から考えますと、私の人生を左右した本でありました。内村鑑三が「新英洲《ニューイングランド》基督信徒科学者」とよぶ人格――ウィリアム・S・クラークですが――のことを私が知りましたのも、この本をとおしてでございました。

私どもの学生時代に、一九五三年ころからと思いますが、岩波書店がちょうど二年をかけて、内村鑑三著作集、全二十一巻を出しました。私は楽ではなかったのでありますけれども、これを一冊ずつ購入いたしまして読んでいきました。札幌の地が、恵迪寮《けいてき》寮歌以外のつながりで私に迫ってきた時代でありました。初期の札幌農学校の卒業生諸君が、よってもって立った精神が、私の理想になりましたのがこの時期でございました。その後、矢内原忠雄先生、高木八尺《やさか》先生、それにオーティス・ケーリ氏らのお勧めで、内村鑑三の留学したアマスト・カレッジに、私自身が留学することになりました。そのアマストへ、その著作集全二十一巻を持っていきまして、最後はあちらで読了いたしました思い出がございます。

敗戦後、そろそろ五〇年になりますが、札幌というのは、その間、私の心のなかに居座りまして、心の拠り所となってくれた土地でございます。その札幌という土地に、私は今回初めてやって参りましたが、私が札幌を今まで訪ねたことがないということがばれますと、私の周りの人びとがくすくす笑うのであります。よくも知ったかぶりをして札幌のことを語れるものだと、そういう顔をして笑うのですが、これからは、その種の嘲笑を受けないで済むだろうと思っております。

昨日、新千歳空港に着きまして、まず旧島松の駅逓所へ行ってまいりました。有名なウィリアム・S・クラークが、あの有名なことばを残したといわれる所でございます。あそこへ行きませんで、いくら何でも、今日皆様がたの前に立てないと、立ちづらいと思ったからであります。もっとも、学生時代にアマストにおったことがございますので、彼のお墓へは、四〇年ちかく前になりますけれども、何度も詣でております。

そのクラークが札幌の地に残していったものは何かということがよくいわれます。これはどなた様もおっしゃることでございますが、一つは、フロンティア・スピリット、開拓者精神。もう一つは、自然科学的な実験の精神。そして、この二つのことの基盤としてのピュリタニズムの福音信仰。よくこの三つのことがいわれます。私も正しいと思います。キリスト教の信仰が土台となっていて、それがフロンティア・スピリットと実験的精神を生んでいくということであります。そして、このことはじつは、広く世界史に目をやりますと、一七世紀のイギリス革命いらい、「近世」といわれるものを拓《ひら》いていった精神的な一つの「型」でありました。その意味では、ヨーロッパのいわゆる「近世」のほんとうに良いところが、クラーク博士をとおして、まずこの札幌に来たということがいえます。

クラークの残した有名な文書で、「イエスを信ずる者の契約」というのがございます。先ほど、そのコピーをこの教会で吉田行男先生に見せていただきましたが、"Covenant of Believers in Jesus" というものでございます。この「契約」ということばは、イギリス革命期に盛んに用いられたことばであります。それがアメリカ大陸にまで波及いたしまして、その建国の精神の一翼を担った内容をもつにいたる有名なことばなのであります。旧来の慣習、あるいは昔からの陋習《ろうしゅう》を、ただ守るというのではなくて、信徒ひとりひとりが、神との新しい「契約」関係、人格関係に入りまして、世の荒野の只なかに立ちつくして、そこに創造主の摂理を発見していくという、いわば改革派の流れを汲む福音主義でありました。その福音主義が自律的な個人の意識を生んでいきます。つまり独立の精神を生んだのであります。これは近代精神といっていいと思うのであります。

その近代精神がクラークによって、この札幌の地にもたらされたのです。「イエスを信ずる者の契約」を読んでみますと、直ぐ目につくことが三つあります。一つは、キリストによる「罪の贖《あがな》い」ということであります。これは何回もあの短い文書のなかに繰り返されます。もう一つは、神への愛、隣人への愛を強調していることであります。それから、もう一つは、信ずる者は、「集会《ミーティングズ》」に連なることが必要であるということを、クラークが考えているということです。具体的には、その集会というのは何かといいますと、「贖われたる信徒」らが「喜び」を分かち合い、「希望」にあずかる場なのだというのであります。これは正しい定義ではないでしょうか。おそらく、以上三つのこと、キリストによる罪の贖いと赦し、それから第二に、神と人への愛、第三に集会の形成ということ、これがW・S・クラークの契約思想の三本柱であったのではないかと思います。

この有名な「契約」に、札幌農学校第一期生の方がた一六名が署名したのであります。一八七七年、明治一〇年の三月五日という日でございました。このことはクラークにとっても大層な決意を要する仕事であったらしく、その三月五日、その日の内に奥さんに手紙を書いています。アマストに残してきた奥さんにです。「自分がこんな優れた伝道者になれるなどと、誰が考えたであろうか」と書いています。そんなふうに綴りながら、こうして日本人学生たちに「契約」への署名を迫ったことについては、半強制的なところもあったけれども、「これが自分の出来る最大限のことであり、あとは彼らが一つの教会を形成することを待つ」までであると書いています。教会を形成することは、彼ら日本人学徒たちの自発性に委ねられるべきであるという、そういう考え方であります。

しかし、これに似た出来事は、キリスト教史をひもといて見ますと、じつは地上で随所に起こっているだろうと思います。とくに福音主義の受けいれられた所では起こっているだろうと思うのですが、そのなかで、この札幌で起こったことを、特徴あらしめるのは何かということを考えてみなければならないと思うのです。

簡単なことから整理してみますと、クラークという人は、教育者ではありましたけれども、専門の宣教師、伝道者ではなかったという点であります。ですから、プロテスタント教会内の教派からは、きわめて自由でありまして、自由な福音の説き方、むしろ素人臭い説き方といっても失礼でないと思いますが、そういう説き方をしたらしいのであります。そのことが、その後の札幌の平信徒的な教会形成を考える場合に重要な点であると思います。

もう一つは、これを受けた側、札幌農学校を志願して、ここへきた青年たちは、多くは明治政府の権力者側とは関係のない武士階級出身で、しかも、非常な選良《エリート》でありました。そういう資質の青年たちであったからこそ、アメリカから来た学者たちの授業についてもいけまして、そしてそこで得たものを、その後さらに各々独自に発展させていくという結果を生んだのだと思います。

もう一つ、この札幌で起こったことを、特徴あらしめている点、とくにこの点を申し上げたいのですが、当時、この地が辺境であった、フロンティアであったということであります。辺境というのは、人を旅人、さすらい人（びと）とさせてくれます。辺境の地は、しかし、人に自由な考え方をも許してくれます。この自由な地で、地上の権力にとらわれない階層のエリート青年たちが、しかも、教派にとらわれない外人教師の指導の下で、独立の精神と頭脳を磨いた。磨いたものを基礎にして、先にも述べました開拓者精神、フロンティア・スピリットを発揮し、自然科学的な実験の精神を生きていった。これが札幌独特の香りを放つ新しい型の人間類型、人間グループを生んだのではないかと、私は思っております。

クラーク博士が、例の「契約」の中で、その形成を促した、そして細君への手紙でも触れております「集会」、「教会」とは何でありましょうか。それはイエスを信ずる者が、二、三集まって、（クラークのことばを引用しますと）「われらの愛を励まし、われらの信仰を強め、われらの救済の真理を知るの知識」を学ぶ所なのであります。つまり、罪を赦された者同士の交わりの場でございます。これ以外のものではない。

その初期の教会形成が、具体的にいって、どういうものであったか、これは札幌農学校第一回生の大島正健の『クラーク先生とその弟子たち』、あるいは、先ほど申し上げました内村鑑三の『余は如何にして基督信徒となりし乎』を参照すればよく分かることです。伝道の専門家に頼りませんで、学生のみの素人教会を形成した。学生各自の部屋で、回りもちで「牧師」を務めたのであります。当番の部屋が教会となりまして、当番だけは腰かけることができる。あとの民は床の上に端座して聞いておった。メリケン粉箱の上に青い毛布をかければ、それは威容を放つ説教壇となったと、内村はユーモアをこめて書いております。内村は、これこそ「聖書的」、「使徒的」教会であったと、これもユーモアを混ぜて（と私には感ぜられるのですが）書いております。これが独立教会の「卵なる教会」であったわけです。皆様、よくご存じのとおりでございます。この「卵の教会」のことが、四〇年以上も私の頭の中にありまして、この札幌という地名と結びついておりますものですから、今日、独立教会という所へ初めて伺いまして、建物が非常に立派なのでびっくりしている次第です。

敗戦後、内村の『余は如何にして基督信徒となりし乎』を読みまして、私が驚きましたのは、こういうことでありました。内村は「イエスを信ずる者の契約」、これは第一回生、つまり上級生から半強制的な攻撃に出会ってと、彼は言っていますが、迷いに迷ったあげくに署名をするわけであります。しかし、だんだんと信仰の深まりを感ずるようになりまして、「唯一神教は斧《おの》を余の凡《すべ》ての迷信の根に下した」と書いております。日本古来の神々、神社信仰などに囚《とら》われずにすむようになった、ということであります。あっちの神社、こっちの社《やしろ》と、いちいち頭を下げて歩いたものですが、それをしなくてよくなって、自由な身分になれたということを言っております。「唯一神教は余を新しき人たらしめた」とも書いているのです。これが、じつは敗戦後の私を強く打ったことばでありました。

この信仰こそが、内村の流れを汲む方がたに、あの太平洋戦争中も、現人神《あらひとがみ》・天皇とか、あるいは、神社神道に屈することなく、日本の軍部を批判するだけの倫理的な力を与えた原点である、ということが分かったからでございます。そういう方がたのことばを信じて日本国民が過ごしたならば、つまり歴史を作り、歴史を経綸《けいりん》する創造主の力を信じていくならば、現人神《あらひとがみ》信仰などの迷信に惑わされずにすんだはずではないでしょうか。不幸な戦争を日本が起こさずにすんだのではないかと、私には思えたのであります。

先に、私は札幌の特質の一つに、「辺境」という点を挙げました。そして、辺境は人をして旅人、さすらい人《びと》にさせるとも申し上げました。札幌は、明治初期にこの地へ来ました青年たちを中央志向型にはしませんでした。辺境は彼らをそれまでの日本になかった新しい類型の人間に、人格に、仕上げていったと思います。「中央」というのは人を殺し、「辺境」は人を生かすという面があるのではないでしょうか。

それで思い出されますのは、イエス様が残された「サマリア人のたとえ話」という、有名なたとえ話でございます。隣人には、普段は絶対になれないはずのサマリア人が、「隣人となった」のです。公的には、隣人ではないサマリア人が、隣人ではありえないサマリア人が、エルサレムを離れた街道でユダヤ人の隣人になれた、隣人に変わったのであります。辺境にこそ、神の力が働くということの、一つの例をこのたとえ話のなかでイエスがおっしゃっているのではないかしらと、私には思えて仕方がありません。

「中央」は、権力の座に居坐りまして、固定化してきますと、真の力を失っていく。これはよく見られることでございます。悪いことしかしなくなってくる。すると、その形骸化した「中央」の力を変える力が起こってくる。どこから起こってくるか。これは決まって辺境から起こってくるのです。これは歴史的必然でございまして、永い目で見てみますと、大体そういう動き方があります。歴史を動かし給う神の御力の働きなのでございましょう。これはいろんな面でそういうことが言えます。

今日は、教会でのお話でございますから、この歴史的といいましても、教会史に関わりのあるお話にとどめさせて頂きますけれども、例えば、古典古代期の最大の神学者といわれるアウグスティヌスは、「あらゆる道がローマに通ずる」といわれた、その「神の都」ローマの人ではございません。そうではなくて、ローマから離れたアフリカ北海岸の出身の人であります。後でローマ、それからミラノには勉強に行ったのですけれども、その生まれ育ちはアフリカ北海岸タガステという所の生まれで、いまPLOの議長のアラファトさんが頑張っているあたりです。宗教改革を起こしたルターにしましても、ヨーロッパの片田舎ドイツの人でありました。ローマの人ではございませんでした。ピルグリム・ファーザーズたちは、文字どおり辺境、荒野に立ちまして、そこでアメリカ合衆国の歴史に関わる精神的遺産を残した人たちであります。その精神を継ぐウィリアム・S・クラークが、この札幌にその精神の末裔として、その精神を運んできた。クラーク博士は、「形式から離れ」、「最も神に接近し」、「独立したキリスト教」を説くために、一つの教会、言わば、「アンテオケの教会」を建てるつもりだ、と生徒に語ったというのであります。アンテオケの教会といいますのは、エルサレムから遠く離れ、エルサレムの教会とは相対する、信仰にのみ立つ独立の教会でありました。そういう教会の設立をクラークが夢見たということでございます。そういえば、そもそもイエスというお方は、エルサレムの出身ではなかったわけです。ガリラヤの出身であります。聖書をひもといてみますと、「ヨハネ福音書」の七章四一節に、「メシアはガリラヤからは、まさか出まい」と書いてありますが、そのガリラヤからイエスが出てこられた。そしてガリラヤに神の子として生まれ給うたイエスが、「中央」エルサレムの律法の伝統を新しく活かす大業を果たされたのであります。そのために、尊い血を流されたのでありました。

伝統といいますのは、ややもすれば旧来の慣習を守りとおそうといたします。しかし、それでは人を殺し、伝統そのものを枯渇させてしまうのであります。伝統はときに、その伝統さえ打ち消そうとする新しい息吹が出現することによって、初めて再生する必要があります。札幌と「札幌の子たち」といわれる方がたが、旧来の伝統にたいして働きかけた業《わざ》は、旧来の伝統から一旦離れ、その伝統を新生させるという仕事であったのであります。本当の教会――エクレシア――を打ち立てるために、教会とみえて、じつは教会でないものを否定したのであります。あのサマリア人は、エリコに向かう旅人でありました。その人をとおして重傷を負ったユダヤ人、旅人に辺境の地で愛が発動されたのでありました。ほんらい愛を発揮すべき「中央」の宗教体制が、愛を発揮することを怠りまして、それゆえに中央の伝統的宗教体制が否定されたということが、よきサマリヤ人のたとえ話でもうかがえることではないでしょうか。

人間は、つまりは旅人であります。私どもひとりひとりが旅人であります。いくら強固な因習にしがみついてみても、形骸化した伝統は「岩」ではない。旅人としての人間は、「岩の岩」なるお方につながっていませんと、生きていかれません。「岩の岩」なるお方につながることで、新しい型の人間とされなければならないと思うのです。

札幌独立キリスト教会を深く愛した人物のひとりが内村鑑三でありました。ですから、独立教会にたいして厳しい注文をつけた時代がありました。独立教会にたいすることばは、愛のゆえに激しかったということがいえるのではないかと思うのです。

私は、この数年、『無教会史』（新教出版社）というものを編纂執筆する仕事に加わっております。中沢洽樹《こうき》先生が中心なのですが、その補佐役をしております。その『無教会史Ⅱ』というのが、この夏出たのですが、この札幌の教会の牧師で言いますと、金澤常雄の時代が、内村として札幌を最も激しく糾弾した時代でございました。北海道大学創基五十年記念にあたって、校庭にクラーク博士の胸像を造った。それが、どうも内村鑑三の逆鱗《げきりん》に触れたらしいのです。その除幕式が一九二六（大正一五）年五月一四日に行なわれました。そして、まさに、その日付の『小樽新聞』に内村は、「クラーク博士の精神いま何処《いずこ》」と題する論評を載せております。その日でなくたっていいだろうに、と思うのですけれども。そこで、彼が言いますには「私はクラーク先生の精神が札幌に残ってゐるとは思ひません。残ってゐるのは先生の名であります。……先生の自由の精神、キリストの信仰、それは今は札幌にありません。」ずい分と思い切ったことを、歯切れよく言ったものだと思うのです。ひどいのは、そのころ宮部金吾先生にあてて、これは親友だからこそ言えたと思うのですが、「札幌との絶縁」ということを書いております（五月六日づけ）。そして後にはこれもひどいことばだと思いますが、やはり宮部金吾あてに、「何よりも恐ろしいものはSpiritual pride」、霊的なおごりであると、そんなことを書いております。内村鑑三の弟子でありました金澤牧師が、このころ教会にたいして辞意を漏らしたということがございますが、この事件と、あるいは関係があるのではないかと、私には思われるのです。内村は札幌を愛するのあまり、表面は逆のことを言ったのであります。

その年に、また彼は、この世で必要なのは何かということを一所けん命に言っております。この内村の良いところは、否定的なことを言ったあとに、必ず積極的なことを、肯定的なことを言うということです。この時期に内村はさかんに、「兄弟的和平」、「愛の団体」、「霊的家族」が必要なのだと、このことを強く言いました（『聖書之研究』一九二六年一〇月）。「教会ならずして親交」が必要なのだということも言っております（「宗教改革仕直の必要」一九二八年）。教会のなすべきことは、教権のこの世的発展にあるのではない、むしろ愛の交わりに徹すべし、というのが彼の主張でありました。内村鑑三のことばと行動には、（彼もひとりの人間でありましたから）不備の点もあったと思います。しかし、その言うところは、だいたい当たっているのではないかと思っておるのです。もし、どこかに「霊的なおごり」があるとすれば、それは捨てて、傷ついた者の隣人になれと、教会はそういう所なのだということなのであります。

歴史的にみますと、しかし、札幌独立教会は、全体的には、傷ついた者の隣人となってこられたと、私は思っております。そのことについて、戦中のこの教会の歩みを振り返りながら申し上げたいことがあるのです。

この教会を愛のゆえにひどく怒りました内村は、一九三〇年、昭和五年三月の末に召されたのであります。それは日本の大陸侵攻の直前でありまして、その後が、いわゆる十五年戦争期でございます。その時代、日本の教会は苦渋に満ちた時代を送ることになります。日本の教会は、その大方は国策に沿った歩みをしたのであります。国家統制に服従しまして、例えば昭和一六年の六月には、日本基督教団を結成いたしました。日本基督教団の結成というのは、そういう圧力に屈した姿でありました。「合同」あるいは「大合同」といわれているのが、それであります。あらしの如き時代でございまして、国家至上主義の暴虐の実態を思いますと、そう軽々に教会合同の事実を批判することはできないのです。しかし、結局は、日本の教会は「当時の軍国主義的超国家主義への随順以外の何ものでもなかった」。この批判は、教会史家でいらっしゃる大内三郎氏の『日本キリスト教史』（日本基督教団出版局、一九七〇年）の評価なのです。

この時代、では無教会は、全体としてどうしていたか。無教会はいちおう国策擁護には傾かずに済んだのです。それは、一つには、無教会が組織を持たなかったからであります。しかし、その無教会内でさえも、今井館聖書講堂のあり方を巡って、それに責任をもっていた教友会は、苦難の時期を送ったのです。いまは斎藤宗次郎氏の日記が全部、今井館図書資料センターに寄贈されています。これは門外不出なんです。ですから、ご覧になりたければ、今井館にいらっしゃらないと見られません。戦中の今井館の実態を知るうえで、たいへん貴重な文献です。立派なペン字で、綺麗に書いてある。この日記のおかげで、この当時のことがよく分かるのです。政府の教会合同政策に応じまして、教会側がつくりました「日本独立基督教会同盟会」〔傍点、新井〕、これに今井館教友会は一九四〇年秋に加入いたしました。翌年二月に脱会しておりますけれど。しかし、やがてもう一度、今井館教友会は当局に、「今井館聖書講堂教会規則要綱」というものを提出せざるをえませんでした。これは、戦争が始まった翌年の昭和一七年二月のことです。しかし、その年のうちに、これはまずいというので、「教会規則取下願」というものを提出しています。これはなかなか許可がおりませんでしたが、昭和一八年、明治神宮外苑での学徒出陣の年でしょう、昭和一八年一月に

「教会解散ノ件認可ス」、教会の解散を認めるという東京府知事名の認可状が下りたのです。「教会」になったり、止めたりしたのです。二度ほど往復したのです。これら一連の事実につきましては、前に触れました『無教会史II』の初めの部分に記してあります。今井館聖書講堂でさえ、たしかに、当時の教会合同政策を受け入れて、いったんは教会の名を用いた、用いなければならなかった。そういう時代でございました。

さて、その時代に、こちらの札幌独立教会はどうしていらしたか、というのが、私の興味の対象でございました。こちらの教会は国策に順応せず、単立教会として独立を立派に堅持されたのです。当時の主管者であられた逢坂信忢牧師と教会員一同のご苦労、ご健闘の賜物であります。その当時、独立教会が残された「札幌独立基督教会規則」というのがございますが、実に堂々たる内容の、堂々たる文章であります。当時の皆様の心意気が伝わってまいります。本教会は、W・S・クラークの感化のもとに、日本国民としての自覚に立って営んでいる教会であることを、まずうたいあげまして、「欧米依存の教派と財政的援助より全然独立し」、「煩瑣なる礼典儀式の末に囚《とら》はるる」ことなき、「我国独自の独立基督教会」であるということを宣明していらっしゃる。昭和一五年五月のことでありまして、その翌年に大東亜戦争が勃発したのです。毅然たる態度を示されたのです。よくこう言えたな、と思います。皆さんの先輩たち、立派だったのだと思います。

大戦が勃発しましたのは、昭和一六年一二月のことですが、まさにその月に逢坂牧師が、文部省の宗教局あてに説明書を提出していらっしゃる。日本基督教団なんかに加わらない、「合同」には加わらない。その理由はと言って、幾つか挙げられている中で、その理由の一つは、洗礼、聖餐に関する意見の相違であるということを言うのです。

洗礼、聖餐につきまして、今朝も井上猛先生から深い、しかし明快なご証言がございました。イエスに合わせられること、イエスの死と、そしてイエスの生に合わせられるということが、洗礼、聖餐である。それは形ではなく、霊の問題であり、それ以外の何ものでもない、独立教会はそれでいくのだという、今日のお話でございました。感銘ぶかいお話で、日本全国の、あるいは世界全国の教会に聞かせてやりたいお話でありました。

話を前に戻しまして、太平洋戦争がはじまったその月に、逢坂牧師、その他の方がたが、この教会の名で出したもののなかで、日本基督教団とは洗礼、聖餐にかんする見解で一致できない、ということを言っていらっしゃるのです。教会というのは、「心の信仰」を重んじる所である。「水のバプテスマ（儀式）よりも、聖霊のバプテスマこそ、真の宗教の生命なれ」と信ずる。「然るに教団規則によれば、必ずや〝聖礼典ヲ行ヒ〟、〝聖餐ニ陪シ〟と規定して有之候。これ到底当教会の同意出来兼ぬる所に御座候」とあります。つまり、独立教会は信仰の純粋性を保つために、教会合同という戦時下の国策を蹴ったのです。胸がすっとする出来事ではないでしょうか。おそらく、教会が外から強力な圧力、干渉を受けたときに、かえって教会としての設立の原点に立ち返って、意を決してこの文章をお書きになったのではないでしょうか。

ここにいらっしゃる吉田行男先生が、今年の二月二八日に、三重県の愛農高校の卒業式においでになりまして、そのとき私にこちらの教会でお出しになりました、『札幌独立キリスト教会百年の歩み』上・下二巻（一九八二年）を下さいました。重いものを持って来てくださった吉田先生にも感謝しますが、こういう百年史が出るという、その底力がこの独立教会にはあるのだと思いまして、深く敬意を表せざるをえませんでした。

大事な時に原点に立ち返った。しかし、日本の教会の大勢は原点に立ち返ることができなかった。今井館教友会、これもぐらつきました。そのときに、この独立教会がぐらつかなかった。内村鑑三が、そのころ生きていたら、拍手喝采しただろうと思うのです。かつて、彼は「クラーク博士の精神いま何処」などということを言ったのですが、それを撤回しまして、「クラークの精神いまここにあり」と、胸を張って叫んだのではないか。ここにこそ、「霊的な家族」があるのだと、「交わり」があるのだということを言ったと思うのです。

歴史的に見まして、札幌独立教会は、傷ついた日本という隣人のために、その日本が蔑むところのキリストの姿、つまり、一サマリア人の姿を借りて、この北辺で意を決して愛のことば、愛の業《わざ》を貫徹されたのであります。まことに札幌独立教会は、戦中のよきサマリア人であった。札幌の理想と、私が考えますものは、貫徹されたのでありました。

私は昨年、勤め先から暇を貰いまして、長年心にかかっていた仕事をやりにイギリスへ渡りました。オックスフォード大学に、私の必要としている文献があるということを確かめてありましたものですから、そこへ行ったのです。同じ仕事で五月末にはオランダへ行きましたが、そのときに、オランダに長年在住している、親しい友人井上年弘氏、これは黒崎幸吉先生のお弟子筋の人ですが、「新井さん、イギリスにいるなら、ロンドンの日本人教会に、いっぺん出たらどうだ、勉強になるから」ということを、一所けん命に言ってくれたのです。私には教会という所は、だいたいに敷居が高いものですから、行く気はなかったのですが、その後も熱心に勧めてくれるものですから、六月末から七月の初めにかけて、ロンドンの日本人教会に三、四回行きました。そこは盛永進という改革派の牧師さんがやっておいでの教会です。私は、夏いっぺん、ちょっと用事がありまして日本へ帰ってきて、また秋に、一ヵ月の予定でイギリスへ行くことにしておりました。

ちょうど日本に帰ってきておりますときに、盛永牧師が国際電話を二度ほどかけてよこされました。また秋に来られるというのだけれども、いつころ来られるか、といわれるのです。何故、そんなことを聞くかというと、日曜の説教をして貰いたいからだというのです。私にですよ。私は無教会であることを百も承知の現役の牧師さんが、そういわれるのです。私は困りまして、私は牧師の資格がない、教会で日曜の説教をする資格ないんですよ、と。洗礼も受けていない。ですから、私が日曜の説教などすれば、教会の伝統に泥を塗ることになる、傷がつきます。だから、説教なんかできない、と言いましたところ、国際電話の向こうで盛永牧師が叫んだことばがあるんです。一所けん命になりまして、こう言われるのです。「海外に出ましたら、教会も無教会もありません」。これ現役の牧師が言っていることばですよ。そして、さらに、私がごねていましたら、「ご奉仕をください」と言われるのです。このことばも、私、日本語として聞いたことがない。「ご奉仕をください」と。奉仕ということばは、私だって知っていますけれども、「先生、ご奉仕をください」ということは、言われたことがありません。前のことば、「海外に出ましたら、教会も無教会もありません」ということば、これで私ちょっとぐらついておったのですが、後の「先生、ご奉仕をください」と言われまして、これには参りました。聖書講義を二回やろうということに、その国際電話をいただきながら決めまして、その代わり、祝禱などは、そちらに専門の副牧師格の方もおられるのだし、伝道師もおられるのだから、そちらでやってください、聖書の講義だけはいたしましょう、と申し上げました。昨年の、一〇月二五日の聖日と一一月一日の聖日の講壇を受けもつ約束をしました。ですから、私は一〇月二三日には成田を発って、ロンドンに向かいました。そして一〇月二五日の聖日を、あちらのロンドン日本人教会で迎えたのであります。大英博物館の直ぐ近くです。

今日は一〇月二四日でございますね。ちょうど丸一年前のことであります。午前中、その教会はブルームズベリーのバプテスト・チャーチですから、午前中はイギリス人が礼拝をやっている。日本人教会は午後だけ借りるんです。二時半くらいから始まるので、ちょうど一年前の今ころではないでしょうか。この教会には、さまざまな方がたがおられます。日本大使館勤めの方がた、外交官の方がたですね。それから、音楽修行の方がた、これがかなり数が多いのです。それからロンドン在住の銀行員、商社マンのご一家の方がた、それから留学生の諸君も沢山おりますね。それから、異国の方がたと家庭を持ってしまい、日本に帰って来られなくなってしまったご婦人がた、など。さまざまな境遇の方がたが、一つの教会に集いまして、お互いに実によく助け合っていらっしゃるのです。生活のことまでですね。盛永牧師ご夫妻のご指導の賜物であります。しかし、形にとらわれない、教派を超えたエクレシアが、ここには確かにあると、私は実感いたしまして、その思いを深くして帰ってまいりました。一回はそこでヘブル書の話をしたのです。皆さんよくご存じの、われらは地上では旅人であり、寄留者。寄留者というのは、要するに外国人労働者ですから、あなたがたのような人たちのことをいっているんだ、などと語りまして、われらは、しかし、望みを天にある故郷に置いている、ということをお話ししたのです。途中で北原白秋の「落葉松《からまつ》」を私が吟唱したのです。これは止めればよかったと思うのですが。「からまつの林を過ぎて、／からまつをしみじみと見き。／からまつはさびしかりけり。／たびゆくはさびしかりけり」と、こんな調子で朗唱したのです。そうしたら会場がじーんという雰囲気になってしまいました。ああ、これはこんな詩を引っぱり出すのではなかったと思いました。異国における旅人として、皆さん、寂しい思いをしていらっしゃるのです。

　こういう体験を契機としまして、「旅人としての意識」ということを、私は考えざるをえなくなりました。われわれは、よく考えてみると、全て人生の旅人でございます。もし、人生のどこかでキリストに出会っていなかったとすれば、白秋のように「旅ゆくはさびしかりけり」と告白する、寂しい旅人で終るというのが、おちではないでしょうか。しかし、この歴史を支配する創造主が、御子イエスをキリストとして、この歴史に遣わされた。つまり、歴史の中心に救いぬしなるキリストが立っておられる。そう考えることができれば、この歴史は、その終末に救済の完成を見るはずの、一つの立派な救済史になるわけであります。

　神の備えてくださる、この歴史のなかを行くこと、それは救済の道程《コース》を行くのと同じことになる。この歴史の中を旅ゆくさすらい人《びと》は、決して目的なしに旅ゆくのではない。目的なしの彷徨《さまよ》いびとではない。いかなる「辺境」を旅ゆく場合もです。いや、辺境を行くからこそ、かえって恵みに出会う、辺境を旅することは、「中央」での伝統とか干渉に染まらぬ純な行き方を生んでいく。その一途な行き方と思想が、崩れゆく「中央」を救う力の原動力となっていく。お考えいただきたいのです。敗戦後の日本の再建、敗戦後の日本、傷ついた隣人としての日本の再建のために、「札幌の子たち」が、どれだけ大きな仕事をしたかということを考えていただきたいのです。内村鑑三や新渡戸稲造の系譜の方がたの活躍ぶりをでございます。

昨日、この地にまいりまして、街を歩いてみました。また吉田先生が何とか小路という所へ連れて行ってくださいました。札幌の中心部は東京と同じく繁華街ですね。その点では、今や、ここに地理上の「辺境」というのはないでしょう。しかし、皆さんこの札幌という大都会にも、そこに陽の射さぬ谷間があるのではないか、陽の射さぬ谷間で、侘しい人生を送っている人びとはいないでしょうか。救いということばとは、およそ縁遠い旅人はいないでしょうか。

私は東京勤めの身ですが、かねてより、東京は東京砂漠だと思っています。東京は日本の中心だと思っている人が多いだけ、それだけ東京砂漠は深刻だと思うのです。そこには、「死の水」はあっても、「命の水」はないのだという感じを、ときどき抱くのです。札幌には、そういうことはないでしょうか。

さらに、われわれの心に目を転じてみますと、キリストを信ずるといいながらも、その心のなかに、「中央」というものが居坐っているということがないだろうか。われわれは「辺境」にあって、「辺境の恵み」にあずかる決意に欠けることはないであろうか、と反省いたします。われわれは、人間のつくった慣習、人間のつくった制度を楯にして、「中央」に居坐る生き方に頼ったりはしていないだろうか。われわれは、この世の辺境を、この世の荒野を切り拓きながら、その都度、その都度、上よりの光を仰ぎつつ、各自に与えられた辺境で、フロンティアで傷を負わされつつ、傷を癒やされつつ、また癒やしつつ、生きていかなくてはいけないのではないかと思います。世から追われた者たちが、しかし、神に呼び出されて、一つのエクレシアに集《つど》わされる、一つのエクレシアを与えられる。そこで慰めを与えられ、癒やされつつ、この世を旅して行く、不動の御国を目指して旅して行く。いや、不動の御国があちらから近づきつつあるということを信じて、与えられた馳せ場を行くのであります。

最後に、ウィリアム・S・クラークの「イエスを信ずる者の契約」のことに、もう一度ふれさせていただきましょう。クラークの契約思想の三本柱は、第一に、キリストによる罪の贖いと赦し。第二に、赦された者が表わす神への愛、人への愛。第三に、赦された者同士の交わり、つまり集会の形成——と、いうことであると申し上げさせていただきました。このことが、当時の札幌という辺境の地で、この地独特の香りを放つエートスを醸成していったのではないか、というふうに申し上げました。これが、札幌がわれわれ日本国民に示してくれた理想であったのではないかと思うのであります。

私どもは、今もそれぞれの「辺境」、「荒野」を背負っております。そのそれぞれの具体的な「辺境」にあって、クラーク博士が示した三本の柱を生かしていくとき、私どもひとりびとりは、札幌にかぎらず、各自が固有の香りを放つことがゆるされるのではないでしょうか。辺境に立ちますときに、ロンドンの盛永先生がおっしゃったように、教会も無教会も、それこそないのであります。そこで、その辺境で尊ばれるのは、奉仕の精神なのだと思うのです。

こちらにお伺いすることが決まりましたときに、函館にいらっしゃる、あるご婦人に、そのことをお知らせしましたところ、長いお便りを下さいました。函館へ来られて以来、何十年かの間、こちらの教会から戴いた温かいお交わりに、心から感謝していらっしゃいまして、いろいろ詳しいことを書いてくださいました。たくさんの皆様がたのお名前が挙げられておりました。そのなかで、いまわたしが思い出しますのは、時田郇《じゅん》先生のお名前でございます。この土地から函館まで三百キロ位あるのじゃないでしょうか。離れてお住まいの一婦人から、これほど感謝される札幌独立教会は幸せである。たいへん恵まれていると、私は思います。つくづく、そう思った次第です。

この教会が、この世の「辺境」にあって、この世の辺境に息づく小さな人びとに、愛の奉仕をされ、そして愛の交わりの場であり続けて下さったことを心から感謝申し上げます。この教会に深い敬意と尽きざる感謝の念を捧げながら、本日のお話を終えさせていただきたいと思うのであります。

クラーク博士とフロンティア精神

愛農学園農業高等学校　宗教改革記念講演会
一九九四年一〇月三一日

　敗戦のとき、わたくしは旧制中学の二年生でありまして、天皇のあの「玉音放送」を山形県の鶴岡というところで聞いたのでありました。天皇はいよいよソ連にたいして宣戦布告をするのだとばかり思って、勇んでいたものですから、戦争は止め、日本は負けた、ということであることがわかり、たいへんに驚き、からだから力が抜けてしまいました。「神国」日本の敗戦など信じられませんでした。

　戦争が終わって間もなく、二冊の本を手にいれました。ひとつは徳田球一の『獄中十八年』という本。徳田は共産党の指導者でした。戦争中、日本の国策に反対して逮捕され、あちこちの監獄で一八年もの歳月をおくり、敗戦で釈放されたのです。悲愴《ひそう》という書き方ではなく、わりと淡々と、ときに人を笑わせるような文体で書いている。その肝っ玉には感心しました。それからもう一冊の本は、尾崎秀實《ほつみ》という人の『愛情はふる星のごとく』という本。日本の戦争は不義なる戦争だ、と直感して、ゾルゲの国際諜報機関にはいり、逮捕され、敗戦直前に処刑されました。徳田も尾崎も社会主義の立場から、日本中心主義ではなく、〈日本をこえるもの〉を求めた人びとでした。

これとは全く異なった立場から〈日本をこえるもの〉を主張した人びとのいたことを知ったのは、少し後のことでした。内村鑑三という人の弟子筋にあたる方がたでした。なかでも、とくに矢内原忠雄——のちに東大総長になる——の著作に接したことは、わたくしにとって幸いなことでした。この方も日本の戦争遂行に反対して、東京帝国大学に居づらくなり、一九三七年に大学を辞しました。キリスト信徒でありました。

ところで、矢内原忠雄の先生にあたる内村鑑三は、ウィリアム・クラークが教頭をつとめた札幌農学校に、第二回生として入りました。クラークといいますのは、「少年よ、大志を抱け」"Boys, be ambitious!" ということばで有名な、あのクラーク先生です。内村たち第二回生が札幌へ行きましたのは、クラークが日本を離れた後のことで、内村は日本ではクラーク先生に会ってはおりません。しかしクラークの精神がみなぎる学校にはいったわけです。内村たち何人かは第一回生がクラークから受け継いだキリスト教の精神に圧倒されました。すべて『余はいかにしてキリスト信徒となりしか』という本（岩波文庫）に書いてあります。そのなかで内村は、「唯一神教はわたしを新しい人とした」と告白しております。つまり日本を愛するといっても、〈日本をこえるもの〉の立場から日本を愛する視点を、内村は札幌で学んだのです。

クラークが札幌に残し、内村たちが札幌で継承した精神とは、具体的には、なんであったのでしょうか。それはかいつまんでいいますと、(イ)開拓者精神（未知の分野をひらく）、(ロ)科学的精神（正しいことを正しいとする）、(ハ)ピューリタニズムの精神（創造主をあおぐ）の三点にしぼることができます。この精神をもって荒れ地を切り拓いてゆくことを、クラークは教えたのです。この〈辺境〉を生きてゆくときに、内に持つべき精神だと、教えたのです。皆さん、この〈辺境〉の精神というのは、旧来の日本的精神とは、ずいぶん違うものとは考えませんか？　この精神こそ〈日本をこえるもの〉の原型でありました。矢内原先生にまで受け継がれた精神でありました。

本日は宗教改革記念講演ということで、こちらにお招きをいただきました。宗教改革といえばマルチン・ルターの名を思い出します。かれの発表した『キリスト者の自由』（一五二〇年）という薄い本（岩波文庫）をひもといていただけたら、ありがたい。宗教改革の精神とは何であったのか、すぐ分かります。ローマの宗教体制に反対ののろしをあげたルターは、その本を出版した翌年、一五二一年にウォルムスの議会で裁かれます。そのときにかれは「ここにわたしは立つ」（"Hier stehe ich."）とつぶやいたといわれます。かれはここで、〈ドイツをこえるもの〉、いや〈ローマをさえこえるもの〉に捕らえられていたのです。かれは人間の裁き以上の力に縛られていたと申せましょう。それが新しい力の源泉であったのです。これは、ヨーロッパの中心たるローマを遠く離れた、当時のドイツでこそ起こりえた出来事であったのです。

皆さんの学校、愛農高校は建学の精神として「神を愛し、人を愛し、土を愛する」ということばを掲げておられます。そこに「誇りとよろこび」を見いだして生きてゆくことをモットーとしておられます。いわば〈辺境〉での奉仕、〈辺境〉の開拓に使命感をいだくことをもとめることばであります。いわば現代におけるクラーク精神がここに生きているのであります。じじつ数年まえの愛農学園祭のテーマは"Boys, be ambitious!"でありました。入り口ちかくの横断幕に、そう大書してありました。

昨年のことです。わたくしの属する集会のある方が Wall Street Journal というアメリカの株式新聞の記事の話をしてくれたことがあります。アジア九カ国のなかでいちばん富んでる日本に、自分がもっとも不幸だと思っている人の数がいちばん多い、というのです。「もっとも豊かな国である日本が、もっとも不幸だ」とあるのです。

これとは別に、今年七月の初めの新聞記事で知ったのですが、財団法人日本青少年研究所が出したデータによりますと、日本の高校生の四分の一は、自分の将来を悲観しているそうです。高校生が、です。（アメリカの場合は三パーセント、台湾の場合は七パーセントだそうです。）これはゆゆしきデータですね。ここで、あなたがた愛農生に聞きたい、ご自分の将来を悲観しているのか、と。将来を悲観するということは、生きがいを発見していない、ということです。

そういえば、神谷美恵子さんに『生きがいについて』（一九八〇年）という本があります。神谷さんは、もともと西洋古典学をこころざしたのですが、あるときハンセン病患者の施設に行きまして、人生が変わりました。別の本に発表されている彼女の詩に――

なぜ私たちでなくてあなたが？
あなたは代って下さったのだ
代って人としてあらゆるものを奪われ
地獄の責苦《せめく》を悩みぬいて下さったのだ

ゆるして下さい　らいの人よ

「なぜ私たちでなくてあなたが？」という素朴な疑問が、若き神谷美恵子の将来を決めたのです。ハンセン病患者のための精神医学者となるのです。その神谷さんの書物を読んでみますと、からだの崩れている患者たちが、みな自暴自棄の状態かというと、さにあらず。命を躍動させ、生き生きとして日々をおくる患者たちがいる。そのグループに共通しているのは、「他人に奉仕する」という考え方だというのです。自分よりももっと苦しい病歴の人びとのために尽くす、愛する、という使命感がその人びとを生かしているというのです。奉仕の精神が人を生かすのですね。この世のいわば〈辺境〉といえる所で、無私の生を明るく生きている人びとがいるのです。

愛農高校の諸君は、いま〈辺境〉とは何か、を考えていただきたい。学園祭にあのクラーク先生のことばをかかげる諸君にとって、〈辺境〉とは何か、を。

正しい意味での日本の近代精神をつくったのは東京ではなかった。札幌であり、熊本であった。政治、権力の中心が正しい意味での指導精神を育《はぐく》むとはかぎらないのですね。それどころか〈辺境〉の精神が〈中心〉を裁くということが、ときに起こるのです。なぜか？〈中心〉に居座ろうという気持ちが傲《ごう》慢を生み、その傲慢が歴史の裁きに出会うからです。東洋の中心に居座ろうとする日本の傲慢が、半世紀まえに裁かれた。八月一五日はその裁きの日であったわけです。

一九八五年の五月、ドイツの敗戦記念日に、当時の大統領であったヴァイツゼッカーは「荒れ野の四〇年」という演説をおこないました。かれは、自分の国の歩んだ過去を批判して、過去を忘れてはならない。過去に目を閉ざす者は、現在にも盲目になる。過去の非人間的行為を心に刻まない者は、やがて裁かれる、ということを言ったのです。ところが、その同じ年の八月一五日に、当時の中曽根首相は（ヴァイツゼッカー演説を知っているのに）「もはや戦後ではない」と言い切って、首相として靖国神社の参拝を強行したのでした。これは、わたくしはたいへん恥ずかしかった。ドイツと日本の政治家の精神的レベルの差の大きさを見せつけられる思いがしたからです。ドイツにはまだルターの〈ドイツをこえるもの〉への畏敬の念が生きているのですね。

日本は低きに立たなければならない。他国に奉仕するこころがなくてはならない。とくにかつての戦争で、大きな迷惑をかけた国々から「友人をもたない国、日本」というレッテルを外してもらわなければならない。それには〈日本をこえるもの〉への目をもたなければなりません。

このごろは国連による「平和維持活動」ＰＫＯ（Peace-Keeping Operations）への参加ということがいわれます。さらに国連常任理事国への日本の加盟をさぐる、水面下の動きも盛んであるといわれております。皆さん、国連常任理事国とは、アメリカ、イギリス、フランス、ソ連、中国の五カ国です。そしてその五カ国はいずれも核保有国であり、武器輸出国であります。日本の有力な政治家は（財界の一部の意を体して）その資格をねらっているのかもしれません。そうであるとすれば、ほんとうに恐ろしいことです。

日本は平和主義に徹すべきです。国際関係の〈中心〉に立つことは求めず、国際関係の〈辺境〉にあって、他国に奉仕する姿勢に徹すべきではないでしょうか。それがわれわれとして、かつての戦禍のなかで学んだことではなかったのでしょうか。国連関係の仕事として、なにも常任理事国の地位に立たずとも、なすべきことは多々あります。怪しい「平和維持活動」ではなくたって、教育維持活動、食料維持活動、健康維持活動、災害阻止活動、自然維持活動などというものがあってもいいのではないでしょうか。これのほうが日本のかかげる「平和憲法」の精神にかなうのではないでしょうか。国際関係の〈辺境〉にあることを求めるべきであります。

自己を中心に据えて、他人を排除するという生き方は、個人単位であれ民族単位であれ、かならず歴史の審判に出会います。その点、歴史は公平なのです。〈中心〉に居座ることを拒絶し、〈辺境〉を尊敬する。そして、〈辺境〉を開拓してやまない生き方、その開かれた心が、人に生きがいと喜びをあたえます。人に生きがいと喜びを保証するのは、けっして富そのものではありません。

「神を愛し、人を愛し、土を愛する」――この精神は、つまり神・人・土に奉仕する心である。言葉を換えていいえば、〈辺境〉に仕える心であります。それはクラーク精神の、あのフロンティア精神の現代化といってもいいものであります。

諸君はこの学園で、大事なことを学んでおられるのです。「神を愛する、人を愛する、土を愛する」精神は、諸君自身のために、日本のために、また世界のために、真に役立つ精神であり、それこそ万物を育み、肥やす生き方の原点なのであります。

蓼科《たでしな》の裾野

松田智雄先生を記念する会
一九九六年一〇月二六日
今井館聖書講堂にて

松田智雄先生が生前よく思い出していらした出来事があります。軽井沢でお隣の前田多門氏のお宅に金澤常雄先生がみえて、イエスさまの誕生についてのお話をしてくださいました。それは一九二〇（大正九）年のクリスマスのこと、松田先生が一〇歳のときのことでありました。この一回の経験が「［金澤］先生を忘れようのない懐しい方」にしてしまったことを、松田先生自らが述懐しています。（「三つの蜜柑のはなし」、『金澤常雄著作集』第一巻、一九五八年、「月報」）。これがのちに松田先生が金澤聖書研究会に導かれる端緒となった出来事でありまして、じらい金澤先生の死にいたる約四〇年間、金澤門下の中軸としての生を生きられる契機をなしたのであります。

松田先生といえば、社会経済史学者として国の内外に知られた学者であり、東大名誉教授、外務省西独公使、図書館情報大学長などの公職を歴任し、西独から大功労十字勲章、日本政府からは紫綬褒章を授かったほどの大文化人でありますが、今はその輝かしい公職のお勤めのことは申しません。今は先生が金澤常雄という、これは今では無名にちかい伝道者の忠実な弟子であった事実から、お話を申し上げているのであります。

どうして金澤先生との出会いが、まさに出会いとして成立したのか、ということになりますと、ここにお出での先輩がたの皆さまがたからお教えを乞わなくてはなりません。ただわたしとしては、松田先生が金澤先生の、「曠野」に独り立って「キリストを仰ぎ視る」預言者の姿に打たれたこと、また人と国を直接に愛することはできなくとも、キリストの愛ゆえにこれ愛するという「間接愛」の考え方に打たれたことを申し上げたいのであります。これが金澤先生との出会いの基礎をなしたと考えられます。

もうひとつは、これはあまり言われないことですが、金澤先生の詩人としての側面に感じたということがあったのではないかと思うのです。それは金澤先生の「信仰の精髄」には「詩的真実」があり、先生の「信仰短言」は「信仰の歌」、「真実の歌」であるとする松田先生の評言のなかにも現われることであります。『金澤常雄著作集』第三巻末に載せられました和歌は松田先生の選になるものであります。

千曲川きよく流るゝ山里に御言《みことば》の種子われ初蒔きぬ
わが民の罪を怒りて浅間山爆発したりわが目の前に

文芸としてもかなりの価値があるこの種の作品を選ぶ目が、松田先生にはあります。それほどまでに松田先生ご自身が芸術的素質をもっておられたのです。先生は恩師の詩人としての側面に連なっておられたのでありましょう。これは信仰的な出会いを、さらに深めさせる力となったものと思われます。

人の一生における出会いには複雑な面がありまして、本当は松田先生についても、内村鑑三先生や矢内原忠雄先生などとの出会い、御奥さまとの出会い、その岳父――野村胡堂――との出会い、また信仰の友との出会い、学問上のご友人たちとの出会いなど、いくつかのことを申し上げなくてはならないと思います。が、そういう方面のことは、感話会の席でのお話に譲ることにいたしましょう。今は金澤常雄先生との出会いのみを、まず第一に申し上げたのであります。

第二の、重要な出会いのことに入りますまえに、先生の学問上のご関心の一分野にふれておかなければなりません。それはイギリスの一六、七世紀のヨウマン（独立自営農民）へのご関心であります。これは大塚史学――大塚久雄先生も本年七月九日に逝去なさいましたが――内で醸成されたひとつの観点であります。ですからヨウマンを口にすること自体は松田先生の専売特許ではありません。が、しかし近代イギリスの生成過程においてヨウマン層の果たした役割の大きさに目をつけて、それと同様のタイプを戦後の日本の農村社会の近代化の過程に応用させたいと願った点――それはひとつの詩人的な夢といってもいい――は、松田先生の独創的・実践的立場でありました。しかも信州の蓼科《たでしな》山の北と南で、クリスチャン農民たちに直接語りかけることをとおして学問上の理屈を実際面で生かそうと精力を傾注した点は、松田先生の独壇場でありました。

先生は一九四八（昭和二三）年ころから信州・北佐久郡の北御牧《きたみまき》村や望月、立科方面に足を運ばれました。このかつての荒蕪の地が、稲作の可能な沃地へと化するには八重原堰、塩沢堰、五郎兵衛堰などの用水路を蓼科山から、長いものでは五〇キロをこす遠距離の用水路を開削する必要があったという経緯がある。江戸時代、今から三百年ほどまえのことであります。その用水路構築にかかわる社会経済史的な関心が、松田先生をこの地へと導いたのであります。

が、大事なことはその学問的関心と同時にこの地に日本の独立自営農民の核をつくりたいという信仰的熱意が、当時の先生の心に働いたという事実であります。ここで、今日お話したい第二の出会い、出来事がおこるのです。それは松田智雄が小山源吾というクリスチャン農民指導者に出会ったということであります。小山源吾に出会わなかったならば、松田智雄の伝道者的側面に、おそらく火はつかなかったろうと思われるからであります。(小山先生は今日は小諸から、ここへお出掛けくださっております。)

小山先生の父君英助先生は内村鑑三の愛弟子のおひとりであり、その子の源吾先生は塚本虎二に学び、また金澤常雄に親しんでおられました。源吾先生は農村の⑴自給自足、⑵地域共同体、⑶草の利用の重視を唱える農民指導者であられた。この人物に松田先生が一九四八年に出会ったときに、学者としての先生の頭のなかにヨウマンの原型が、小山源吾という生身の人間の思想と実践のなかに、実際に生きているではないか、という驚きの直観がひらめいたにちがいないのであります。じらいお二人は兄弟になったのであります。この出会いがなかったならば一九五一(昭和二六)年の御牧原《みまきがはら》農民福音学校(校長　小山源吾、副校長　松田智雄)も、その翌年、翌々年の八ヶ岳福音農民塾(塾長　野坂穣)も成立しなかった。われわれによく知られているお名前をあげれば、石原兵永、鈴木俊郎、鈴木正久、小池辰雄、政池仁、石森延男というような方がたが、この両三年にこの蓼科山の北と南を訪れているのです。今日ここにおられる方がたのなん人かは、そこにおられたのであります。この企ては、農民層にたんに農業技術のみならず、福音と文化を注入することにありました。その詳細にかんしては、他にゆずらなくてはなりません(「信州の農村伝道」、『無教会史Ⅲ』新教出版社、一九九五年)。

ここで、当時の松田先生のかかれた文章を引用いたします――。

五月初めといえば、この台地では、いまだ冬の終わりだ。台地の上を、冷え冷えとした風が吹きとおっている。やがて暮れた夜を、私は小山源吾氏といっしょに、下八重原の井出家で過ごした。翌朝、起きると直ぐに田のあぜみちを歩いて行った。ところが今朝は、田の中に水が流れ込んでいる。この乾ききった台地に、蓼科の頂きの真下から流れてくる水が、今朝はやって来たのだ（『高原の記録――松田智雄と信州』新教出版社、一九九六年、三九ページ）。

この高原に入るようになった初めの頃であった。そこでの予定を終えて信越線の上り列車に揺られて、北佐久の高みへ上ってゆくときは、ちょうど夕方であった。かえりみると西の方に蓼北の裾野はもはや夕陽をうしろに黒く横たわっている。陽は急速に沈んで、山のたたずまいは見わけられなくなったが、黒々とした山の懐には一つ二つと灯火がきらめき出した。寂蓼の極みの一瞬間である。私の心情には静かなる細き声がささやいた（同五六ページ）。

読者はここに熱い血のかよう一編の散文詩――それも金澤常雄流の散文詩――を聞くでありましょう。また、この散文詩のなかに、心を許しあった松田、小山の二人の、いや二人にしてひとつ体の歩みをみるのではないでしょうか。夢見る二人は生涯、それぞれの歩み方、為事を、尊敬しあって生きてこられました。

松田先生は源吾先生が、今も老齢をおして、日本型ヨウマン（独立自営農民）の育成に尽力されるそのお姿にむかって、言っておられるような気がいたします――「源吾さん、御牧原も、ドイツも、いっしょだったな。ぼくの分も、もう少しやっておいてくれよ！」と。

金澤常雄先生は戦時中、一九四三（昭和一八）年に、「わが園は、わが十五年の言を無視した。されどわが言は園の地中に蒔かれた。時来たらば芽を出し花咲き実を結ぶであろう」と書かれました（『信仰短想』新地書房、一九八四年、一一九ページ）。地中で蒔かれた言葉は、松田智雄としてはひとりの希有の友に出会うことで、芽を出し、花を咲かせたのであります。思師金澤常雄は天上で目を細めて、この二人を見ておられることでしょう。

独立自営の農業者を育成するという教育事業は、今日の日本にとって緊急事であります。それは松田―小山のお二人が、一体となって主張され実践されたことでありました。しかしこの事業はいま大きな逆流に出合っております。お二人がかつて高く掲げた旗を、これから先、誰が引き継ぐのでありましょうか。

本日の記念講演会は松田先生への感謝の意から計画された集いでありますが、同時に新しい農村共同体の構築をめざして第一歩を画すべき、いわば門出の集いであってほしいと願うものであります。とすれば、蓼科の裾野は今日の門出を迎えるにあたっての、かつての橋頭堡であったのではありますまいか。

隣びととしての沖縄

――キリストにある連帯　一九九九年夏、沖縄で考えたこと

沖縄は四度目である。過去三回は当地の大学からの招きで、連続講義をするためにきている。来るたびに一週間は滞在することになるので、大学の教授がたが、気をくばってくださって、方々へ案内してくださっている。おかげで北はヤンバルの森林地帯から、今帰仁《なきじん》、屋我地《やがち》（愛楽園）、南は南部戦跡などを回っている。伊計島《いけじま》へも行っている。

毎回、宮村武夫牧師のお招きで首里福音教会へ伺って、短いお話をさせていただいている。いつかは宮村牧師は知念半島方面をご案内くださり、佐敷《さしき》で平良《たいら》修牧師の教会へ連れていってくださったことがある。

この度は七月四日の「第二四回　内村鑑三先生記念キリスト教講演会」にお招きをうけた。三日の午後に那覇国際空港に着くと、宮城航一ご夫妻と宮村牧師がお待ちくださっている。いったん宿に収まり、夜は首里福音教会で「聖書と私」という話をする。翌四日の午前は那覇聖書研究会で「五千人のパンと現代」という講義。そして午後は同聖書研究会主催の内村記念講演会で、宮城さゆり氏の「聖書の実験」というお話につづいて、「キリストにある連帯」を語った。

＊

当地の教授のご案内で南部戦跡を最初訪れたのは、もう一〇年も前のことである。ある洞窟《ガマ》に来たときに、その教授はわたくしの生まれた年を質された。お答えすると、「それならば、先生は間に合いましたね」といわれた。しばらくして分かったことは、沖縄戦の時期にこの島にいたならば、この壕で自決する可能性が十分ありました、という意味であった。そのときわたしは、そうだここで、わたくしに代わって死んで逝かれた方がたがおられたのだ、と実感したことであった。(今回の講演会には、ひめゆり学徒隊の数少ない生き残りのひとり具志八重さまが、わざわざデイゴの花の胸飾りを作って、講師のわたしの胸につけてくださった。)

＊

一九九六年度の無教会全国集会でわたしは「辺境のめぐみ」という題の聖書講義をしている。その話の一部で語った「サマリア人のたとえ話」(ルカ一〇の二五―三七)のことが、このたび沖縄に来るについて頭を離れなかった。ただし、そのサマリア人がすこし別の姿をもって、わたしの前に現われてきたのである。

エルサレム圏の「外れ」、エリコへ通ずる街道で一ユダヤ人が強盗に遭い、強奪され瀕死の重傷を負わされた。その重傷のユダヤ人を救ったのは「外」から介入した「よそ者」であった。イエスはここで、ユダヤの律法中心主義を捨てて、律法のめざす精神に立ち戻ることを説いた。これはユダヤ教の組織そのものを越えて、いわば律法の再解釈と適用を迫るものであった。イエスがここで言うことは、組織の枠を外してしまえば、いとも良識的なことであった。つまり、かれの主張したことは――

一　「みことば」は体制の「外」から接近・介入する。
二　そこに「小さな群れ」たる「隣びと」の連帯が成立する。（サマリア人とユダヤの宿の主人との関係）
三　そこに初めて利潤を越えたヴォランティア的な愛の行為が発生する。

これ以外ではない。

これはエルサレム圏外で起こったことである。一般にイエスの重要な出来事は「荒野」、「人里離れた所」、「山の上」、「海の上」など、いわば辺境で起こっている。この「寂しいところ」でこそ、社会的弱者は人知のわざわいを避けて、つまり世俗の束縛を断ち切って、創造主のみ声に直接に耳傾けることができた。そこにこそ「和らぎ」の時と所があった。しかしこの種の宣教をエルサレム体制がいつまでも黙認しておくはずはない。イエスへの憎悪が増大し、やがて殺害の意図を隠しつづけることができなくなる。

＊

わたしは沖縄教会史に詳しくない。ただ、宣教師バーナード・ベッテルハイムが、一八四六年に那覇に上陸したことは知っている。重要なことは、それよりほぼ百年後にこの島へ「外」から、藤本正高、岩島公、堤道雄、高橋三郎その他の方がたが来て、新たにみことばを説いたことである。小さな群れができて、その小さな群れが力一杯に、たとえばハンセン病患者のために、またその他の福祉・教育活動のために尽力してきた事実がある。これはエルサレム圏外のひとりの人物が愛の行為を示し、それに触発された「小さき群れ」が新たな愛の行為に出た話を思わせる出来事ではないか。この島の信徒たちは本土のわれわれにはできないことを、われわれに代わって、「小さき群れ」として、まず率先実行してみせてくれたのである。

こう考えることが、たんなる幻想でないことを示す事実が、さいきん（方向を逆にして）起こった。一九九七年には無教会の全国集会を、この地の方がたが請け負ってくださった。無教会の一部には、当時いわゆる「名称問題」なるものがわだかまっていて、不一致があった。沖縄での全国集会の前年には、「第一〇回　無教会キリスト教全国集会」が東京・世田谷の鷗友学園の講堂で開かれた。沖縄からは五名の方がたがその講堂に馳せ参じてくださって、一同の拍手をうけた。わたしはちょうど当日の聖書講義の担当者として壇上にいたので、その折のことは、よく覚えている。聖書講義の後、同じ講堂で、かの「名称問題」なるものが持ち出され、無教会のなかで、どの解釈を正統とするかという（主導権）争いにちかい動きのあることを露呈した。ただ、無教会信徒の大多数がこの種の、いわば「議論のための議論」の類に飽き飽きしていたことも事実であった。その常識の存在が救いであった。

その事態を察知されたのか、那覇聖書研究会は一九九七年一一月にここ沖縄ハイツに全国集会を設定するにあたって、従来の全国集会の流れを、いちおう断ち切ったかたちで、「一九九七年度」に「一回限りの」「無教会キリスト信徒全国集会」を催した。これは那覇聖書研究会の愛の苦労の賜物である。東京や大阪では、あのとき決して実現しなかった「和らぎ」と「よろこび」の時と所を、東京や大阪に代わって沖縄の小さな信徒の群れが与えてくれたのである。

無教会の指導者と目される人びとの群がる「中央」を遠く離れた沖縄の島々の人びとが、その一〇人余の小さき群れの総力をあげて、隣びととして「他者」に仕える愛の実践を示したのである。この事実は、遠いところから来た方が、瀕死の無教会を救ってくれた光景として、無教会信徒全体の心に焼きついている。沖縄は神の支配の実態をモデル化してくれた。これは無教会史のなかで、特筆すべき出来事である。

＊

この地にかんして特筆しなくてはならないもう一つのことは、教会側の正規の牧会者がこの小さき群れを助けてくれている事実である。これは無教会側として銘記すべきことがらである。具体的には平良《たいら》修牧師、宮村武夫牧師は、無教会信徒をその交わりのなかに入れてくださっている。その方がたの雅量――心の大きさ――の前に、わたしは頭を垂れる。わたしどもは現在『無教会史Ⅳ』を編集中であるが、その事実をさして、「このこと自体がエクレシアのあり方を指しているといえよう」と記そうと思う。いままでになかった新しい連帯（コイノニア）の実践が、ここにあるからである。

＊

わたしが最初この島へ来たときのこと、当地の大学の教授が国際空港ちかくの、豊見城《とみぐすく》の旧海軍司令部壕へ連れていってくれた。あの狭い地下壕で一九四五年六月一三日に、やく四千人の海軍将兵が自決した。司令官室には大田實少将の辞世の歌が石壁に残っていた。「大君の御旗のもとに死してこそ人と生まれし甲斐ぞありけり。」軍人としては、これは立派な死に方なのであろう。しかし軍人より多くの数の民間人が犠牲となっていったこの地の悲惨は、解消されることはあるまい。

旧海軍司令部壕でわたしが思い出したのは、ローマの地下墓所《カタコンベ》のことであった。初代信徒が死者を弔い、礼拝を行なった地下壕である。現在はローマ市内のアッピア街道筋のカタコンベが有名である。パウロもここを通ってローマへ護送された（使徒二八の一三―一五）。石の壁に、ところどころに魚の図が彫ってある。シェンキェヴィッチの小説『主よ、いずこへ』（一八九六年）に登場する図柄である。「イエス、キリスト、神の、子、救い主」の頭文字をつなぎ合わせると「魚」（イクテュス）という単語になる。だから地下墓所の、死と隣り合わせた閉塞の現実で「魚」を書くという行為は、（信仰の告白が、ただちに死につながる時代における）まさに信仰の告白であった。「魚」のしるしをもって創造主への信仰を確かめ合いつつ生き、また死んでいった初代信徒の祈りが、時と所をこえ今につたえられて、われわれに敬虔の思いと喜びをあたえてくれる。この「魚」への告白は人間の歴史がつづくかぎり、この地上に言い伝えられ、そして人を生かしつづける祈りなのだ。これに比べると、ひとりの人間を「現人神（あらひとがみ）」と拝跪し、かれのために死ぬことこそ、即ち「悠久の大義」に生きる道だなどとした主張の、なんとちっぽけな詭弁であったことか。

昨年八月の北鮮の弾道弾ミサイル発射事件をいい口実にして、日本の政治家諸君はいままた、北鮮、中国との関係を視野にいれつつ、「ガイドライン関連法」などというものを手早く国会で成立させてしまった。平和憲法はいずこへ行ってしまったのか。われわれは日本の軍隊が過去において、日本国民を守った事実のないことだけは、いま想起しておこう。また、いまの時期に急いで「日の丸・君が代」の法制化を急ぐこともない。そんなことより先に、真に誇るべきものを誇ろうではないか。何百万の人命の犠牲と引き換えに獲得した、史上初の「平和憲法」を。これ以外にこの国として誇りうるものは、他にあるのか。この憲法は、ある人びとのいうように「時代遅れ」の代物なのか。

＊

内村鑑三は若いときに自分の墓碑銘を決めた。

わたしは日本のため、
日本は世界のため、
世界はキリストのため、
そしてすべては神のために。

一国の利益は世界の利益に通ずるものでなければならず、神と神の子のみ心に通ずるものでなくてはならない。愛国心は人類愛へとたかめられ、創造主のみ力で清められるものでなければならない。「大君の御旗のもとに死」ぬることを、人としての誇りなどと思ってはいけない。いまの時代の閉塞状況の下で、われわれは「魚」を描きつつ、来るべき国の近きことを待望しなければならない。

＊

何年かまえのこと、西表島《いりおもてじま》の石原昌武氏はお便りのなかに内村の「神に献げよ」（『聖書之研究』一五八号、一九一三年九月）を挟んでくださった。「汝の財産を神に献げよ、……汝の霊魂を神に献げよ、さらば神はおのがものとしてこれを聖《きよ》め、……おのが（神の）ものとしてこれを使用したもうべし。……乱れしそのまま、病みしそのまま、……今これを神に献げよ。しかして神をしてその大能をもって汝に代わりて整理、治癒、救済の任に当たらしめよ。」石原氏はこの引用に注釈を加えて、信仰の生命は自分の意志や努力によって獲得すべきものではない。あとからではなく今、生命の源に立ち返り、生命の泉に浴することだ、と書かれた。そのとおりである。われわれは自分自身を、いやこの国自体を、いったん神に献げるべきである。神が何を考えておられるのかを思うべきである。われらに「代わって」神はわれらとこの国に、その行くべき道を示してくださろう。

＊

「神に献げよ」ということは、人間としての努力は無駄だから、すべて手を引けということではない。(一)われわれの「外」から、この国の「外」から接近・介入してくる創造主のみことばを率直に受け入れ、(二)その結果あたえられる「小さき群れ」の愛の連帯を大事にし、その連帯を基盤として、(三)深傷を負った人を、国を、それらが投げ出されている辺境で、母国人に代わって背負うことである。

そもそもキリストは「門の外」で、人に代わって人の罪を背負ってくださったのだ。沖縄の小さき群れの生き方、またさらに西の果て西表島の友和村での生き方のなかに、われわれは「他人の足を洗う」生き方の原型を見なければならない。地下墓所の時代に、初代信徒は「しかり、主イエスよ、すみやかに来たりたまえ！」と祈った(黙示録二二の二〇)。その祈りの連帯に生きることが、真の平和、真の友和の到来を準備する。

「清くなれ！」
――喜びの世界へ

沖縄からの旅人

沖縄が日本に返還された一九七二年より、ずっと以前のことです。友人から、那覇の妹さんの健康が思わしくないので、名古屋大学の医学部で診てもらえないものか、という相談をうけました。（私は当時、名古屋大学に勤めておりました）。ただちに医学部の、ある教授に相談し、ご本人に来てもらう段取りをつけました。

妹さんは一週間の日本滞在許可をアメリカ軍政部からえて、名古屋にむかいました。当時は一般人には空路は許されず、船で鹿児島に着き、一泊し、あとは鉄道を使って名古屋に着いたのです。

鶴舞公園前の医学部の玄関で初めて会ったこの沖縄からの旅人は、二〇歳とは見えない小柄の、顔色のきわめて悪いご婦人でした。素人目にも、健康の危ぶまれる様子でした。第二内科は、滞在日数の限られているこの女性患者の診察を、初診料以外の何ものをも請求せずに、急いで集中的に診てくださいました。三日ほどで一応の結論を出してくださいました。その結果は、私どもの心配に全く反して、「悪質の疾患ではない」ということでした。深刻な宣告を受けることになるのではないかと、内心恐れていた一同にとって、また私自身にとっても、この診察の結果は、まさに意外、まさに救いでした。からだから力が抜けるほどの驚きでした。

沖縄に戻ったM子さんは、名古屋大学の医師たちのお勧めどおり、食事と運動に心をくばり、規則正しい生活を心がけ、健康を回復しました。琉球大学の英文学科を卒業した後、和歌山県まで来られ、勉強を重ね、国家試験にも合格、故郷に帰って正規の栄養士として働きました。信頼のおける医師団から、「大丈夫ですよ！」と励まされたことで、病気にたいする深刻な恐れから、ひとまず解放されたのでしょう。これがM子さんの立ち直りのきっかけとなりました。

この出来事は私に、イエスが病人をいやした話を思い出させます。イエスが神の子の権威をもって、「清くなれ」と命じると、病人はいやされました（マタイ八の三）。権威ある人物と病人とのあいだに人格関係が成立し、権威ある人物の力と愛が発動されると、相当な病気も（その瞬間にとは言えないにしても）いやされるということは、実際に起こったことでしたでしょう。（アフリカで医療伝道に励んだシュヴァイツァー博士の実例もあることです）。

いのちの主を信頼することは人の生き方そのものに関わり、人を新たに生かすのです。

時を超えて

一九九四年の夏に、私は一週間を、沖縄国際大学で集中講義をして過ごしました。その間のある夕べ、お元気そうなM子さんに会いました。ご高齢の母上さまを含めて、ご一家が手づくりの沖縄料理で私を歓迎してくださったのです。それより三〇年ほど前の桜のころに、名古屋大学医学部の玄関で初めて会った、顔色のひどく悪かったあの人とは、どうしても思われない健康そうなM子さんでした。

一九九九年七月の第一聖日は那覇聖書研究会の招きで、内村鑑三記念講演会の講師をつとめさせていただきました。その前夜は首里福音教会の宮村武夫牧師のお声がかりで、西原町幸地《こうち》の高台の同教会でお話をさせていただきました。それが終わったときに、ひとりのご婦人が近づいてこられて、「M子です」とご挨拶をなさいました。五年ぶりでお会いしたことになります。この教会が立つ丘から遠くない、与那原《よなばる》という所におられるとのことでした。翌日の内村記念講演会のほうは、ご自身の教会の仕事があり、「お伺いできませんが」と、残念そうにおっしゃいました。明るい、喜びのお顔でした。

首里福音教会でお別れしたあと、その翌日の講演のことが気にかかりながらも、私は新鮮な驚きに浸っておりました。首里で名のある家系に育ったM子さんが、よくもキリスト者になられたものだ、と。

しかし、すぐに考えました。この方に詳しいことを、お尋ねするまでもない。それは病人にたいして発せられる、「わたしに従いなさい」（マタイ九の九）、「清くなれ」（同八の三）というイエスの招きの声に、いつかどこかで出会われ、それに応えたということであるに違いないのですから。いやされた人びとは、すべて素直に、心に喜びをいだいて「立って従った」人びとなのです。かの沖縄からの旅人も、その一人であったのでしょう。それも時を超えた出来事のひとつでしかないのかもしれません。

草の上で

ところで、福音書ではイエスのいやしのわざと、いわゆる「パンの奇跡」の物語とはいっしょに語られることが多いようです。「マタイによる福音書」第一四章一三―二一節、第一五章二九―三九節も、「マルコによる福音書」第七章三一―第八章九節もそうです。初代信徒の体験と記憶のなかでは、この二つの話は不離の関係をもっていたのでしょう。

パンの奇跡といわれるわざは、いずれもイエスと弟子と群衆とが「人里離れた所」で体験した出来事です。しかもその出来事の中軸をなすものは、貧しい群衆にたいするイエスのあわれみ（愛）と、天にたいするイエスの祈り（感謝）の二つです。これが二本の柱となって、イエスの世界を出現させました。その世界に招かれた多くの群衆が「草の上」、「地面」――神殿ではなく！――に座って、病気のいやしを体験し、また飢餓をいやされたという話なのです。

初代信徒の生活を描いた使徒言行録にも、こうして出来上がったグループ――相互扶助の精神に立つ信仰共同体――のなかで、多くの信徒がやまいと飢えのいやしを経験し、喜びの人生に入っていった事実が語られています（二の三七―三の一〇）。同じ体験をした人の数は（福音書や使徒言行録が文書化された第一世紀後半の視野から振り返れば）とても四千や五千ではありませんでした。

なにしろ、この世界ではそれまでなかったことが、ここに起こっている。イエスと共にあることで、創造主と共にあることが許されるという体験が、そもそもそんな体験をもつ資格などないとされていた、貧しい群衆たちに、生きがいを与えたのでした。霊の飢えと肉の飢えのいやしを体験することが喜びの原点でありました。

「世界の裁き主」の前で

われわれはいろいろな難題を未解決のまま背負って、二一世紀を歩みはじめました。多くの暗い難題の背後に、その難題なるものに新しい秩序の光をあたえる超越的人格の力が働いていることを忘れてはなりません。旧約の詩人の喜びの声に耳を傾けたいのです――

大いなる主、大いに賛美される主、
神々を超えて、最も畏るべき方……
主は世界を正しく裁き
真実をもって諸国の民を裁かれる。
（詩編第九六編四、一三節）

われわれは個別の国々を超える御方の存在を、まず知るべきではないでしょうか。世界の歴史は、その御方が混沌の中から秩序を、飢餓の中から豊かさを造り出す救済の場だということを、われわれは認識しなくてはなりません。われわれは豊かな国の民なのでしょうか。いや、日本は貧しい国です。とくに霊的には貧弱な国です。このごろこの国に起こることがら――階層をこえ、世代をこえて、人びとが口にする不遜、また彼らが起こす不祥事――を見れば、むしろ日本は飢餓の国です。われわれはまず「草の上」に座ることから始めなくてはなりません。そこにこそ創造主の力が強く働いて、神への「祈り」と人への「あわれみ」が基盤となる新しい喜びの共同体が出現する可能性があるのです。

M子さんとの出会いは、私にとってひとつの出来事でした。生命が危ぶまれる人が生かされて、信徒となり、人を助ける仕事についている。それを目撃した私は、彼女がそのように導かれた道筋の詳細に関心はありません。彼女の驚きと喜びを、そして私の驚きと喜びを、「その地一帯に言いふらす」以外になすべきことを知らないのです。

野辺山の「愛」

前田護郎は信州が好きで、御代田に別荘をもち、年の何分の一かはそこで過ごし、小諸の集会にはよく通った。彼が逝いたのは一九八〇年であったが、その後しばらくしてから新井明もその集まりに呼ばれることがあり、多くの皆さんから親しくしていただいた。驚いたことだが、遥か野辺山から、かなりの数の信徒が下りて来られて、集会に加わっておられた。佐々木一夫氏、青野梅四郎氏、渡邊光敏氏、藤井偕子氏、その他の方がた。小諸では新井は一九八七年八月に「イザヤの平和論」なる題の講話をさせていただいた。

そのころのこと、野辺山の方がたから、クリスマスには野辺山に来てくれ、との話がでた。経堂聖書会でごいっしょの大崎桂介兄を通しての話であったと記憶する。実際に野辺山に行ったのは翌一九八八年一二月であり、その一六日に「信仰の父アブラハム」を語った。前日に大崎さんのかつての疎開の地、平沢《ひらさわ》の集落で泊まり、一七日に山を越えて野辺山へ連れていっていただいた。驚いたことに、この標高一三五〇メートルの開拓の地に相当数の信徒がおられ、キリスト教集会をもっておられた。どうしてこの地にキリスト教が？　そのことは徐々に解ってくることであった。

佐々木一夫氏は兵庫県の出だが、兵役を終えたあとのこと、かつて少年期に通っていた姫路教会の牧師の勧めで、野辺山に来られた。一九四六年八月のこと。クリスチャン農場建設の理想があった。下諏訪の教会から慰問に来られたご婦人がたのおひとりと出会い、一九四七年一月に結婚。クリスチャン農場の重要な一家をなした。渡邊光敏氏は根は長州だが、少年期、一九二三（大正一二）年の関東大震災の時には東京・大久保におられた。近くの内村鑑三の今井館での日曜学校に通い、石原兵永の指導を受ける。植村環が牧する柏木教会で一九三八年に、悦子夫人はその翌年に、受洗された。戦時中は徴用され東都にあり、日立製作所で兵器生産に携わった。敗戦直後、妻子の疎開先、信州・伊那の箕輪に移り、そこで出会った下諏訪教会牧師の勧めで野辺山のクリスチャン開拓地への関心をいだき、一九四六年四月にその地に着く。（それより以前、悦子夫人は高円寺の脇阪家に入ったことがあり、幼い脇阪昭さんたちは悦子さんのお世話を受けたことがあるはずである。）農家の出でない渡邊さんは、荒涼たる高原の地で人一倍の苦労をされたが、この地にあった東京教育大学農学部農場との縁で、この地に住み続けることができた（石原兵永はあの『身近に接した内村鑑三』の執筆のために、一九六九年の夏は、渡邊家で過ごした）。以上は代表的なお二人の例をあげただけである。開拓に加わった方がたには、それぞれの理由と覚悟があった。ここで渡邊さんが書かれた『聖の泉から汲む』（二〇〇一年）を開けてみることにする。それは「野辺山キリスト教集会記録」なのだが、扉には「福音の種を萌えださしめた、故野坂智子様に捧げる」と記してある。野坂智子《ともこ》とは清里と、そこから深い谷を越えた平沢《ひらさわ》の集落を切り開いた野坂穣氏のご夫人。つまり経堂聖書会の大崎桂介氏の母堂である。

野坂穣氏は東京での事業の大半を米軍による大空襲で焼失したのを契機にして、事業の基盤を清里に移された。またそれとは別に、一九四九年には、清里からは深い渓谷を隔てて東に三キロの地、平沢に居を構えられ、約一二ヘクタールの傾斜地で六圃式輪作と放牧方式を折衷した営農を実践し始めた。それに加えて、この山村を豊かにするには村人に農業技術の向上を促すのみならず、全人格的な教養をつけることが必須であると考え、一九五二年とその翌年の一月には、この地に「八ヶ岳農民福音塾」なる学びの場と時を設け、一流の講師たちを招いた。塾長・野坂氏は政池仁、石森延男、松田智雄、小山源吾らを招いた。農業関係者のみならず、広くキリスト教信仰、欧州農業・経済史、文芸、文学にわたる講義まで設けた。野坂氏はご自身、驚くべきことだが、英詩人ワーズワスの自叙伝大作『序曲』（一八〇五年）の翻訳者となる（一九六九年、一九七一年刊）。野辺山から参加した佐々木一夫らは、ここで与えられた知識が高地寒冷地の開拓に、現実の助けとなったことを告白している（『野辺山高原に生きる』一九七八年）。その譲氏は村民に乳牛を貸しもした。氏を支えたのが智子夫人であった。「新しき村」を作るという理想には、実際面での支えが必須だ。夫人は保育園を開き、各家々の幼児を預かり、キリスト教的教育を授けつつ、親たちの労働を援けた。こうしてこの国には珍しい農村共同体がこのご夫妻の「愛」の心で生まれていった。

野辺山の農業者たちはその野坂夫人に聖書講義を願い出た。智子様は多忙の身でありながら聖日には、飯盛山の西・中腹をゆく古道を登り、やがて野辺山高原へと下りて行かれた。片道八キロの山道だ。野辺山の開拓地には信徒たちが待っていた。「この野辺山にイエスの福音の種が萌え出したのも、奥様のお祈りの賜物でした」と渡邊光敏氏は語った。やがてここが高原野菜の産地として恵まれた高地へと変容していった背景には、平沢からの、いや創造者からの、「愛」の賜物があったと言うほかはない。

新井は一九八八年いらい、ほぼ一〇年、野辺山のクリスマスに呼ばれた。そのたびに農業者信徒と、その次代を担う若者たちの成長を目撃しては、励まされた。励まされるために、あの高原に登って行った、というのが正しい。佐々木一夫氏のご夫人・はるみ様が召された時（一九九四年三月）、またご主人一夫氏のご葬儀の時（二〇〇六年三月）は、ご遺族からのたってのご要望で、お伺いしている。一夫氏とのお別れの会には、新潟県新発田市から駆けつけた。言い尽くせぬ深き感謝の心からであった。

野坂智子様がなくなったのは一九八三年三月のこと。渡邉光敏氏は平沢の野坂家で執り行われたご葬儀に出席し、「野辺山キリスト教集会」を代表して式辞を述べた。「野辺山で開拓に従事し、困難を極めた時代、奥様は物心両面で大きな支えとなって下さいました。神様のお招きを受けた奥様はご自身を絆として……私どもの信仰の歩みを……神様に結びつけて下さったものと思います。聖書を開く度に、八ヶ岳を仰ぐにつけ、……私どもは奥様を思い、やがて来たるべき再会を期したいと念じます」。野辺山の開拓の背後に、野坂夫人の厳しい「愛」——家族への愛、平沢への愛、野辺山への愛——が生きていた。

その智子夫人の膨大な日記が遺されていた。そのことを大崎桂介さんから知らされた渡邉さんはその日記のまとめに入ったらしい。そのような動きを新井が知ったのは、智子夫人没後、四半世紀も経つ二〇〇七年秋のことであった。そこで新井は大崎さんに母堂の日記の公表を勧めた。大崎・渡邉共編の『野辺山のキリスト教』が出たのは、その翌二〇〇八年秋のことであった（大崎さんの父上・野坂穣様にはこれとは別に、遺稿集『遥かなる旅』一九八〇年がある）。

ごく最近のこと、百歳になられた渡邉光敏さんから、立派な額が届いた。渡邉さんの「平成二十八年睦月」の筆跡である。達筆。「花には水を、人には愛を」とある。添え文がある。新井氏は日本女子大学に勤めたころ、学生生活部長として、新入生全員から出される「誓いのことば」に目を通す立場にあった。千何百名の新入生たちのことばは、いちいちは記憶していられない。しかし一人、台湾からの留学生が提出した言葉だけは忘れられなかった。その学生に「花には水、人には愛を」の出典を問うと、母から教わりました、と答えた。そして静かに加えた、「母は日本人です」と。林玉薫《リンイウシュン》さんにとっては「愛」は国境を超える力であった。野辺山の渡邉さんは三〇年も前の新井のこのメモ書き（初出『育英会報』一九八九年二月）を忘れることなく、「感銘を受けたことば」として想起し、本年を迎えられたと言われる。「愛」は山を越え、谷を越え、海を越える。時をも越える。

野辺山からの百歳翁のこの筆墨は、今わたしを見守っている。

じつは昨二〇一五年の秋、愚息が車で奥甲斐へ連れて行ってくれた。山奥の宿で一泊したあと、旧・津金学校を見、古道を清里へ上がり、そこから深い渓谷を東に降り、信州に入り、平沢へ上がり、野坂記念牧場前で小休止。山道をさらに上がり、峠を越して、野辺山へ下って行った。かつて、野坂智子様がお歩きになった古道が今に残る。野辺山では渡邊光敏さんのお宅、佐々木牧夫さんや青野梅四郎さんのお宅などを遠くから仰ぎつつ、急いで小淵沢へと下った。これが最後の野辺山詣でかもしれない、などと思いつつ。昨二〇一五年九月二七日のことであった。

第四部　世田谷の森で

前田護郎「真理愛の拠点」

一

前田護郎がドイツ留学に向かったのは、東京帝国大学言語学科卒業後間もない、一九三八（昭和一三）年五月のことであった。その直前の三月にはドイツはオーストリアに出兵し、併合を宣言している。日本はその前年の七月に盧溝橋事件を起こし、事実上の日中戦争に突入する。前田の出発直前の四月には国家総動員法が公布されて、日本の国家主義は反日諸国を敵にまわしての全面戦争の態勢を整える。

その前年、一九三七年末には矢内原忠雄はその平和主義のゆえに、東京帝国大学の職をなげうつ。軍事力ではなく、「聖書の真理こそが個人を救い、国民を救い、世界を救う根本の力」なりとする矢内原の主張が、日本を後にする前田の心に沁《し》みこんでいた。この姿勢が内村鑑三いらいのエートスであることは言を俟《ま》たない。日本を発《た》つ直前に塚本虎二は前田のために「感話会をして、語りまた祈った」（『聖書知識』第一〇二号「雑感雑録」五月十七日）。その二日後、日本軍の攻撃の前に徐州は陥《お》ちた。

ハイデルベルクに着いた前田の手元に塚本の『聖書知識』が、シベリア経由で遠路、届きはじめる。表紙には「感謝／祈る／前田君　塚本生」とか、「祈る／前田君／虎二」などというペン字の直筆が残されている。

二

戦乱の時代のドイツ、フランス、スイスなどでの学究生活が楽であったはずはない。著者がたびたび告白するように、空爆の恐れ、健康不安、歯痛、空腹、栄養失調。それに故国の家族を見舞う度重なる不幸など、ひとりの人間としての苦しみはあった。しかし学徒としてのかれの真摯《しんし》な態度は、かれをとりまく多くの人びとの同情を集めた。どこへ行っても、「温かい友情」に囲まれ、「ある深いもの」の力が生きている現実に触れる。その「深いところで結ばれた友情」は消えることはない。しかも、いずれの国にも、「やみくもな権力への無言の抵抗」が認められた。「政治的には芳しからぬ外国人」である日本人・前田も、こうした「心憎いまでに成熟した文化」を背景にした中立精神に守り通された。こうした「よろこび」の経験の数々が『若き日の欧州記』（一九五七年）にまとめられている。

前田はジュネーヴ大学に勤めていた一九四八（昭和二三）年に世界教会協議会（ＷＣＣ）第一回総会に日本代表の一人として出席する。同協議会のめざすエキュメニズム（全教主義）は、前田にあっては、単なる理念として把握されたのではない。前田がこの運動に熱心であったのは、かれが内村―塚本―矢内原の（いわゆる無教会の超教派主義の）影響を深く受けている、ということにもよるであろう。しかしその理由以外に、かれが騒乱の時代とその後の西欧諸国に実際に生き、「東と西の融合と新しい世界の建設」への純なる願望の存在を目撃し、それが戦後、教派を越えた全教主義の主張の基礎となったと理解した結果ともみられる。

三

「古典の継承」の問題は、前田が生涯をとおして思考し、主張しつづけた課題であった。そもそもギリシャ語そのものがセム系の文字によって書かれはじめ、ホメロスにしてもオリエントの先行文化をギリシャ化して継承した。しかしギリシャ化ということは、倫理的・理性的な方向を模索しつつの継承ということである。この関わりで前田がつねに持ち出すのは、「古典の真の継承」という事実である。ギリシャ叙事詩の成立以前の、やく千年以上も前に、オリエント各地にその生存が確認されているハビルとよばれる貧困層をめぐる問題である。かれらはやがて「目に見えぬ唯一神」への信仰を共有することで、ギリシャ人・異邦人をも含む信仰共同体を形成することになる。貧しい民衆を除外することなく、人種を越える「隣人愛」の精神こそ、かつてのヘレニズム文化を、より倫理化・理性化する基本的な活力である。

この認識は聖書学者としての前田の基本的な態度を決定する。「キリスト教の研究も、狭い神学の中ではなく、古代オリエントとギリシャ・ローマ世界の背景をたずねつつ、文献としての聖書の研究にもとづいて、その思想を明らかにしようと努める」。聖書研究者としての前田の基本的態度は、まさに「古典の真の継承」を目指したものと言いうるであろう。

四

ジュネーヴでの研究生活は「よろこび」の五年であった。「けれども、あまり幸福すぎたわたくしは自分の国を思うと、じっとしてはいられなくなった」。「ある大きな見えない力」に動かされて、この湖畔の町を去ることになった、と回顧する。『若き日の欧州記』（一九五七年）の一節である。米国イェール大学での研究員・講師の一年（一九四九年）のあと、一九五〇（昭和二五）年の一二月に、帰国をはたした。塚本は一二月一八日の記録に残している――「今日は十三年ぶりの長い留学から昨夜帰国の前田護郎君と語って嬉《うれ》しかつた。留学中に片手で数へられないほどの御不幸がその家にあつたが、その犠牲は君をして日本基督《キリスト》教の為《ため》に、欧米で未《いま》だ曾《かつ》て日本クリスチャンの何人《なんぴと》によってもなされなかつた輝かしい業績をあげさせた。君の自重と健康を祈る」（『聖書知識』一九五〇年一二月号「編輯後記」。振りかなは引用者）。また「新しい学問が旧《ふる》い単純な信仰を包んでゐる」とも書いている。前田には「平信徒として祖国の若い人々と共に学びたいとの念願」があった。世田谷の鷗友学園で日曜聖書講座（通称・世田谷聖書会）が発足したのは、一九五三年一月のことであった。一九六四年には『聖書愛読』誌が創刊される。

五

前田が帰国したころ、無教会内、とくに塚本虎二の周辺で、異言運動が起きていた。一九五二（昭和二七）年の秋には、東京都下の清瀬《きよせ》において、ある病人に素人治療がほどこされ、霊的昂揚《こうよう》のなかで、これを死に至らせるという事件が起きた。塚本は苦しみつつ、これを批判した。全体的には無教会の信徒に動揺はなかった。前田は（その運動のリーダーに親友たちが加わっていたこともあり）これに直接触れる発言を控えている。しかしこの選集（『前田護郎選集3』教文館、二〇〇八年）の中で「真理を求める心」の総題でまとめられた十余の論考には、矢内原忠雄が「一介の平信徒」として「市民としての信仰生活をつづけながら」、「聖書に示される真の幸福すなわち罪のゆるしの福音」を学び、それを多くの人びとと分かち合うことを求めた先師として、その矢内原を高く評価する。聖書の真理以外に個人、国民、世界を救う力はない。これがほかならぬ前田の原点であった。「罪のゆるしの福音」は霊的神癒とは無関係である。

異言運動とは比較にならない騒乱が一九六〇年代末に起こる。東京大学に発した、いわゆる大学紛争が国中の学園に燎原《りょうげん》の火のごとくに蔓延した。旧態依然たる大学の、鬱屈《うっくつ》した在り方に若い世代が反発した（欧米諸大学の動乱の流行に乗ったという見方もできる）。騒乱の中心は東京大学であった。一九六八年の秋には実力行使に訴えた学生が事務室を封鎖。安田講堂を住処《すみか》とした。教養学部も「全学共闘会議」（いわゆる全共闘）系の学生たちに要所を占拠された。一一月一〇日の聖日はその早朝に緊急教授会が招集され、前田は苦慮のすえに、聖書会欠席を決断し、急遽、代講を立てた（新井「現代の熱心党」）。同年の一二月は恒例の東大クリスマス講演会は開くことができず、神田のYMCAで、「聖書の社会的発言」を語る（司会・山下幸夫、前講・新井）。

一九六九（昭和四四）年の六月に前田は八王子の大学セミナー・ハウスで、各大学の新入生を対象にした講演をする。「真理愛の拠点」である。真理はまず事実にもとづいて説かれる必要がある。しかし同時に人間は「事実を超える真理」の存在に気づく必要がある。人間は真理をもたない。が、真理そのものにいます神からの愛によって、すなわち神が設けてくださる「まこと」の関係をとおして、「真理愛の拠点」にあずかるのである。「神のピスティス〈まこと〉こそ人間の救いの基本」である。この理解が、一九六〇年代の初めには、前田の主張するところとなっていた。その理解が大学紛争下の前田の精神的支柱となっていたことがわかる。

その十年後、一九七九（昭和五四）年の六月と一一月末日から翌日にかけて、大学セミナー・ハウスは開館一五周年を記念して複数の講師からなる講演会を催した。そこに招かれて、前田が語ったのが「諸学の系譜と真理愛」と「真理を求める心」であった。前田の講演内容は、基本的には、ちょうど一〇年前の「真理愛の拠点」の論旨に等しい。しかし、比較的砕けた口調での語りは、若者たちに「真理愛」への関心を引き起こさせたことであろう。年末の講義では、くりかえし自分の病気のことに触れている。入院病棟から八王子へ出かけていったものであろう。このセミナーの全体は田村光三氏と山下幸夫氏の共同編集で『諸学の系譜と真理愛――方法論の再検討――』として、一九八〇（昭和五五）年一〇月に刊行された。前田没後のことになる。

六

「日常と聖書」にまとめられた文章は、著者が視点を、おもに日本という国とその国民にむけて執筆したもの、語ったものが中心となっている。法然、親鸞らの他力信仰を評価しながらも、日本の風土には多神教的、汎神論的傾向が根づいていて、絶対者への信仰に欠ける。歴史的に見ると、三千年以上前の被圧迫の群れであったハビルの民が「唯一神」への信仰を共有することで相互扶助の倫理に恵まれる。それがやがてはイエスの愛、イエスの「まこと」につながる信仰共同体を生み出すことになる。この生き方を日本の風土に根づかせることが、日本の国民の心を「消極的な諦観《ていかん》」から「積極的な感謝」へと変えさせ、日本を「世界の友」へと転換させるきっかけを生むことになるであろう。

一九七八（昭和五三）年九月に行なわれた塚本虎二・五周年記念講演会での講話が「霊感へのあこがれ」である。「霊感にあふれることのできない」弱いものも、イエスの功《いさおし》のおかげで聖霊をうけ、救いへと導かれる。万人救済論である。「黙示と信仰」は内村鑑三・五十周年記念講演であった。これは冒頭から、「まこと」ではありえない人間が「イエスのまこと」のゆえに、無条件で救われる、という語りで始まる。しかし、救いはこの世が神の国として完成する時に成就する。その時を待望しつつ、愛の共同体のなかで、よろこびを分かち合いつつ生きるのが信徒である、と語る。これを語ったのは一九八〇（昭和五五）年三月三〇日であった。これが前田護郎の、いわば遺言となった。

前田護郎「聖書の研究」

一

前田護郎は第二次世界大戦直前から戦後にかけてドイツ、スイスで、その後は一時アメリカで過ごし、一九五〇（昭和二五）年の晩秋、足かけ一三年ぶりで故国の土を踏んだ。塚本虎二の「丸の内基督教講演会」（於・生命保険会館）に戻り、ときおり塚本の前講をつとめた。また塚本、その他の先輩の伝道雑誌への寄稿も重ねられた。東京大学教養学部の助教授として、大学関係諸機関への発表も多くなる。

二

塚本の個人雑誌『聖書知識』誌第二六一号（一九五二年一月）からは「洗礼者ヨハネの研究」の連載が始まる。それは翌年正月の第二七三号までの一三回の論考となった。しかしそれは一三回で完成したものではなかった。じつは前田は一九五二（昭和二七）年一二月七日の塚本集会での前講で「終末と信仰」を語ったのを最後に、この講壇を去った。翌一九五三（昭和二八）年一月一一日から世田谷の鷗友学園で当初「ヨハネ学会」と称した独立の聖書会を始めることになったからである。塚本のことばによれば、前田の「独立へのはなむけとして」、連講「洗礼者ヨハネの研究」は打ち切るということであった。

前田の論考はこの洗礼者ヨハネ論にかぎらず、ドイツの学会、とくにM・ディベリウスその他の様式史的研究法また非神話化論争を経た論であった（しかし、様式史その他に捕らわれることはなかった）。イエスを論ずるにしても、福音書のテクストそのものに、まず戻り、文献学的な視野に立って聖書原典に向き合うことを求めた。一九五〇年代のわが国における聖書解釈として、前田の語りはまことに清新であった。たとえば、新約聖書は歴史的には旧約聖書の世界に生まれたことを前提とした議論を進めた。洗礼者に接近するイエスは、はじめからヨハネに深い敬意を示している。しかしイエスは荒野的禁欲主義にこもらず、メシア運動とも一線を画し、しかし文化蔑視《べっし》主義には、またその反対の文化至上主義にも加担せず、新しい道を模索する。律法が人の力によって行なわれる時代は去り、力のない弱い者たちが、恩恵によって救われる新しい時代が、いま来たりつつあることを宣教した。ここにはイエスの十字架の意味を知った福音書記者の、回顧的な視点が入っている。とうぜんイエスの姿は洗礼者ヨハネから乖離《かいり》するはずなのである。

前田の聖書解釈が一九五〇年代の日本で清新であった、と先に述べた。それはひとつには十五年戦争期の殺伐とした思想傾向が去った後の、しかし国民としてこれからの進み行く指針も定かではない荒れた状況のなかで、静かに理性的に説かれた救済史的歴史観であった。もうひとつ見落としてならないことは、一九五〇（昭和二五）年から一九五三（昭和二八）年にかけては、対岸の朝鮮半島では南北の大規模な戦争が戦われた。それが日本国内におよぼした不安感は言い知れぬものがあった。その不安感と無教会内部、あるいはその周辺で起こった「異言」問題は、時間的距離をおいて観察すれば無関係ではないことがわかる。塚本が自らの信仰誌に「無教会主義と異言運動」を発表したのは、前田が「洗礼者ヨハネの研究」の第一三回目（つまり最終稿）の発表がゆるされたのと、同じ号（一九五三年一月）であった。塚本に学ぶ前田の聖書解釈が、かの「霊的強調」の叫ばれた時期に、文献学的な冷静さと確かさをもって、心ある読者層の内奥に届いていた事実を疑うことは出来ない。

塚本によって一九五三（昭和二八）年正月に断ち切られた「洗礼者ヨハネの研究」は、その後「イエスと洗礼者ヨハネとの対話」というかたちで東京大学教養学部の『外国文学研究紀要』（一九五四年）に発表された。塚本のそばで完結されなかったことが、そこに出ている。

つづく「3　イエスとその周辺」が収めた諸論は前田の帰国直後に書かれたものが多く、視点はもちろん、方法論的にも彼の洗礼者ヨハネ論に集約される研究法、主張と重なることが多い。「権威ある教え」のゆえに、人は罪のゆるし、平安をあたえられる。それが福音的奇跡の秘儀なのだ、と説かれる。また旧約聖書関係の論考、「ヨナ書」「ミカ書」に関する諸論は、前田が一九六四（昭和三九）年に発刊した個人雑誌『聖書愛読』に再録したものである（もともとは石原兵永の『聖書の言』、一九五七年八月号、五八年一月号に寄稿したもの）。そこではイスラエル中心主義と世界主義とが並べられるが、けっきょくは後者が神意にかない、義なる神を信ずる者はすべて救われるという主張に集約される、とまとめられる。

三

前田が『聖書愛読』を創刊したのは一九六四（昭和三九）年であるが、その第一号から「マタイ福音書」の講義を連載する。丸八年をけみし、一九七二（昭和四七）年の一二月（第一〇八号）に及んだ。前田として最大の聖書講義である。聖書に向かう姿勢ははじめから変わらない。まず現存のテクストに相対して、そこに潜むイエスの教えそのものに触れること。それが解釈の原点である。たとえば「さいわいなのは霊に貧しい人々」（マタイ五の三）。「ルカ福音書」には「霊に」がない（六の二〇）。しかし両者の間に本質的な違いはない。イエスは双方の言い方をしたのであろう。マタイには反パリサイ的傾向が強く、霊に富むことを誇りとした宗教指導者たちへの批判はぬぐえない。「マタイ福音書」にはモーセの十戒に反対とみられる表現があるが、十戒そのものへの反対ではなく、そのユダヤ教的適用への批判であった。「狭い門から入れ」（七の一三）は禁欲的律法ではなく、十字架への道を歩みとおしたイエスの「低さ」を物語る。イエスのごとくに低くあれば、門はいかに低くとも、狭くとも、通れる。「隣びと」や「兄弟」は住む場所や血縁の近い人びとをさすのではなく、当時の文献にあらわれる「同信の友」の意である。「宮」とは神住みたまい、人が祈る所である。弱く小さき者たちを救おうとする神の愛の示される所、そこが宮であるべきである。福音書の最後を飾るキリストの復活記事は、いわゆる「あとがき」ではない。福音書は復活を信じえた人びとがイエスの生涯を回顧的に告白し、描いたものであり、復活信仰が福音書全体に初めから投影されている。ナザレのイエスこそ待望のメシア（神の子）であり、万人の罪は彼の十字架の贖罪《しょくざい》のゆえに、いつの日にか完全に許される。救済論的歴史観が貫かれている。

四

前田は万人救済論を説いた。そうとすれば、「信仰」なることばをどう理解すべきかということは大きな課題であった。イエスは弟子たちを「小信もの」、つまり「信仰の薄い者たち」（マタイ一六の八）と呼んだ。とすれば、彼らの救いはありうるのか。前田は「マタイ福音書」の注解のなかで、次のように書く。「信仰とは人間の力で信じて仰ぐような、いわゆる宗教的行為ではない。神にすべてを委《ゆだ》ねてこそ神の力を受けることができるという、神との真実の間柄である。……イエスは神の父性に依存し、その愛をまともに受けえた眞の神の子であった。そこに彼のまことがあり……」。また一九章二三―二六節にかかわる注解では、「信仰による救いも、人間が自ら信じて仰ぐのではなく、イエスの信仰（まこと）によって神から恩恵を受けて救われることである」と書く。一九六八年からその翌年にかけての注釈である。信仰とは人の信仰ではなく、イエスが示す人にたいする「まこと」であると説かれた。そうでなければ、信仰なき者の救いはありえない。

世田谷聖書会で前田が「ローマ書」の講義を行なったのは一九七六（昭和五一）年四月からその翌年九月にかけてである。三章二一―二二節で「神の義」とは「イエス・キリストのまことによる神の義」と訳し、「まことは人が信じて仰ぐというわゆる信仰でなく、イエスがまことを貫いて十字架につかれたことによって義とされるという恩恵中心の解釈が正しい。その恩恵が律法を成就する（三章三一節）という神中心の創造的倫理観世界観に底知れぬ深さがある」と注解をほどこす（『聖書愛読』第一五七号、一九七七年一月「書斎だより」）。死後出版される『新約聖書』（前田訳）の欄外注で、この信仰論が詳細に記されていた。

原典で「イエス・キリストの信仰」とあるのを「イエスがもっていた信仰」ととるか、「イエスにたいする信仰」ととるかは、議論の分かれるところである。その具体的箇所によっても異なるであろうけれども、前田は「マタイ福音書」講義や「ローマ書」講解において、原則的に「イエスのまこと」という理解を示した。かれが個人雑誌を出し始めたのは、すでに記したように一九六四年正月であるが、その年の九月号の「巻頭言」に「信仰なきわれを」を書いている。そのなかで「ローマ書」三章三節に言及して、そこに「信仰」に相当する語――「ピスティス」――が出ることに触れる。「それは神のピスティス〈まこと〉がもと」であって、「信ずることができないものに恩恵として神のまことが分かち与えられて、信ずるようにされるのであります」と記している（『ひとり学ぶ友に』一六頁）。

前田の晩年やく二〇年は、「信仰＝まこと」論を基礎にして、万人の救い、全教主義など、キリスト教神学、教会史論などにかかわる重要な諸問題に立ち向かったということができるであろう。

〈世田谷聖書会に連なって〉

世田谷聖書会について

日本へ帰ったならば若い人たちを相手に聖書の勉強会を始めたい、という考えは、前田護郎先生の心に、ヨーロッパ滞在中から芽生えたものであったらしい。その先生は昭和二十五年の秋ふかき頃、アメリカを経て、十三年ぶりで故国の土を踏まれた。「新しい学問が旧い単純な信仰を包んでいる」とは、塚本虎二先生が帰朝早々の前田先生を評していわれた言葉である。

しかし、日曜聖書講座と称する自由聴講制の集りが東京・世田谷の鷗友学園で始められたのは、それから約二年あまり後の、昭和二十八年一月十一日のことである。静かに、小さく、その集会は二十余人でスタートした。発足にあたって前田先生が標榜されたものは、「研究的・平信徒的・諸教派と無関係」という三項目であった。これは集会のその後を決めて、現在に至っている。中心を貫くものは、福音的キリスト教の精神である。

指導の直接の対象を「若い友」におく、という先生の基本的態度には、単に、年齢的に若い世代を相手にする、ということ以上の意味があると思われる。第一には、いまだ聖書に接したことのない人々に福音を伝える、という考えである。福音未到の地へそれを宣べ伝えるという、いわば遠心的な方向である。第二には、少数の人々に聖書の真理をゆだねてゆくという、いわば求心的な方向である。イザヤ的ないい方をすれば、神の言葉を少数の後進の心のうちに「封じておく」ということであろう。この二つの面は先生において、常にみごとな調和をなしている。若い人たちに福音の真理を、という先生の祈願は、その調和の一つの表れとみられよう。それは、この国に対する先生の愛である。

純な若々しい集りとして誕生した日曜聖書講座は、その後十年あまりを閲《けみ》する間に、誰いうとなく世田谷聖書会と呼ばれるようになった。先生はこの会で、ヨハネ第一書、イエス伝（マルコ福音書を中心とする）、ガラテヤ書、ペテロ前書、山上の垂訓、ヨハネ福音書、その他を講ぜられた。この中でイエス伝とヨハネ福音書の講義は、それぞれ三年という年月を費して行なわれたものである。聖日ごとに、平易な表現をとおして吐露されてゆく聖書の真理は、時間の推移とともに、若い魂の底に累積されていった。

先生の聖書講義は、第一に、学問的である。様式史問題、非神話化論争などをとおった現代の新約聖書学はもとより、言語学その他の広汎な学的成果が駆使される。それでいて学問が前面に出るようなことはない。先生の内部において正しく淘汰された学的成果は、先生の建設的な解釈をとおって生かしかえされ、時代的・地域的制約をこえて聖書全体が、いま、ここで、われわれに何を語るのかを説き明かす。

第二に特徴的な点をあげれば、先生の講義の内容が福音的である、ということであろう。神の子イエスの来臨によって新しい福音の時代が到来し始めたのであり、これが第二の創造である。信徒はいま宇宙完成の日の来るのを待っている。従って、信徒は現在「望みによる救い」の時代に生涯を送っている。いまは苦しみが残存しているが、最後の時には、人は信仰の故に、否、善行としての信仰はなくとも十字架のあがないの恩恵の故に、救いへと導かれる、と説かれる。万人の救済が神の窮極の意思である、ということである。復活信仰の告白が講義の結論とされることが多い。旧約の義がいわれないのではない。まさに逆に、旧約の理想は、新約の絶対的愛に遇わなければ成就しないという、福音的把握なのである。

先生の思考法と表現法には著しい特徴がある。それが第三にあげらるべき点であろう。一言にしていえば、ヨハネ的、とでもいえるものである。ヨハネ福音書には、先生が「回り道」と名づけられる書き方がある。西欧の形式論理では律し切れない東洋的な表現法であり、それが、時間をこえた神の救いの秘義の説明に大きな役割を果たしている。ところが一般的にいって、先生の思考法そのものに、このヨハネ的特徴がみられる。一つの問題の考察にあたって、形式論理的な方法はとらない。何かの問題に接すると、先生の思考は遁走曲《フーガ》的な繰り返しを経ながら展開し、問題全体が深く把えられてゆく。先生の話し方、文章が、そのとおりである。実は、このような東洋的思考法と表現法を、先生は聖書の解釈に生かされたのだ、といったら大袈裟に過ぎようか。ヨハネは先生が特に愛好される文書であるが、単にヨハネの場合に限らず、聖書全体に対して、東洋的な思考法を生かすという態度がうかがわれる。異教の島国において、先生の聖書解釈が、聞くものの頭と心に滲みこんでいった原因の一つが、先生のこのような思考・表現様式にあることは否めない。

先生は政治・社会を語らず、聖書を語る。だがこのことは、先生が現実を等閑視しているということではない。これが第四の特徴である。聖書中心の講義そのものの中で、信徒の社会的実践の在り方が説かれる。ときには講義の途中で、おおらかな「脱線」が起こる。それを「余」談と考えてはならない。そこに盛りこまれているものは、多くは先生自らが体験した事柄の、信仰的解釈である。信仰に立脚した生活の知恵を、そこから学んだ人も多かろう。

これまで、世田谷聖書会そのものにスポットをあててきたが、この集会を説明するためには、先生の一学徒としての公的活動に一瞥を与える必要がある。戦中、戦後にボン大学、ジュネーヴ大学、イェール大学で教鞭をとり、昭和二十三年にアムステルダムで開かれた第一回の世界教会会議（World Council of Churches）総会に出席。帰国後は、母校東京大学に教鞭をとるかたわら、塚本先生の丸の内の聖書集会や、東大でのキリスト者連合会主催の聖書講義を担当された。この東大での講義は現在に及んでいる。昭和三十四年には、ジュネーヴ大学四百年記念式典に東大から派遣され、同時にヨーロッパの諸大学で講演し、新約聖書学会、西洋古典学会に出席の後、ギリシア、パレスチナなどを視察して帰られた。昭和三十八年にはカナダのモントリオールで催された「信仰と職制」(Faith and Order) 世界会議へ招聘された。先生の文筆活動については、この文集（『恩恵の十年』世田谷聖書会編、一九六四年）の巻末に収録した論文目録を一見すれば足りる。武蔵野の一隅で続けられている目立たない小さな集会も、先生の、こういう幅広い聖書研究活動の一環としてみるときに、意義ぶかいものがある。良い意味での国際性が、若い人々に日本人としての使命感を植えつけたことも疑えない。

この集会で信仰を学び、地方へ散っていった人々へ、また外国へ留学・出張した人々へ、先生の聖書講義のノートが個人的に送られたりした。それは初代教徒間の回章を思わせる、真実な、美わしい友情の現れであった。本年一月に先生の個人雑誌『聖書愛読』が「ひとり学ぶ友に」と副題されて、創刊された。それは更に貴重な回章となって、国の内外を問わず、貧しい魂に福音の種子を持ち運ぶことであろう。

先生の指導を仰ぎながら、聖書の勉強のよろこび、なかんずく、この世に生きるよろこびを教えていただいたものの数は少なくない。この文集に、尽きせぬ感謝の心を持ちよって、先生に捧げたい。ここに当然名を連ねるべくして果たせなかった幾多の諸兄姉の祈りが、この文集の成立に、与って力のあったことを特に書きとめておきたい。

この文集でわれわれが表現しようとするものは、先ず、前田先生への感謝と尊敬ではあるけれども、それと同時に、この文集が、生ける神へのわれわれの信頼の気持を、素朴な形でいい表わしていることを読みとっていただけたら、この上なく幸いである。芭蕉は「古人の跡をもとめず、古人の求めたる所をもとめよ」という空海の言葉を伝えている。われわれは先生の求めるものを求めたい。それは何か。それは「旧い単純な信仰」、真理に対する思慕と服従以外の何ものでもないはずである。

〈世田谷聖書会に連なって〉

馳《はせ》場《ば》

早朝のランニングをはじめたのは、体力の減退をとみに感じはじめたころ、四十歳をこえてからのことである。けっきょく五キロの道のりを二十分ほどで走るのが、わたくしにとって最適であることがわかるまでに、やく半年をついやした。毎朝こころみることにしているが、天候の条件とか、からだの都合とかがからみ、ときに原則は破られる。しかし走る回数は年二百をくだるまい。

同じ道を走るのでは飽きることだろう、と心配してくれる友人がいる。しかし江ノ島を背に、富士山や丹沢山系を仰ぎながらの海岸線は、わたくしを魅了した。自然には四季それぞれの顔がある。自然は生きていて、一日たりとも同じではない。毎日が別の姿であれば、飽きるはずがない。

ランニングをはじめて一年もたったころ、走る呼吸がわかってきた。体調次第によっては、一キロくらい走ったところで苦しくなることがある。そのとき休んだりしてはならない。ペースをおとすか、あるいは反対に、思いきってペースをあげて走りきってしまうことだ。いったん腰をおろしてしまったら、ふたたび走りだせるものではない。

早朝のほぼ同一の時間帯に、走る仲間ができた。どこの方がたかはわからないが、会うとうれしい。挨拶をかわす。数日顔を見ないと、心配したりする。何か月ぶりかで姿を見かけると、無類にうれしい。年寄りもいる。青年たちもいる。男女を問わない。

＊

「洗禮者ヨハネの研究」の説く万人救済論（『聖書知識』誌、昭和二十七、二十八年）の新鮮さに惹かれて、その筆者たる前田護郎先生の集まりに寄せていただいてから、はや四半世紀が過ぎた。集まりのはじめられた当時、大学の三年生であったわたくしに、先生の聖書講解が、すみずみまでわかろうはずはなかった。いまわかるだけのものを受けておけば、それでよしとせねばならぬ、と自分にいいきかせていた。それでも、鷗友学園に足をはこぶ回数のしげくなるにしたがって、聖書にかんする、先生の福音的解釈と解釈法そのものとに、興味をおぼえはじめた。

はじめはこの集まりに、そうそう長居をするつもりはなかった。ただ、すくなくともここで四季はすごし、先生の説かれることに耳かたむけるのでなければ、ご苦労のなかで研究生活を送られ、しかも貴重な時間を割いて少数ののにその余滴をおすそわけしてくださる先生にたいして、すまないことだ、という思いがあった。

集まりがはじめられて一年をけみした昭和三十年の一月は、たいへん寒かった。その月の最後の聖日は、大雪となった。交通機関が方々でとだえているらしいので、通常よりはやく家を出て、鷗友学園へ向かった。だが、玉電・宮ノ坂駅についたのは、家を出てから四時間も経った、十一時半ちかくであった。雪道を走りに走って、会場の最後列の、（いまは亡き）豊田栄先生のお席のとなりにすわらせていただいた。そして、乱れた呼吸をととのえながら、その日の講義の題をノートした。お話はほぼ終わっていた。が、パウロ書簡の一節を朗読される先生の声が耳にはいった――「われらはみ霊《たま》により、信仰によりて希望《のぞみ》をいだき、義とせらるることを待てるなり」（ガラテヤ五・五）。われわれは、いま待っている。やがて永遠の生命があたえられることが約束されている。その希望によってこそ、われわれは救われているのである、と先生は説明された。この日、わたくしはこれ以上のことばをきかなかった。しかしこれで充分であった。これがわたくしの馳場《はせば》の出発点となった。世田谷へかよいはじめて四季をすごしたときに、奇しくもスタート・ラインに立たされたのである。

＊

ひた走りに走った雪の聖日の朝。その朝からかぞえてさえ、すでに二十四年の歳月はすぎている。その歳月がつねに平坦であったといえば、うそになろう。しかし七日ごとの講義は、そのひとつひとつが充実していて、飽かせられることがなかった。また、あたえられたかずかずの恩恵は、世のすべての障害をおおうものであった。どこからともなくこの集まりに拠《よ》り、走りあう、同信の友との交わりは、暗い世俗を生きる支えとなった。この集まりから離れ、信仰の馳場《はせば》を落伍するようなことがあれば、容易にそこに立ちもどれるものではないことを、いまのわたくしは知っている。呼吸をととのえて、コースにもどり、もとのペースに乗ることなど、まずできる相談ではない。苦しいことがあれば、かえってスピードをあげて、走りきることだ。四半世紀といえば、けっして短いものではない。その時間をかけて、この集まりは成長してきた。自然が四季を通じて、新しい相《すがた》をあらわしてくれるように、われわれは年々歳々、集まりの現実のなかで、新しく真理を学びつつ、飽くところなく、こんにちを迎えている。それはいわば永遠の相のひとこまである。

絶対なるものの創造と救済のみ力がこの集まりに働いている。したがってこの集まりに連なる個人の救いは、集まりの全体にかかわり、また全体の聖化は個人の聖化にかかわりをもつ。しかもこの集まりは、世俗社会にたいして、すくなからざる影響力を持っている。とすれば、いまわれわれは、かつてパウロが書いたように、「朽ちぬ冠《かんむり》」を目あてにして（Ⅰコリント九・二五）、あたえられた馳場《はせば》を走りきる意をかためること以外に、われわれじしんとこの集まり、さらには社会にたいする責任のとりかたがあろうとは思われない。一九七八年一月しるす。

〈世田谷聖書会に連なって〉

前田訳聖書

一九八〇年四月十七日に前田護郎先生が召されましたときに、先生のご生涯は、いったいなんであったのか、と考えました。そしてけっきょくは、先生の全生涯のお仕事は、第一に、聖書の文献学的研究と翻訳。第二に、聖書そのものの教えの伝達。第三に、相互扶助の精神、中立の精神実践――と、この三点に集約されるのではないかと思いました。そのことを、五月一日に青山葬儀所で執り行なわれました告別式において、故人略歴として申し上げ、さらにそれを『聖書愛読』最終号に載せさせていただきました。

先生のお仕事として第一にあげましたもののうち、今日は先生の聖書翻訳について申し上げたいのであります。ご存じのとおりに、昨年十二月に中央公論社から、前田訳『新約聖書』が刊行され、先生のこの方面のご業績が一書にまとめられたのであります。その発行の過程に多少関わりをもちましたもののひとりとして、この前田訳の特徴、発行の意義などについてお話を申し上げたいのであります。

前田訳『新約聖書』の特徴を三点にしぼって申し上げますと、第一はギリシア語原文の原意を生かす、ということであります。第二は、血の通った簡潔な日本語を用いるということ。第三は、「ひとり学ぶ友に」あてて訳された聖書であるということ、であります。第一の、原文の原意を生かすという点にかんしてでありますが、最近あるかたからお便りをいただきました。使徒記第二四章九節に「ユダヤ人たちも、ことはそのとおりといって、共に攻めた」とありますが、その最後の箇所は「責めた」の誤植ではないか、というご質問でありました。日本語の流れだけからいたしますと、それでもいいようにひびきます。日本聖書協会の口語訳新約聖書では、そのところが、「この訴えに同調して」と訳されています。しかし原文では、「攻撃に加わる」ということばが使われていまして、前田訳はここで、パウロのおかれたきびしい状況を伝えるための、ただならぬ訳語を選んでいるのであります。

第二の特徴としてあげた、血の通った簡潔な日本語ということについて。前田訳の簡潔さには定評があり、ときにぶっきらぼうと思えるほどであります。かつて中央公論社「世界の名著」版で『聖書』が出ましたおりに、先生はその新約の部の凡例において、「原文は簡潔であり、古代の人々はそれをゆっくり音読した。……直截簡明な文章が広く用いられる社会が健全なことは、古来の言語史が示すとおりである」と書かれました。「簡潔」ということにかんする先生のお考えが、出ています。「血の通った日本語」ということにふれて、一、二の実例をあげておきます。たとえばヨハネ福音書第一九章二六節に、イエスが母マリヤに呼びかけることばがあります。日本聖書協会訳では、「婦人よ」となっています（最近の共同訳でも！）。しかし常識ある日本人は母親を呼ぶのに、こんなことばを使うでしょうか。前田訳では、「母上」と呼びかけています。マルコ福音書第一五章二九節は、道ゆく人びとが十字架につけられたイエスを罵る箇所であります。協会訳では、「ああ、神殿を打ちこわして三日のうちに建てる者よ」と訳してあります。これは無難な、朗読調の訳文であります。塚本虎二先生はここを、「へへえ、お宮をこわして三日で建てるお方」とした。原文の調子をよく伝えているのでありますが、教会側からは「百姓翻訳」という酷評をたまわりました。たしかに、説教壇では使いにくい訳でありましょう。前田先生は、「はあ、宮をこわして三日で建てる人」となさいました。塚本訳と同様、原意をよく伝えた、それに血の通った簡潔さであります。

第三に、前田訳は「ひとり学ぶ友に」あてて訳されたということをお考えいただきたいのであります。このことばは、先生が出していられた『聖書愛読』誌の標語として掲げたことばですが、これは先生の翻訳の精神をもあらわしておりました。訳文は常識ある日本人の耳できいてわかる日本語を用い、ひとりで聖書を学ぶ素人に必要最小限の注釈をつけるということが、先生のご方針でありました。略注は、どこまでも「略」注でありまして、無い物ねだりふうの評言は、問題になりません。前田先生は学問的成果を前面に押し出さず、それを整理し、吟味したうえで、さらに先生ご自身の解釈を、ほうぼうに出しておられます（その例は随所に見出されますが、たとえばルカ一五・三二、ヨハネ一九・一五、使徒六・一、ヘブライ二・一七、黙示録一〇・九などの傍注をご覧いただきたいのです）。ときに先生流の茶目っ気たっぷりの注記にも出くわします。使徒記第二八章一五節の「トレス・タベルネ」にたいして、「三軒茶屋とでも言おうか」と記したのは、その一例であります。

前田先生は新約聖書の翻訳にやく二十年をおかけになりました。そのほとんどを『聖書愛読』誌に発表なさいました。使徒記と第一・第二コリント書のように、今回はじめて公表されたものもあります。やく二十年をかけた作物でありますから、初校の段階で用語や表現法に不統一の認められる箇所もありました。おそらく初校の際に訂正・統一をなさるおつもりであったのでしょう。しかし初校のはじめの部分、ごく数枚をご覧になっただけで、逝いてしまわれました。ひとつことばがいくとおりかに訳出されている場合は、いちばん困りました。その種のことばをカードにとって、検討し、ある程度の統一をとらせていただきました。わたくしどもが最後まで悩んだのは「教会」に相当する原語の訳でありました。じっさいに、「教会」という訳語のつけられている箇所もありました。しかしそれを「集まり」、「集会」という訳語で、ほぼ統一しましたのは、先生ご自身が、とくに「集まり」ということばがお好きであったことと、この訳語の使用度が絶対的に高かったからにほかなりません。しかし訳語の統一という面におきまして、もしご批判が出されました場合には、わたくしがその責任を負わなければなりません。

現在、日本のキリスト教界では、日本聖書協会発行の口語訳聖書がひろく用いられております。この翻訳は新約が一九五四年（昭和二九）に、旧約は一九五五年（昭和三〇）に刊行されました。翻訳の原則は、（一）ギリシア語原文に忠実であること、（二）達意の日本語であること、（三）公の朗読に適した格調ある文体であること、の三点でありました。しかし全体として、「文体については成功とは言えない」（斎藤勇博士）という評が当たっております。その例は枚挙にいとまがないほどですが、一、二例の指摘にとどめなければなりません。まず人称代名詞です。敵味方の、殺す殺さぬの緊迫したやりとりに、「あなたはわたしと」などということを、男たちがいうものでしょうか。教会堂での朗読を重視した結果の日本語を、協会訳は採用したのでありましょう。また「ハガルは子をはらんだ」（創世一六・四）、「家畜はみごもる」（詩篇一四四・一四）では、人間と家畜の地位が逆転しています。これでは現代日本語への悪影響さえ憂えられるのであります。「取りのけ」（イザヤ六二・一〇）や「諸教会」（第三ヨハネ六）などは誤用、誤訳の類ですが、いまだ訂正されていないのではないでしょうか。

聖書には標準訳が必要であります。しかしすぐれた標準訳が出来るには、すぐれた個人訳が先行する必要があります。イギリスの欽定英訳聖書のまえに、ティンダル訳がありました。日本のすぐれた明治訳でも、ヘボン博士らの個人訳がその役を果たしました。現代の日本で教会外の研究者の手になるすぐれた個人訳（たとえば塚本虎二訳、関根正雄訳など）が出たということは、やがてすぐれた標準訳の出現を予想させるものであるとみたいのであります。前田訳がこの意味でのひとつの踏み石になるとすれば、訳者の喜びこれにまさるものはない、と思われます。*The New English Bible*（1970）に匹敵する質の現代日本語訳聖書の完成が待たれるのであります。

前田訳は先生が生涯の三分の一を使っての大事業でありました。その事業の仕上げの仕事に関わることがゆるされたことは、わたくしの光栄とするところであります。このかん三年半、つねに集まりの皆さまのお祈りを一身に感じていました。この集まりなくして、この仕事を達成することは不可能でありました。この前田訳は、皆さまのお祈りのたまものであります。

ヨハネはパトモスの島で、天からの声をききます、——「然《しか》り、彼らはその労苦から休らおう。そして彼らのわざが後に従おう」(黙示録一四・一三)。前田先生は、四年まえにこの地上から召されました。しかし先生のわざは、この集まりを通して先生に従い、さらに先生を通して神のみ座へとささげられました。

ことしの冬はことのほか長く、寒く、そのために桜の開花が一週間ほどおくれました。おかげで今日はこの教室の窓辺も、桜が満開でありまして、桜の下照りのなかで、お話をしている思いであります。自然までが、前田先生四周年の集いを祝ってくれていることを感じます。全てを統べたもう創造主に、心から感謝いたします。

〈世田谷聖書会に連なって〉

先生の全教主義

前田先生のお仕事が三分野にわたることは、折にふれて申し上げてまいりました。三分野といいますのは、第一に新約聖書の文献学的研究と翻訳。第二は、中立の精神、相互扶助の精神の唱導と実践。第三に、聖書の教えの伝道、であります。

ここでは、とくに先生の関心の第二の部類にかんして申し上げたいのです。中立のあり方をめぐっては、スイスの国是とその実際の行動が、つねに先生の頭に去来いたしました。第二次世界大戦中のヨーロッパに滞在した数少ない日本人のひとりとして、実際にスイス人の生き方を目撃し、体験したことが大切でした。しかし、もとを辿れば、旧制一高時代に三谷隆正、立澤剛、塚本虎二ら、内村系の先輩をとおして、カール・ヒルティの思想に接し、それに共鳴していたことが、のちに彼が実際にスイスに起居するにいたる道を準備したものと考えられます。戦争中のスイス人の対日感情は（先生みずから言われるように）悪いものでした。にもかかわらず、先生がスイスを尊敬できたのは、一日本人である先生がスイス人の友人たちの厚遇に出会ったという個人的体験のほかに、ヒルティの思想をとおして、スイスのよき精神を信ずることができたからにほかなりません。

先生がスイスのよき精神としてとらえたものは、スイスが複数民族国家でありながら、福音の精神を基礎として、国内の一致をはかりつつ、外国への援助を惜しまないという努力を指しています。その意味で、「中立」とは他国に仕えるという積極的なあり方の前提であります。スイスが国際赤十字の事業に力をそそぐのは、そのあり方のひとつの成果である、と先生は説きます。これはやがて先生が、戦後の日本に期待したあり方の原型となります。

この関連で、もうひとつ指摘しておかなくてはならないことは、前田先生が世界教会運動《エキュメニカル・ムーヴメント》——先生はそれを好んで「全教主義」とよびました——に多大の精力を傾注したという点です。「中立」は内を治めて外に仕えるあり方であるからには、それはがんらい他動的な「相互扶助」の実践性をふくみます。超教派的精神に立って推進されてきた世界教会運動に、前田先生が心を開いたのはとうぜんのことでありました。先生は一九四八年の、アムステルダムにおける世界教会協議会の設立総会に出席しています。その後は同協議会のなかに組み入れられた「信仰と職制」部会で積極的に発言していましたが、一九六〇年のニューデリーでの世界教会会議では正規の「信仰と職制」委員に選ばれ、その結果、一九六三年のモントリオールの第四回信仰職制会議にも出席することになりました。

前田先生は教会の「唯一の伝統」の普遍性を強調します。「教派に属する人はその教派に忠実であるべきである。しかしそれと同時に主ご自身の体としてのエクレシア（全教的教会）を忘れてはならない」。世界教会を視野に入れた相互扶助の精神の主張と実践を、先生の生涯をとおして貫かれたのです。

しかしこのエキュメニカルな主張と行動は、もとをただせば、内村いらいの無教会主義に行き着くことを指摘しなければなりません。無教会は、前田先生によれば、反教会（non-church）ではなく、「制度や組織としての教会のない（churchless）ものの救いを示すもの」、教会以上の存在への接続を求めるものであり、これは（先生の言い方によれば）「大乗的な」動きでありました。日本はアジアの隣国のために、また世界のために、儀式と制度から「解放」された福音の「感謝とよろこび」を伝えるべく用いられるべきである。これが日本にとっての「全教《エキュメニズム》」であるべきだ、と説かれました。この主張の根底に無教会主義がひかえていることは、明らかです。

先生はじっさいに既成の組織から「解放」された生き方をされました。無教会関係の諸先輩の雑誌に多くの文章を寄せ、彼らの伝道を助けたばかりでなく、『医学と福音』（日本キリスト者医科連盟）や『医療の光』（日本キリスト教海外医療協力会）などにも、請われれば執筆をこばみませんでした。また本務校である東大教養学部での勤務のほかに、日本聖書協会理事、日本宗教学会理事、日仏ギリシャ・ローマ学会長、私立鷗友学園長・理事、その他を引き受けました。また共同訳聖書実行委員の一人でもありました。ここには、ひろく全教的な見地から、他者に仕えるという、中立―相互扶助の精神が息づいていました。

東大基督者連合会主催の基督教講座に関根正雄氏、中沢洽樹氏らと講師として、また顧問として積極的に参加されました。この講座は東大内の、教派を異にする五団体を母体とする連合会が主催する勉強会であったという意味において、前田先生の「全教」第一主義にかなう集まりであったとみることができます。

一九五三年に塚本虎二先生から独立して、先生は世田谷の鷗友学園の一室で自由聴講制の「日曜聖書講座」を開講されました。集まりの性格は「研究的・平信徒的・諸教派と無関係」と規定されていました。つまり全方位的な開かれ方でありました。はじめは二十余名の集まりの、これが出発でありました。

〈世田谷聖書会に連なって〉

経堂聖書会——新しい出発

一

わたくしたちの経堂聖書会は本年始めから、鷗友学園を去って、小田急線経堂駅に近い世田谷区の文化施設を借り、集会をもつようになりました。経堂聖書会として一四年も使わせていただいた鷗友学園を出ることは、一抹の寂しさなしとしませんでしたが、学園の都合を言われれば致し方のないことでありました（別の集会ではありますが、前田先生はここを二七年間も使われたのでしたから、双方にかかわった人びとからすれば、鷗友学園は四〇年以上の思い出のある大切な所でした）。

前田先生の没後、世田谷聖書会は解散しました。

一九八〇年五月二九日に小泉磐夫先生と新井が鷗友学園に薄井喜美子校長（当時）をお訪ねして、前田集会のために学園の教室を、長いあいだ、かなり自由に使わせていただけたことにたいして、衷心よりの謝意を表させていただきました。その折に薄井先生は、「新井さん、聖書会はどうなさるのですか。こちらで聖書会をつづけてくだされば、この学校が清まります」とおっしゃいました。校長先生のお口から図らずも、このようなことばが漏れるとは！

キリスト信徒としての薄井先生の愛の心を、そこに感じました。わたくしは圧倒される思いでした。

ほんとうに新しい聖書会をスタートすることになったとき、薄井先生のこのおことばがひとつの大きな支えとなりました。鷗友学園を使わせていただけることになったのです。当時は学園の上野恂一郎先生がお達者で、聖書会に加わっておられましたので、教室使用にかんしては上野先生が責任をもってくださいました。先生は一九八六年に召されましたが、その後も学園の教室は使用させていただけました。これは疑いもなく歴代の校長先生のご理解と雅量のおかげでありました。わたくしどもは鷗友学園からいただきましたご恩義を忘れることはありません。

二

本年一月に鷗友学園を去ることになり、昨秋は聖書会の有志で何回か相談会を開きました。その過程で分かりましたことは、聖書会の皆さんの気持ちは、じつに軒昂なることでありました。皆さんで、会場さがしに立ち上がりました。やがて小田急線経堂駅付近のせたがや婦人会館や経堂地区会館の借用が可能なことが判ってまいりました。「これまでは経堂聖書会を名乗りながら宮ノ坂の地にいた。これからは本当の経堂へ移ろうではないか」というような、明るい発言も聞かれました。会場問題が契機となり、皆さんの心がより一層固まり、元気づいてまいりました。聖書会にとって、これは祝すべきこと、うれしいことでした。

かつてアブラハムは故郷を出るとき、その行く先も定かには知らされず、「わたしの示す地に行け」との神のことばを信じて一族を率いて出発したのでした。これがヤハウェの信徒たる者の基本的な姿勢であるべきであります。経堂聖書会も出発して一四年半、ここにアブラハムの原体験を示される貴重な経験を与えられたことになります。感謝すべきことではありませんか。

三

第二コリント書五章一六節から先を読みます。その一節に「キリストにあるものは新しい創造です。古いものは過ぎ去り、今や新しいものができたのです」とあります。パウロは、われわれはつねに「新しい創造」のなかにあらねばならない。それはつねにであります。そのためには、まず「神との和解」が必須である、と説いております。われわれは「新しい出発」とか「新しい創造」とか言って、我を張ることはない。まず神の側からキリストの十字架というかたちで示された「和解」のご意志のなかに立ちつくすことである。そして「新しい出発」を、ことあるごとに示されることである。

鷗友学園を去る、鷗友学園から出立する、という貴重な体験のなかに、われわれは神からの呼びかけの意志を感知すべきであります。感謝して、目を上にあげるべきであります。

〈世田谷聖書会に連なって〉

ひとり学ぶ友に

前田護郎（一九一五―一九八〇）は一九五三年（昭和二八年）一月に東京・世田谷の鷗友学園に日曜聖書講座なるものを開いた。のちに世田谷聖書会とよばれるようになるその集まりは、一九八〇年（昭和五五年）四月一七日の前田のとつぜんの逝去によって解散を余儀なくされたが、その数日まえの四月一三日の聖日にいたる満二七年を、かれはこの講壇をまもった。

若き日に塚本虎二に師事し、内村鑑三の流れをくむ無教会の信仰を学んだことは、前田の精神生活を決定した。東京帝国大学文学部言語学科を卒業したのち、ドイツに留学し、一九四四年（昭和一九年）には、「イエス伝断片パピルス・エジャートン研究」によりマールブルク大学から学位を授与されている。その年のうちにジュネーブ大学の講師として赴任し、その地にあってフランス語の著書『言語と福音』を出版する（一九四八年）。ヨーロッパをはなれ、アメリカのイェール大学で研究員講師をつとめたあと、一三年ぶりで故国の土をふむ。一九五〇年（昭和二五年）一一月のことであった。留学中、それは第二次大戦中から戦後の混乱期であったにもかかわらず、塚本虎二の雑誌『聖書知識』は海外の前田の手にとどいていた。

帰国後は東京大学の西洋古典学を担当しつつ、聖日は丸の内の生命保険会館における塚本虎二の聖書講義に列席し、ときにその前講の役をはたした。その丸の内から独立したのが、前にのべた一九五三年一月のことである。日本へ帰ったならば、若い人たちとともに聖書の勉強会をはじめたいという、在欧中に芽ばえた願いが、こうして実現したのである。その集まりは「研究的・平信徒的・諸教派と無関係」の三項目を標ぼうして出発した。

そのころから邦文の著述がまとまりだす。『新約聖書概説』（岩波書店、一九五六年）、『若き日の欧州記』（学生社、一九五七年）、『ことばと聖書』（岩波書店、一九六三年）。訳業としてはクルマン著『キリストと時』（岩波書店、一九五四年）、ヒルティの『幸福論』（共訳。白水社、一九五九年）、『聖書』（中央公論社、世界の名著シリーズ、一九六八年）、それに没後出版の『新約聖書』（中央公論社、一九八三年）がある。

世田谷聖書会が発足して一一年をけみした一九六四年（昭和三九年）に、前田は雑誌『聖書愛読』を創刊する。副題として「ひとり学ぶ友に」と付した。この雑誌は主筆逝去の年まで、一六年間つづいた。第一九四号が主筆の手になる最後の号である（没後、葬儀告別式における式辞、弔辞、未亡人の「ごあいさつ」等を載せた第一九五号が、終刊号として出る）。この個人雑誌に前田はおもに聖書の日本語訳と釈義を公表している。また毎号の巻頭言には、聖書の精神に立っての信仰論、人生論、時評、無教会論など、そのときどきの思索を書きとどめた。それはいわば信仰的エッセイともよびうる作品となっている。本書（前田護郎『ひとり学ぶ友に――聖書と人生――』［キリスト教図書出版、一九九八年］）はその巻頭言を収録したものである。『聖書愛読』誌の副題そのものを全篇のタイトルとした。

こうして、巻頭言を一書として通読してみると、まぎれもなき著者独自のものの見方、考え方に、より明確なかたちで出会うことになる。全篇を通じて多出することばが「よろこび」ということばであることも、この巻頭言集の特徴といえるであろう。このことは巻頭言の表題として「救いのよろこび」（第一一一号）、「よろこびの力」（第一二〇号）というようなタイトルがみられることでもわかる。また一篇の巻頭言のなかで、このことばを何度も繰りかえすばあいさえある。そもそも創刊号の巻頭言の冒頭に、「救いのよろこび」のことが言われているのである。また、よろこびとふかく関わる「感謝」、「讃美」、「希望」、とくに「さいわい」というようなことばづかいを加えてみると、巻頭言には、よろこびを基盤とする著者の考え方、生き方が躍動していると言えそうである。「よろこび」は著者のこの世におけるあり方を言いあらわしたことばなのであろう。

「この世で始まる救い」（第一四四号）という一篇を取りあげてみよう。「よろこび」という語が六回もでる。ここではまず、キリスト信徒がよろこびをもって労働に従事する事実が指摘される。その理由をたずねれば、人間の罪がゆるされ、やがて神の子とともに復活することができるという希望に、その源泉がある。さらに、救いはこの世で、すでに始まっている。いまという時はその救いの完成を待望している時である、というのである。人間は罪からの解放と復活の希望を（その成就は未来にぞくするとしても）、いま、すでにあたえられている。そこによろこびの生活の根拠がある。この著者が神の絶対の恩恵としてとらえたことがらの基礎に、以上のような理解がある。

そのよろこびが、どこにあらわれるか、という問題にかんしても、著者の見方は終始変わらなかった。よろこびの福音は世の弱きもの、弱きところ、「底辺」にこそ、まずあらわれる（第四九、七〇、七一、一三七、一六一、一六九号など）。著者が「底辺」ということばで表現するものは多岐にわたるが、知的にも、肉体的にも、経済的にも、また倫理的にも「弱い者」の全体を指している。「訪うに師なく、語るに友なき人々」、「追込まれるもの」、「行きづまったもの」、「罪になやむもの」の謂《いい》である。この種の人びとに、いったん福音の火がともされると、福音は積極的な力と化し、「愛の他動性」（第四二号）を発揮する。そして「受ける愛を与えること」（第一六八号）によろこびを見いだす生き方がうまれる。「受けるよりも与えるがさいわい」という「使徒記」第二〇章三五節のことばは、著者の好んで引用するところとなる（第五、六三、一四三号）。「大悟徹底」、「安心立命」の生き方、つまり他動的でない喜悦、自足的幸福観を、著者は忌み嫌った（第五、六四、一〇八、一一九、一四九、一五一号など）。

この他動的であるべきよろこびの現実は、そのよろこびを体験した底辺の人びとどうしの協同的な歩みを生みだす。それを著者は「よろこびの共同体」と名づけた（第九四号、他）。それこそが聖書にいうところのエクレシアである、と説く。「未来の完成を待ちのぞみながら自由の福音に生きるよろこびの集団こそ真のエクレシアです」（第六四号）。いいかえれば「罪をゆるされたよろこびを分かち合える共同体」のことである（第五七号）。つまりエクレシアとは「よろこび」の分与を軸とした相互扶助の共同体、愛の共同体のことである。しかも信徒のよろこびそのものが、神の子の死による罪のゆるしと復活の希望の確信に立脚した恩恵である以上、「よろこびの共同体」とは神の創造のみわざの結果であるに外ならない。とすれば、エクレシアとは神の創造のみわざへ参加することのゆるされた聖なる共同体、安息の共同体であるということになる（第一〇三、一二六、一二八、一六一、一七〇、一八一、一八七号、他）。

この「よろこびの共同体」の主張が、著者の平信徒論の根拠となる。組織にしばられず、自由に、そして倫理的に清潔な、福音中心の信仰生活を送る信徒を、平信徒とよんだ。イエスは「建築家であり、パウロはテント造りであった」（第七四、一〇五、一六三号）。「十字架による罪のゆるしを中間搾取なしに受けて、聖なるものを真に聖なるものとして心から崇める世界が与えられる」（第一〇五号）。この見地から、「ヨハネ福音書」第四章二一節以下の、サマリアの女を相手に語るイエスのことば（「この山でもエルサレムでもなく父を拝する時がくる」）を、著者は引用して倦まなかった（第一〇、一七、一三二、一三八、一五一号）。以上が著者の無教会論の基礎をなしている。

この世のエルサレムではなく、この世の底辺にありながら、「よろこびの共同体」に招かれ、神の創造のみわざに触れた人びとを、著者は「ひとり学ぶ友」と名づけた（したがってその語は「平信徒」とほぼ同意義である。ただ平信徒に備わるべき聖書研究への意欲を、より明瞭に意識したときに、この用語を用いたと解していい）。『聖書愛読』誌は、具体的にそのような人びとを脳裏にえがきつつ、書きつづけられた（第五七、一六七、一七六号）。「ひとり学ぶ友」は孤高を是《ぜ》とする者のことではなく、「隠れた神」を「隠れたところで」拝してやまぬ信徒（第七八号）、聖日の安息を中心として生きる人びとを指している。「ひとり学ぶ友」は単独であることを誇るのではなく、各自の「底辺」であたえられた恩恵を感謝しつつ、単数から複数を形成し（第八八、一二八号）、神の創造のみわざの、一日も早い完成を祈り、待つ。

この「ひとり学ぶ友」の生き方は、やがて成就すべき神の支配を、一部先取りしているであろう。この世にあって神に出会わされたために、神の国のあり方を微かに顕示した生き方をする。真のよろこびと安息をいま、ここで、生きている、と言うことができよう。しかしそれは決して唯我独尊の生ではなく、相互扶助を旨とする生である。与えられたよろこびは愛による相互扶助をもとめるからである。またさらに、「底辺」は抽象を排する。それゆえに「ひとり学ぶ友」は、理性を尊び、常識と健全の生き方をもとめる。このふたつの軸――相互扶助の精神と、理性・常識に立脚した生き方の主張――は、著者をして、ときとして鋭い社会批判また教派主義批判の言を吐かしめた。また著者の目が、このふたつの軸を生かして国の外へ向くばあいには、著者独特の国際性の主張となって表われた。この意味では「ひとり学ぶ友」は、対内的のみならず、対外的にも――とくに全教《エキュメニズム》の主張との関連で（第一〇、一〇六号）――機能するところの、信仰的原型をなしていたと言えよう。著者はこの「ひとり学ぶ友」の存在をよろこび、とくにその層が成育していく事実のなかに、神の創造のみわざを認めて、みずからも慰められていた。晩年にいたるにしたがって、そのよろこびと慰めの度合いは深められていったように思われる。

一部をもって全体を推し量ることは、つねに危険をともなう。巻頭言集をもって雑誌の総体を代表させることは慎まなければならない。しかしこの著者のばあい、巻頭言は雑誌本体の聖書邦訳、注解とともに、全体の重要部分を構成している。じっさいに、この巻頭言は本体への導入、あるいは本体でのべられることがらの、現実社会への適用の指針となるべくつづられている。その結果、その地味な表現——ときに著者の肉声を思わせる語り口——のなかに、現在および未来におけるキリスト信徒の、この世でのあり方を示唆することばが現われる。その意味では、この巻頭言集は前田護郎という、信仰に生きた一学徒の生涯の主張を代表する一書とみなして差しつかえない。

〈世田谷聖書会に連なって〉

平信徒の恩恵

一

前田先生が亡くなられたのは一九八〇年四月一七日のことでした。家族葬の後、より公的な告別式は五月一日に青山葬儀所で執り行ないました。五月一一日の聖日に鷗友学園での最後の聖書会をいたしました。阿部光成さんと小泉磐夫先生がお話をなさいました。最後に新井の口から世田谷聖書会の解散が宣せられ、二七年間つづけられた前田先生主宰の集会はその使命を終えたのでした。

その最後の聖書会の前に新井は前田未亡人と、鷗友学園に薄井喜美子校長（当時）をお訪ねして、石川志づ先生いらい学園が長いあいだ聖書会に示されたご好意にたいして感謝を申し上げました。薄井校長先生はその折りに、聖書会をこのままつづけてはどうか、と勧めてくださいました。しかし聖書会を始めるには、そうするより仕方ないほどの上よりの力の働きかけが必要であります。せっかくのお話も、ただちに先へは進みませんでした。五月二九日に小泉磐夫先生と新井は薄井校長を再度お訪ねして、学園への感謝の辞を述べ、聖書会としての謝意のしるしをお捧げしました。その席で校長先生は、「こちらで聖書会をつづけてくだされば、この学校が清まります」と発言されました。この一言はキリスト信徒たる薄井先生の信仰告白とも受け取られるものであり、わたくしは厳粛な思いに包まれたのであります。

旧聖書会の面々の燃えるような熱意に押し出されて、新しい聖書会が、鷗友学園で始められたのはその秋九月一四日の聖日のことでした。皆で「協同」して進めてゆく集会なのだから、ということで、準備段階では「共同聖書会」なる名称も真面目に考えられました。しかし結局、その意もこめて「経堂聖書会」と称することに一決いたしました。小泉先生が代表者を務めてくださることになりました。そうして出発して、そろそろ一八年が経とうとしております。

二

この数年、無教会は継承の問題でゆれております。ある先生は（ご自分のそれまでの主張を変えて）自分の死後も集会は継続すべし、と言い出しました。神の与えてくださった集会は、やたら解散などすべきではない、という理屈のようです。また別の大集会も岐路に立たされているようで、その集会の代表者格のひとりが、わたくしに前田集会はどうしたのか、と相談がありました（前田集会は先生の死後、そのままずるずると続けている、という見方があることを知りました）。わたくしは真面目に相談をかけてこられたその方にたいして、各集会の出発、解散、再出発は、それぞれで異なるであろうが、誰が継承するかというようなことは問題ではなく、それが「キリストのからだ」の一部、つまりエクレシアのなかの出来事であるかどうか、その点を重視すべきであるという答え方をしました。

三

さいきん出版されました前田先生の『ひとり学ぶ友に』（キリスト教図書出版社）をご一読くだされば、すぐに分かることですが、信徒は（一）各人が聖書に直結し、聖書に聞くことが第一です。そして（二）神による無条件の罪のゆるしを知る。そうすることで（三）ゆるされた者同士は相互扶助（愛）の精神と行為に恵まれます。先生の説かれた「ひとり学ぶ友」とはこの生き方をとおし、喜びに出会う者のことでした。それは自己満足の喜びではなく、他動的喜びでありました。このことは前田先生の聖書会ばかりでなく、その後の経堂聖書会につらなる皆さんの生き方を目撃して、わたくしの学んだことであります。

この三月末に信州・東部町の関克彦先生が召されました。司式をするようにとのお求めがあり、行ってまいりました。この方は信州の教育者であられ、前田先生の信仰雑誌の読者でした。「ひとり学ぶ友」の生き方を自覚されて、とくに前田訳『新約聖書』でパウロの「第一コリント書」三章一六節に「あなたがたは神の宮である」ということばを発見し、それへの前田先生の注書きを併せ読んだとき、心が歓喜にみち、賛美歌五二一番（「イエスよ、こころに宿りて／われを宮となしたまえ」）を何回もうたったとお書きになっておられます。その日、一九八五年一二月三〇日を「回心」の日だと報告しておられます。先生七八歳のときのことでありました。関先生は経堂聖書会そのものにご出席の機会はなかったかもしれません。しかしこの集まりに連なるおひとりでした。同じエクレシアで「ひとり学ぶ友」であられたのでした。そして信州では「聖書よみ合わせ会」なるものを指導しておられました。

四

エミル・ブルンナー（一八八九—一九六六）は内村鑑三のキリスト教は「純粋に日本的のものであり、輸入されたものではない」。世界のキリスト教会が「将来進まなければならない方向をはっきり指示している」と述べています。わたしどもに典礼の類いはありません。正規の牧会の資格をもつ者もおりません（わたくしは教会の方がたのおられる前でお話をし、終わったときに「祝祷」を求められるはずのときに、それはいたしません。その資格がないのです）。しかしそのような形式を越えるものを与えられています。

ここでヨハネ福音書一五章一一—一七節を読みます。ここでは（一）「わたしがあなた方を選んだ」、（二）「あなた方はわが友である」、（三）「互いに愛せよ」とあります。つまりわれわれは（一）神に選ばれ、神に直結しているがゆえに、（二）イエスの「わが友」として罪のゆるしにあい、（三）相互扶助の愛の行為に生きることがゆるされる。そこに真の喜びがある。そう書いてあるのです。それがエクレシアの現実の姿であります。

たしかにわれわれには職制も典礼もありません。そういうものはありませんが、ここにこのような集まりが与えられ、喜びがあたえられているという現実、これこそ「平信徒の恩恵」といえるものではないでしょうか。

〈世田谷聖書会に連なって〉

七人会の出発

経堂聖書会が与えられて二〇年ちかく経ったころ、二〇〇〇年（平一二）ころと思うが山下幸夫先生も新井も老境に達し、そろそろ聖書会の「若返りをめざして」、会そのものの運営法を改めるべき時が来たのではないか、という考えが浮かんできた。そのような声が聞こえてきたというのではない。山下先生と新井の間で、時間の経過とともに、そのような考えが芽生えてきたというのが、ほんとうのところであろう。

その年二〇〇〇年の一二月二八日に新井は、船橋市丸山の山下先生宅を訪れて、ご相談した。聖書会の日曜講座の予定表の作成、前講者と聖書講義者の決定、また経営法などは、実際的には（とくに一九九一年の小泉磐夫先生亡きあとは）山下・新井二人の肩に課せられた仕事であった。そのような運営は、この二人のあと最終的には誰に委任するか、という問題は難問であった。

一九九二年（平四）から翌年にかけて、新井はヨーロッパの宗教史思想の調査の目的で、オックスフォード、ロンドン、オランダで時を過ごした。驚いたことではあるが、その間に山下先生から聖書会の日曜講座の予定表の作成について、何回かご連絡をいただいた。おひとりでの決定には自信を欠いていらしたのか。というよりも真実謙虚であられた。当時は航空便と、国際電話であった。二人の間でこれで「よし」ということになれば、最終的には鷗友学園の了解を得ることになる（一九九四年末までは、鷗友学園の教室を、聖書会場として使わせていただいた）。面倒なことを山下先生にお任せしてきたものだ、と反省した。

それから一〇年ちかくが経ったころ、会そのものの「若返りをめざして」山下先生と新井が船橋で実際に相談の時をもったのは、二〇〇〇年末のこととなった。結局はどなたか、あるいはどなたか複数の若手に会の責任をもっていただく以外に手はない。若手とは年齢六〇歳未満の人びととなるであろうが、誰々か、ということになると難問であった。前田護郎の生前から、会の運営のかげで労をいとわない方がたがおられた（信州・御代田の八か倉聖書講習会のおりなどに）。熟慮のすえに山下・新井の二人の間では、内々に北澤紀史夫、高松均、阿部光成、吉野隆治、月本昭男、それにご婦人たちから辻田志津子、丹野きみ子さんらの名があがった。初代信徒のあいだで難事をのりきるために、「霊と知恵に満ちた評判のいい七人」が選出された、と「使徒記」にしるしてある（六章五節）。経堂の聖書会にも「七人」があたえられれば、恩恵である、と祈る気持ちが、山下・新井の心を捉えた。

二〇〇一年（平一三）一月七日の聖書会で、集まりの新しい運営方式にかんして、新井より趣旨説明があった。しかしここでは「七人」の名は出さなかった。二月二五日の聖書会の後で、直接「七人」の皆さまにご了解を求めさせていただいた。そして三月一一日の聖書会では、山下、新井、月本の三人が前に出て、「七人会」成立の了解を求めた。そして「七人会」の運営による新聖書会が実際に出発したのは、四月八日の新学期からであった。

それとはまったく関係のないことだが、二〇〇三年（平一五）四月から満六年間、新井は新潟県・新発田市にある敬和学園大学の学長として、日本海側へ追いやられることになる。この新発田への移転と経堂聖書会の七人会の成立とは全く関係のないことである。新井は日本海側にあって、日本キリスト教団関係の教会、また無教会では新潟聖書研究会に出席していたが、こころは経堂聖書会から離れるものではなかった。

それどころかその六年の間に、前田護郎選集全四巻が七人会を中心とする聖書会の皆さんの堅い協同のお働きによって刊行された（別巻『新約聖書』は二〇〇九年七月刊）。こんな嬉しいことがあろうか。目を疑うがごとき驚きの出来事であった。月本昭男氏を中心とする七人会の働き、その七人会を支えた聖書会全体への感謝の念は尽きない。

選集第二巻は「聖書の研究」（二〇〇八年二月）であり、その「解説」は新井が受けもった。第三巻「真理愛の拠点」（二〇〇八年五月）の「解説」は山下幸夫先生のはずであった。だが山下氏の体調不具合で、急拠、新井が（山下、新井の連名で）書くことになった。同行二人。一人を欠くは許されない。

〈世田谷聖書会に連なって〉

二つのあらし

前田護郎先生がヨハネ学会と称する聖書勉強会をはじめられたのは一九五三年一月一一日のことでした。「研究的・平信徒的・諸教派と無関係」の集まりは、世田谷の鷗友学園の教室をお借りしての、最初は二〇数名の集まりでした。当時として最新の聖書学をこなしての、しかし素人にも分かりやすい語りでした。二七年間つづいた集まりでしたが、一九八〇年四月一七日の先生の急逝で終止符をうたれました。

五月一日、青山葬儀所での告別式には雨天のなか、八三〇人の皆様がご参集くださいました。集会一同が、よく働きました。社会の底辺にあって相互扶助、また連帯の責任をはたしあうところにこそ神による「喜びの共同体」があたえられる、と説かれた先生の精神がここに生きていると感じました。篠つく雨は上がり、夕刻には大きな虹が現われました。先生の「復活」を感じました。葬儀の終わったあと、葬儀屋が私のところに来て、阿部光成さんの名をあげ、その敏捷な働きぶりを褒めたことは忘れられません。

われわれにとっては地も揺れる大きなあらしでした。大震災のあとには余震があります。集会の今後はどうなるのか、その方針も決まらない五月一九日、道子未亡人に呼ばれました。伺いますと中央公論社の編集担当者も来ていまして、前田訳『新約聖書』を完成せよとの道子様のおことばをその場で承りました。わたしにとっては、これは長期、満三年半にわたる大きな余震となりました。出版社本店に道子様と通ったこと、新井の勤務先に集まったこと、幾回か。先生がお出しになった『聖書愛読』誌（一九六四―八〇）に発表された訳文と、すでに一九六八年に中央公論社刊「世界の名著」シリーズの『聖書』に収められた訳文を、生かせばよいわけです。本文と注記もその『聖書』に則ればいいのですから、仕事は簡単と思われました。しかしこの余震は一九八三年末まで三年半つづきました。

もう一つの余震がありました。『聖書愛読』誌（一九六四―八〇）の「巻頭言」を一冊にまとめることが道子様のお心にありました。それは「ひとり学ぶ友に」という、その信仰誌の副題をタイトルに戴き一九九八年に世に出ました。この世にひとり行くとき必要なものは「信仰」だが、それは人間個人の「確信」ではなく、神の側から与えられる「神の信仰《ピスティス》」、つまり「神のまこと」であり、それありてこそ無信仰の者にも救いは達するのだという理解が、やさしく語られたのであります。この「信仰」理解は先生には前から与えられておりましたが、この信仰誌発行の時点からは、やさしく、豊かに「愛と喜びの共同体」の起点として語られるのです。著者が「ひとり学ぶ友に」語りたかったことの、これが基本でありました。

これらの余震の発生源が道子様であったことを、いまわれわれは深き感謝をもって確認すべきなのであります。

護郎先生逝いて三一年、この国は大きな震災に見舞われます。東日本大震災（二〇一一年三月一一日）。じつは内村鑑三生誕一五〇周年記念事業が、その月の二二―二三日に今井館聖書講堂で執り行なわれることになっていました。講演会、研究発表会、シンポジウム、展示会、その他、海外からの担当者までを迎える大企画でした。一年以上の歳月を費やして計画立案し、この三月を迎えたところでした。そこに起こった大地の揺れ。木材の今井館も大揺れでした。余震もつづきました。残るところ、あと一〇日。報道機関、個人からの問い合わせが殺到しました。今井館理事長としての新井の判断と責任が問われるところでした。事務局長は判断に優れた福島穆さん。お電話をくださいました。「どうしましょうか?」わたし自身はどうお答えしたか、確かには憶えていません。この時のまとめが、丸一年後に『神こそわれらの砦』として出版されました(教文館、二〇一二年三月二〇日刊)。その本の「あとがき」を福島さんが書いておられる。「一瞬の大揺れはこの企画の士気を挫いてしまった」。新井委員長の決断を仰いだ。すると「混迷の中にある、不安の中にあるからこそ変わらざるものを求めて前進しよう」という決意は変わることはない、と。これは福島さんのご文章です。その時のことはわたし自身はよくは覚えておりません。天地の造り主はこの「あらし」、地揺れを通して、大事なことをお教え賜ったのです。これはわたしの人生において、前田護郎先生ご逝去という大揺れのあとの二回目の「あらし」でありました。

内村鑑三は苦悩を負って米国にわたり、ペンシルヴァニア州エルウィンの精神遅滞児養護院の看護人を務めます。しかし苦悩は消えず、新島襄の勧めもあり、マサチューセッツ州のアマースト大学に選科生として入学を許されます。勉強はしたのですが、心中の悩みは消えません。あるときシーリー学長(一八二四—九五)に諭されます。君自身の内をのみ見ていては、どうにもならない。外を見よ、イエスを仰ぎ見よ、と。一八八六年(明治一九年)三月八日は「余の生涯における きわめて重大なる日」となったと繰り返し語ります。この「仰瞻《ぎょうせん》」体験は内村の一生涯、彼の歩みの基底を、彼の「砦」をなしました。

「創世記」を開けますと、人はエデンを「耕し、これを守らせられた」とあります。人は神が現在する世界で神のそばに生きて、上を仰ぎつつ、課せられた労働に勤しむことが求められているのです。これこそ〈混沌〉から〈秩序〉への道程であります。

今ここに集う皆さまがた、その多くはこの「二つのあらし」に見舞われました。前田護郎先生の召天。それに東日本大震災による今井館聖書講堂の大揺れと。しかしそのつど上からの新しい「砦」が備えられ、新しい道が拓かれました。

世界はいろいろに揺れています。今こそわれわれは新しい〈秩序〉を求め、上を仰ぎつつ歩み行こうではありませんか。

〈森びとたち〉

上野恂一郎先生――神のためにはたらく

ことしの六月十三日にこの鷗友学園の上野恂一郎先生が亡くなりました。上野先生は経堂聖書会が創設された当初から、集まりのために力をつくされたかたであり、なくてはならぬかたでありました。ですから、先生がわれわれのあいだから、取り上げられたときには、これは神さまがお召しになったのだと感ぜざるをえませんでした。

上野先生はほんらいは数学の先生でしたが、さいきんは数学のことは、他の先生がたにおまかせしてしまい、ごじぶんはおもに学校全体のこと、とくに学校のための下働きを一手にひきうけておられました。ふつうの先生がたの嫌がる仕事を引き受けて、それを整えておられました。ですから、一般の生徒諸君の目には、先生のお姿は用務員のおじさんと映っていたようです。

しかし上野先生はれっきとした先生なのですから、いわば先生と用務員をかねた仕事の領域を受けもっていたということになります。そういう領域は正式の業務区分にはありませんので、先生は新しい職種を開拓されたのだといってさしつかえありません。その領域に先生はご自分の使命をみいだし、学校と生徒を愛するこころから、献身的なお仕事ぶりを発揮されました。このご生活は今度の（そして最後の）ご入院の直前までつづけられました。

上野先生はどうしてこういうご生涯を送ったのか、と考えますときに、ひとつ思いあたるふしがあります。それは先生が聖書をよく勉強しておられたということであります。ヘブライ語やギリシア語まで勉強され、その方面のかなり専門的な書物まで買い求めて、たんねんに読んでおられました。つまり先生には、聖書の精神が浸みこんでいたのです。ちょっと考えただけでは、聖書の研究を進められる先生と、学校の雑役夫のようなお務めをなさる先生と、このふたつの先生のお姿は合致しにくいのではないでしょうか。しかし先生が、いわば雑役夫としてのお働きを、むしろ嬉々としてやりとおされた、その陰に、聖書の精神が控えていたのであります。

ここでイエスさまのなさったたとえ話のひとつを、読んでみましょう。マタイ福音書第二〇章一―一六節の話で、よく「ぶどう園の働きびと」とよばれるところです。ある人がぶどう園を経営していました。早朝、日雇い労働者をさがしにいくと、なん人かの男たちが市場にたむろしていましたので、一日一デナリという、当時の平均的な賃銀でやといました。それでもまだ働き手が不足だったのでしょう。九時ごろ出かけていって、労働者を同じ条件でやといます。正午ごろにも、午後三時ごろにも出かけていって、同じ条件で、男たちを集めます。ところが、夕方になり、五時ごろに市場へ出かけますと、まだぶらぶらしている男たちがいます。さしものこの経営者も、これには驚いたことでしょう。ユダヤの一日は夕方六時からはじまりますので、労働はそこでおわりです。夕方五時からでは、ろくにはたらく時間がありません。しかし、かれはいいました、「おまえたちもぶどう園に行け」と。

夕刻になって、労働者たちに支払いをする段になったとき、主人は最後に来たものたちにも、早朝からはたらいたものたちと同じ一デナリをあたえました。そこで、長時間はたらいたものたちが不平を述べました。とうぜんといえば、とうぜんのことです。しかし主人はいいました、「わたしはこの連中にも、同じだけのものをあたえたいのだ。自分のものを自分のしたいようにしてはいけないのかね？」と。

わたしは、もう十年ほどまえに、家の子どもたちにこの話をしたことがあります。年上の子どもたちは、このぶどう園の経営者のやりかたに不満で、こんなことならなにも早朝から汗水たらしてはたらくことはない。夕方からやとわれるほうがましだ、といいました。いちばん下の子は、いやぼくは夕方からはたらくなんていやだ。だって、ことによると、お昼ごはんが食べられないかもしれない。それに、夕方になるまで、その日一日が心配でたまらない。やっぱり、はじめからやとわれるほうが、安心だよ、と。下の子の話をきいて、わたしは、人間はへんに知恵のつかないほうが、イエスさまのこころに近いようだと、感心したことでした。

イエスさまは「天国」のことを話していられるのです。「天国」とは「神の国」のこと、つまり神さまの支配が実現している状態のことです。神の支配する国は、この世にいま実現しつつある。その国へと、神さまは人びとを招いていられる。だれを招くかは、神さまのお決めなさることである。それは人間の小さな頭ではわからない。それは神さまのお選びいかんにかかわることであって、人間の人格とか、社会的地位とか、努力とかに関係ありません。不思議といえば、不思議。不合理といえば不合理であります。

ただ、すこしくこのことを観察してみますと、一定の法則のごときものがあります。それは、神さまのお招きをうけても、社会的・道徳的に立派な人びとは、それに気づかない、気づいてもお招きに応じない、ということです。逆に、社会的・道徳的に自信のない人びと、ことによると世人に足げにされるような人びとは、神さまのお招きをうけると、すなおにそれに応じる、ということであります。いつもそうとはかぎりませんが、どうもそういうケースのほうが多いようです。おそらく、他人や自分に頼るところの多い人びとのほうが、この世の生活にのみ目がいき、反対に他人や自分に頼ることの少ない人びとのほうが、自分とこの世を越える力の存在することに気づく機会にめぐまれている、ということがいえるのではないかと思います。

神さまのお招きといっても、なにも声がきこえてくるわけではありません。それは人生におこるなにかの出来事のかたちをとることが多いのですが、その招きに従う人びとに応じたさまざまなかたちをとってあらわれます。人生における成功・失敗、健康・病気、悲しみ・喜びなどの出来事、あるいは社会や自然におこるさまざまな出来事のなかに、神さまの声をきくことがあります。しかし、いずれにせよ、自分の人生に満足して、うきうきしている人びとには、神さまの声は通りにくいようです。

神さまの声を感じたときに、すなおにそれに従うか、従わないか、そこが人生の岐路となります。いつみ声に接することになるのかわかりませんから、そのみ声にふれたとき、いつでもそれに従えるだけの、こころの準備が必要といえましょう。神さまの支配は、植物の種から芽が、芽から若葉が出るように、いま、ここに実現しつつあります。ですからこそ、神さまの声がいろいろなかたちできこえることになります。このみ声は、この世ではなにひとつ誇ることのできない人びと、神さまにしか頼れない人びとのこころに通りやすいようです。

われわれは神さまのお招きの声に接して、神さまの支配に入れられますと、自分たちはじつは最後に招かれた人びとのひとりではなかったか、という思いをいだかざるをえないようになります。そしてそれは正しい感じかたでありますす。自分はこれといって、なにもできないし、やってもこなかった。それなのに、神さまは、この自分をひとりの人格としてみとめてくださる。そう思うと、神さまへの深い感謝の念が生じ、また早朝からはたらいてきた先達たちに申しわけなくなりまして、よし、あしたからは骨身をおしまずはたらくぞ、という気をおこします。いわば粗大ごみの再生であります。それはすでに人間の力をこえた、より大きな力、つまり神さまのお働きなのであります。神さまの支配の力にふれたものは、もう、なり振りかまわず、生涯を神さまにささげてしまい、神さまのためにはたらきはじめます。「ぶどう園」のよき働きびとは、きょうのところは早朝からはたらいた人びとでありましょうが、あすからはおそらく、今夕五時からはたらきだしたもののなかから選び出されることでしょう。

じつは、そういう人びとは、われわれの近くにもいるのです。その目で見ませんとわかりませんが、上野先生などは、その種のタイプの生きかたをなさいました。わたしはこのことを、先生の生前にひそかに感ずることのできた、仕合わせなひとりでした。ですから、ひそかに先生を尊敬し、こころから先生を信頼申しあげておりました。じつは、この世は、偉そうな人びとが幅をきかせているようには見えますが、上野先生のようなかたの力で支えられているという事実があるのです。だれかが苦しまなければ、そしてその苦しみを苦しみと思わない人びとがいないと、この世は立っていかないという事実があるのです。この事実こそ、神さまの支配が実現しつつある、なによりもの証拠ではないでしょうか。新しい世は来たりつつあります。

〈森びとたち〉

井上年弘さんを送る

井上さん、お体の具合が万全ではないと、数年前から耳にしておりましたが、これもあなたのいつもの諧謔に富んだ言い方の一つかと思うことにしておりました。この春三月に鳥居勇夫さん夫妻の車でお訪ねした折には、これほど早くお別れすることになるとは思ってもいませんでした。

あなたは聖書を御父母とごいっしょに、大阪の黒崎幸吉先生に学び、勤務が東京のころは前田護郎の経堂聖書会――当時は世田谷聖書会と呼ばれた――に通われました。そのころ、ある時期、新井もそこでご一緒でした。しかしあなたは海外勤務が長く、一九六〇年代はアメリカ、七〇年代は南アフリカ、八〇年代はインドネシア・日商岩井を辞めてから、九〇年代はオランダでお仕事をなさいました。たしかナガサキ・オランダ村関係のお仕事でした。あなたは語学に長け、日本語もすぐれておりました。

あなたが普通のサラリーマンと異なるところは、その行く先々で、その現地の人と深く交わり、その国々の歴史を尊敬し、研究し、文章にしていったことです。『南ア歴史物語』（一九八〇年）、『マカッサル歴史物語』（一九八五年）、『南アフリカ共和国の奇跡』（一九八七年）、『オランダ歴史物語』（二〇〇一年）など。南アフリカ、インドネシア、オランダという国々の民族と歴史を知ろうとするならば、（外交筋もふくめて）今でもこれらの書物を、まずひも解く必要があります。井上流の語りにも酔う必要があります。本来の仕事のほうは、どうなっているのかな、と案ぜられるほどの、時間と精力を要した内容と質なのです。井上さん、ほんとうにおみごとでした。また井上さんを励まし、あなたに文章を書かせる良き先輩——たとえば「森の宮通信」の編集者・藪本茂治様のごとき——のいらしたことは、あなたにとって大きな励みでしたね。

豊田に住まいを定められてからは、名古屋聖書研究会に加わり、まだ月日もたたないうちに『名古屋聖書研究会報』なる月刊誌を、「編集人」として出す仕事を始められました。一九九八年四月に創刊。名古屋のキリスト教の動きを公表し、ひろく信徒どうしの交わりを深め、暗いこの世に光を放ちつつ、集会が一歩一歩前進する姿を証してくれました。こういうものを出されると、聖書会の面々はその語ることに、より真剣にならざるをえず、いい意味での緊張を求められたことでしょう。かつて名古屋に関わりをもったわたしは、この「会報」の到着を月ごとに楽しみにし、読後かならず一言返信をしたためておりました。すると、あなたは直ちに短くはない書簡をくださいました。それが一〇年以上つづきました。

この『会報』でとくに注意を喚起しなくてはならないことは、「名古屋無教会小史」が、井上さんの手で綴られ始めていたということです。名古屋に詳しい方がたのお助けを得つつ、語られている。その部分だけまとめても、いかにもあなたに相応しいタイトルの「名古屋無教会物語」なる書物が生まれうることでしょう。

井上さん、あなたの歴史観の根底には福音がひかえております。たとえば一五世紀のオランダで（あのマルティン・ルター以前に）W・ハンスフォールトやR・アグリコラが、「ローマ教会」の権威よりも「聖書」の権威のほうが高いのだ、と公言することができたのは、オランダ（とくにその最北端の地フローニンゲン）が欧州の「辺境」であったからだ。欧州の「辺境」でこそ「信仰のみに立つ福音」が語られえたのだ、とあなたは述べる。これはあなたの歴史観の基底をなす考え方でしょう。思えば、あなた自身、世の「中心」を歩くことはなかった。しかしそこでこそ、大事なこと、この世を支えている基本的な理念をつかみ、それを生涯をかけてわれわれに教えてくれたのだと思う。有難う。

今から一八年も前のことです。三〇〇年ほど昔の文献を、オックスフォード大学で調査していた新井は、オランダのハーグの王立図書館に行かなくてはならないことになり、一〇日ほど日時を割いて、そこで過ごしました。滞在したホテルと王立図書館の古文書部のあいだの往復の生活でした。しかしその合間をうまく利用して、井上さんが車で方々へ案内してくださったことは、その後のわたしにとって大きな力となりました。

たとえばロッテルダム近郊のオーデワーテルという町に連れて行き、小さな古い家の前に車を止めてくれました。それがアルミニウス（一五六〇―一六〇九）の住みかであったと知り、わたしは驚嘆いたしました。するとあなたは、「新井さん、アルミニウスを知っていたの?」と聞きましたね。一七世紀のヨーロッパ思想に関心をもつ者で、その名を知らない者はおりません。

また今ですから言えることですが、その短いオランダ滞在の折に、始めて御奥様・敦子様のお人柄に触れることができました（ときにはあなたを抑えることができ、その上お料理の達人!）。井上さんはこのご夫人に出会ってこそ、いわば「辺境」のごときところを、その意義を発見しつつ、他の誰もやらなかったことを成し遂げつつ、生きてくることができたのだ、と直感いたしました。ご夫人にたいする、あなたの感謝のこころは尽きることのないものだったと思います。

あなたと御奥様、ご家族、そしてわれわれは、今は直接には顔と顔をあわせて、相見ることのできないことになりました。しかしあなたはそちらの「辺境」で待っていてください。

「主よ、み手もて　ひかせたまえ」

われわれも、そう遠くない未来に、あなたに会いに行きます。ひとえに世の完成が待たれます。それまでわれわれを、とくに御奥様をお見守りください。お祈りいたします。

（二〇一〇年八月三〇日、告別式「弔辞」の補正）

〈森びとたち〉

エッサイの若枝――永井克孝君を思う

永井克孝《よしたか》君と出会ったのは、一九五三年一月一一日であった。その日、前田護郎による日曜聖書講座が世田谷の鷗友学園で始められた。前田は第二次世界大戦直前から戦後にかけて、ドイツ、スイス、アメリカ等で研究生活を送り、一九五〇年晩秋、一三年ぶりに故国の土を踏んだ。日本に帰ったら、やがて若者たちと聖書を学びたい、という強い願望に囚われていた。戦後の日本は精神的にも荒野であった。

さっそく駒場で聖書勉強会を始めた。そこで前田は新潟県から出てきた永井克孝という学生に出会った。そしてこういう真摯な若者と学外でも集まりをもちたいと願うことになる（このことは新井が数年後、前田から直接聞いたことである）。その願いは実現した。一九五三年年頭のこと。世田谷の鷗友学園の一室で「研究的、平信徒的、諸教派とは無関係」なる聖書講座が始められたのである。

困ったことが起こる。一九五六年四月二二日の聖書講義が終わった後、先生は新井に「内村鑑三スカラーシップ」の試験を受けよ、というのである（どうして東大出身でもないわたしが？　永井君を出せばいいじゃないか、と思った。しかし、厳命であった）。四月二六日には矢内原忠雄先生から電報が届いた。「二八ヒ　一〇ジ　メンセツノタメトウダイソウチョウシツニ　オイデアリタシ　ヤナイハラ」。わが家には電話などなかった（永井君の師である木村雄吉先生が、当時かれを手放さなかったらしいことが、だいぶ後になってから察せられた）。その東大総長室には矢内原先生のほかには高木八尺先生、Otis Cary 氏がおられた。結果、新井はその年の秋から、まる三年間を、Amherst と Michigan で過ごさなくてはならなかった。

ありがたかったことに、アメリカのどこに居ようとも、前田の聖書講義の筆記が永井君から毎週、航空便で届いた。前田へ提出した日曜講義の筆記が、そのまま永井君の好意で太平洋を飛んだのだ。前田の意向でもあったろう。世田谷の集まりとの恩恵の繫がりは深くなる一方であった。

当時の日本経済は悪く、個人的に円をドルに替えることは出来なかった。留学生の生活も厳しかった。あるとき、永井君からアマーストに荷物が届いた。日本製カメラだという（それを売ってドルを持て、というのが永井君の意図であったのだろう）。だが送料の不足分は払え、と郵便局員は威張った。だが、貧乏書生にはその不足分が払えなかった。そのカメラ、果たして故国へ戻ったか、どうか。永井君には弱者を支えるくせがある（名古屋大学に勤める身になってからのわたしにも、やや古い電動髭剃り機を送ってきた。受け取りはしたが、初めての電動は怖くて、すぐには使えなかった）。

新井の結婚相手を前田が勝手に決めて、そのことを名古屋の下宿先まで伝達に来たのも、永井君であった。これも厳命であった。前田護郎の姪であり、永井夫人・和子様の実の妹のことである。永井君の言にも熱がこもった。いわば特命全権大使であった。

母校・東京教育大学へ戻らされたのは一九六八年のこと。まさに全共闘主導の学園紛争の真っ最中。その年の一一月一〇日の聖日の早朝、護郎夫人より電話。今日は緊急教授会が招集されて、前田はそちらに出ないわけにはゆかない。今日の聖書会は新井が何かを語れ、とのこと。経堂へ向かう小田急電車のなかで「現代の熱心党」なる話を作った。ふだん前田から、真理そのものにいます神からの愛のみが人間的熱心を越えるものだ、と教わっている。要は人間中心主義に陥らないこと。それを語った。

前田が逝いたのは一九八〇年四月一七日。集会はその行く道を模索した。その重大な相談には、永井家を使わせていただいた。小泉磐夫先生、山下幸夫先生、永井克孝君らが中心であった。その年の秋、経堂聖書会と改名して再出発できたのも、日本庭園を眺めながらの永井家での度重なる談合の結果であった（永井夫人のお心遣いがありがたかった）。「愛の共同体」なる新しい集会も、発足いらい三〇有余年がたつ。「エッサイの若枝」がここまで来た。

旧・世田谷聖書会は相原正幸、永井克孝、山下幸夫の共編によって『恩恵十年』なる文集を出している。一九六四年のこと。前田生前のことである。そのなかに永井君の「一冊の本」と題する一文がある。「昭和二五年に私は東京へ出た。聖書とは全く縁のなかった私だが、ふとしたことから鷗友学園の集会のひととなった。……そこから私の青春は始まった。……聖書の一語の秘密が解き明かされるとき、それをどんよくに吸いとった心の砂漠はうるおい、誰にでも話かけたがった。奇跡の問題は小さな心を長く悩ました。だが、一回一回開かれる新しい世界はにぶい心を有無をいわさずひっとらえ、ひっぱっていった。ここには確かに真実なものがあった。頭で反抗しても魂がそれをかぎつけていた」（三八ページ）。名文である。同席していた一同の心と知性を代弁している。仲間は様々な道を選び、歩んでいった。しかしここで永井君の書いたことに反対するものは、一人もいないことであろう。

永井君はここに告白していることを、専門の分野で生かしたに違いない。東大・医科学研究所教授、東大・医学部教授、日本生化学会会長、三菱化学生命科学研究所所長などを経た糖鎖研究の世界的リーダー。勲三等旭日中綬章まで受章した永井君も、出発点は鷗友学園における前田の講義であったといえよう。一方、イギリス一七世紀の思想・文学などを専門とした新井は、このような派手な人生は送ってはこなかったが、あの世田谷の森で学んだ、古代文献の扱い方は当時の最先端の文献学的技法を経た結実であり、わたしの生涯の研究の基盤となった。

二〇〇三年春、わたしは新潟県新発田《しばた》市の敬和学園大学の学長に任ぜられた。まる六年いるうちには、新潟市へは何回も行っている。行くときには、よく沼垂《ぬったり》という旧市街地を訪ねた（日本古代「記紀」の時代、西暦でいえば六四七年に、大和朝廷はここに渟足柵《ぬたりのき》を設けて、蝦夷を制した）。ここが永井君の産土《うぶすな》の地なのだ。小学校も古い校舎が、ここに残っている。沼垂に行ってきたぞ、と語るたびに、かれの顔は輝いた。

東大病院に永井君を訪ねたのは二〇一三年二月七日のことであった。和子夫人からのご連絡をいただいてあった。かれに会い短くことばを交わした。その日、ご夫人は主治医から、ご主人の胃ろう医療を勧められた。その後で、夫人は院内をご案内くださり、同じ階から足下の上野・不忍池や、その池之端の旧岩崎邸庭園などを俯瞰した。

〈森びとたち〉

吉田豊さんという人

吉田豊さんから頂いたお便りに、「一九八七年ごろといえば、精神的にも経済的にも、いちばん落ちこんでいたときでした」という告白がある。まさに、その年いらい、二五年の間、初秋に新井は小諸の聖書会に呼ばれて、集まりをもちつづけた。そのたびごとに吉田さんに声をかけて、本厚木駅から車に乗っていただいて、おしゃべりを楽しみながら片道二〇〇キロ余の往復を走った。二泊三日の旅と決まっていた。吉田さんは文学とか、劇とか、詩に深い関心をもっておられたから、ちょうど話が合った。その上、新井の「名ガイダンス」が入り、「呵々大笑でした」という。新井の勤め先が越後に変わるまで、一五年間は続いた。

吉田さんは温泉が大好きの人。かならず、どこかの温泉宿に一泊はした。別所温泉、中棚温泉、湯ノ瀬温泉、蓼科・明治温泉、深澤温泉、黒森鉱泉、増冨温泉、諏訪湖畔、等々。八ヶ岳山麓に新井の小屋ができても、もう一泊はどこかの温泉宿であった。

長いあいだ吉田さんは自由の身であり、特定の職場をもたなかった。新井は日本女子大学つとめであったが、学生部が非常勤職員を必要としたときに、来ていただき、一九九〇年からは正職員になっていただいた（それよりも前のこと、身の上の相談を受けたとき、幸子奥さまのお体のこともあり、ここら辺でいったん、故郷・秋田の自宅に帰ることを考えてみては、と勧めたこともあった)。

吉田さんが「いちばん落ちこんでいたとき」と言われるそのころ、新井にはとんでもない仕事が舞いこんできた。マシュー・ヘンリ(一六六二—一七一四年)なる人の『マタイ福音書注解』の邦訳である。マタイ福音書の一章から四章までは、一九八八年に『注解1』として出版した。しかしマタイは全二八章。この先いかに進めてゆくのか、迷った。紛争の大学行政に関わらされ、多忙をきわめた新井には、この種の仕事に多くの時間を割くことはできなかった。そこで数名の共訳者を選んだ(池貝眞知子氏が二〇〇三年発行の『注解4』から、清水貴生氏は二〇〇五年の『注解6』から加わってくださった)。しかし幾種類かの訳文に目をとおして、全体の統一性を保たなくては、原著者に申し訳が立たない。その仕事に適する人材は、あまりいない。そこで頭に浮かんだのが吉田さんであった。第一に、吉田さんは聖書に詳しい。また何よりも日本語のセンスが極めて優れている。字が美しい。また、ちょうどよいことに、比較的に時間に恵まれておいでだ。ご相談すると、快諾してくださった。やがて吉田さんから完成原稿が届くことになった。新井はそれに目を通して、そのまま出版社に送ればいい。

『注解2』は一九九一年六月の発行であったが、それは吉田さんの最初のお仕事であった。その仕事はその後、新井が二〇〇三年春に下越に移ってからも(つまり小諸行きは終わっても)つづいた。その年、二〇〇三年の暮れには幸子夫人が召された。しかし吉田さんの新井補助作業は、二〇〇九年一月の『注解9』最終巻まで続いた。その年の三月には新井は膨大な吉田原稿を伴って鵠沼海岸の自宅に戻ってきた。

「いま、福井の東尋坊にきています」と書きだす手紙が、没後、娘さんの咲さまから届いた。ちょうど一〇年前、二〇〇五年九月一三日づけ。吉田君自らがしたためておかれた書簡である。あのマシュー・ヘンリ注解の原稿の手跡である。やはり、小諸への往復のことは忘れられないらしい。小諸からの帰途「夜の山道を迷いに迷ったことがありました。あわてず、沈着に処された運転ぶりには、おどろきました。このかたは大丈夫なかたである！　と刻みつけられました」などとある。たしか八ヶ岳茶臼山・麦草峠をこえて明治湯へ向かう闇の山路でのことである。新井はこんなにも吉田君を驚かせたのだ。申し訳ない、と深く反省した。

吉田君、女子大学時代の二人は、よく目白駅付近の秋田料理店・五城目へ行ったものだ。君は女子大のキャンパス内では見られない打解けた君に戻って、大いに語り、大いに笑った。同労者二人であった。やがて二人は「神の大庭」で出会うことになろう。また「呵々大笑」しつつ文学談義をしようではないか。

〈森びとたち〉

山下幸夫先生の声

一九八〇年、前田護郎先生亡きあとの子供会で、山下幸夫先生が一度ならず、オスカー・ワイルド（Oscar Wilde 一八五四―一九〇〇）の『幸福な王子』を語られたことが忘れられない。ヨーロッパのある都市の中央広場に今は亡き王子さまの像が立っている。晩秋のある日、エジプトへ向かうツバメが一羽その像の足もとに宿る。仲間はすべて暖かいエジプトへと飛んでいったのに、この一羽はわけがあり、遅れてここへ来た。星空なのに、水滴が落ちてくる。見上げてみると、王子像の目から涙がこぼれてくる。王子の語ることに耳かたむけると、死後、ここに立たされる身となって初めて、世には貧しい人びとの居ることが見えてきた。だから、この身に張りつめられているルビー、サファイア、金箔などの宝物を窮迫の民に届けてやってくれ、と頼む。ツバメは寒気の到来を前にして、ここで時間を浪費できる身ではなかったが、王子の懇請に負け、一日、二日と出発を延ばして、貧者たちを喜ばせ、救ってやった。やがて王子の身から貴金属がはがされ、像は鈍い灰色の醜悪と化す。両眼からサファイアがなくなり、王子が盲目になったとき、ツバメはこの王子とともに、ここに居つづける意をかためる。死を決断したのである。醜悪の王子像は市長や市会議員の要請で、引き降ろされる。そして廃棄物の山のなかへと片づけられる。ツバメの死骸もいっしょに。そのとき天において神が天使に「町でいちばん貴いもの」を運び来たれ、と命ずる。天使は「幸福な王子」

の鉛の心臓と、あの小鳥の死骸を届ける。それにたいして「お前の選択は正しかった」という声が返ってくる。ツバメと王子のこころに、社会的弱者のためにこそ己が生命を捧げるの覚悟が出来た時に、この両者の間に初めて、自己愛を超えた真の友情が生じたのであった。真の「幸福」が生まれたのであった。

山下先生は北海道の北見〔市〕で育たれた。父・又吉氏、母・フサさま。開拓の志の、浄土真宗のご一家であった。山下先生は「子供心にも母の教えを固く信じ、それを捨てることがあってはならないと心に固く誓った」と書いておられる（『恩恵十年』一九六四年、二五頁）。「善人なおもて往生をとぐ。いはんや悪人をや」。親鸞『歎異抄』は「生涯を通じての指針となるかのように思われた」。その山下先生は戦後、三番目の姉・さと様を頼り、東京・江戸川区小岩に移ってから、その夫君・冨山昌徳《とみやままさのり》の影響を受け、キリストの愛にうながされる。しかし母の悲しそうな顔が思い出されてならなかった。真宗を避けたことへの自己批判であった。

やがて世田谷の鷗友学園における前田護郎「日曜聖書講座」に連なることになる。三年目の一九五六（昭三一）年一月から始められた「ガラテヤ書講義」は重要な意味をもった。とくに五月二七日の「先祖達の言い伝え」（ガラテヤ一の一三―一四）は決定的であった。日本の国土に根ざした古い伝統や教えなどは、「福音の光をうけて、新しい装いのもとに完成されてゆく」（『恩恵十年』）。キリスト教は浄土真宗の教えを封ずることなどなく、母の教えに完成をもたらすものだという理解こそは救いであり、喜びであった。先生のご結婚後、半年が経つころ、父・又吉様が亡くなられた。その葬儀を前田護郎が船橋の山下家で執り行った。「いつか時が来れば、神の御もとに、またあのおやさしいお父様とともに、またお母様とともに、再び相会う時が来るのであると、わたくしは信じます」という前田先生のことばに深く打たれた（『前田護郎選集4』に収録）。やがて山下先生は――

冨山昌徳遺稿集『日本史のなかの佛教と景教』(東大出版会、一九六九年)、
同『第二集』(一九七四年)

の両書を編集・発行することになる。その「解題のあとがき」等を見れば明らかなように、両書は日本歴史に見られる景教(キリスト教)と佛教との交流関係をめぐる著者冨山氏の見解をあらわしている。さらに言えば、この義兄・冨山氏とその業績にたいする尊崇は、福音の力は古き教えを新生させ、やがて来る新しい完成を準備する、との(前田護郎に解き明かされた)歴史観に裏打ちされた尊崇の念であった。この両書の編集・発行の背景には、若き山下幸夫先生にキリスト教への道を拓いてくれた独立伝道者・冨山氏にたいする謝意のみならず、ご両親、とくに母上への感恩深謝の思いが生きていたことであろう。

山下先生のご専門はヨーロッパ、とくに近代イギリスの経営史であった。師・大塚久雄は『欧州経済史序説』(一九三八年)や『宗教改革と近代社会』(一九六一年)その他の著者であり、なによりもマックス・ヴェーバー『プロテスタンティズムの倫理と資本主義の精神』の訳者・解説者であった(岩波書店、一九五五—一九六二年)。山下先生は主にこの師の下で、産業革命前のイギリスにおける中産階層「商人層」(トレイズマン)の活躍を整理・研究された。中心的資料のひとつはダニエル・デフォウ(一六六〇—一七三一)の、かの『ロビンソン・クルーソウ漂流記』(一七一九年)であった。孤島という苦境で主人公が聞いたことば——「悩みの日にわれを呼べ。われ汝を援けん」(詩編五〇の一五)——がかれを支える力となる。このことばが島にはびこる呪文、魔法からかれを解放するのである。

この関連の業績はやがて『近代イギリスの経済思想』(岩波書店、一九六八年)に結実する。その後の代表的な仕

事は『海運と造船業』（日本経済新聞社、一九八四年）、『海運・造船業と国際市場』（日本経済評論社、一九九三年）となって結実する。この分野の大家になられる。大学の学園紛争中には中央大学商学部長を務められ、また一九八五年の春には大学間の国際学術交流計画の一環として、ユーゴスラビアへまで飛び、講演をされている（『中央評論』第一七二号、一九八五年）。

膨大な資料群を整理整頓する才は格別であられた。歴史的事実を重要視し、関連資料をおろそかにせず、現実社会をみきわめ、最終的判断をくだす。その特技はご専門の経営史においてばかりか、後に『無教会史』全四巻（一九九一―二〇〇二年）の編集にあたって、中沢洽樹先生や新井を大いに助けてくださることになった。また経堂聖書会に連なる諸氏ならば、『恩恵十年』『恩恵の継承』『若木』などの編集・執筆の作業過程で、また集会そのものの運営において、蔭で先生がどれほど大きな知恵と力を出し続けてくださったかは、百も承知のことである。

山下先生は恩師・前田護郎の「低きにつけ」との教えに学ぶことが多かった。また浄土真宗の信徒であったご両親の救いの問題をめぐっては、「そうした伝統ある信仰の基礎の上に純粋な福音が芽生えていくとすれば、それはどんなにかすばらしいことか」という前田の諭しは山下先生にとって決定的な救いの意味をもった（『恩恵の継承』一九八五年）。使徒記で、「信じた者の群れは心を一つにし、いっさいを共有していた」という原始キリスト教徒の、階級的な差別をこえた人間関係のあり方が宣言されているが、これこそが共産主義以前に現われた革命的主張だという、前田の主張は、山下先生の学問的業績の基礎をなしたものであった。

社会的な構造を超えて、弱者を支えようとの意識に眼覚める王子さま、またその王子の心に、生命をかけてまで仕える気を起こすツバメの話、この二者の間に生ずる真の友情――愛のこころ――の話は、大事なことを教えてくれる。王子の華美な姿は、今は見苦しきものとして引き降ろされて汚物場に捨てられた。ツバメの死骸は、そこで王子の死体に再会する。「町でいちばん貴いもの」はこの二つのものを措いて他にない、と断ずるのが神の御心であった。それこそ俗世の呪詛・魔術を超えた真の「幸福」の原点であった。

これは山下幸夫先生からも発せられる「声」でもあった。

二〇年以上も昔のこと、新井はイギリス一七、一八世紀の宗教思想を調べに、オックスフォードとオランダに居住したことがあった。その期間に、ロンドンから西へやく一〇〇キロほどのところにある旧都レディング(Reading)を訪ねた。そこにはレディング監獄が残っているからであった。中に入って見学する気があったのではない。その昔、オスカー・ワイルドが、ある専制貴族の暴挙にたいする抗議を企てたが、それが名誉棄損と目されて、ここに二年間、投獄されていたからである。『レディング監獄の唄』(一八九八年)、獄中記『深淵より』(一九〇五年)などを残している。わたしは高い石壁の周りをゆく豊かな清流に沿って歩いた。それは、調べてみると、一九九二年五月一六日のことであった。


〔補筆〕山下幸夫先生ご夫妻には、八ヶ岳南麓の新井の小屋へお泊り願ったことがあった。ひとつには深い渓谷をへだてた平沢の集落が野坂穣氏の開拓の地であり、次男・大崎桂介さんの産土《うぶすな》の地であったので、その地に山下先生をお連れしたかった。そこを抜け、飯盛山の中腹を越える旧道を登りつめ、やがて野辺山高原の地に下る。野辺山宇宙電波観測所の前を通るとき、「三重海軍航空隊野辺山派遣隊之碑」なる大きな石碑が目についた。それを目にした山下先生はそこに刻まれていえる文字を、真剣にこまごまと筆記された。そういえば山下先生が三重県香良洲《からす》〔現津市〕の海軍航空隊基地で敗戦の日を迎えておられたことは聞いていた。しかし今、野辺山で時間を費やすことは出来ない。急いで山を下り、茅野市へ向かわなければならなかった。山下先生も新井も、小泉磐夫先生の納骨式――大島智夫先生司式――へのお招きにあずかっていた。一九九八（平一〇）年九月一九日のことであった。

第五部　先達の跡を

愛の絶対性

塚本虎二先生一〇周年記念　キリスト教講演会
一九八三年一〇月九日
東京ＹＭＣＡ講堂にて

本日この講堂には塚本虎二先生とともに歩まれたご体験をおもちの方がたが、たくさんおいでのことと存じます。その塚本先生を記念する講演会でありますからには、わたくしなどはどこかそこらの一隅に腰をおろさせていただいて、そういう皆さまがたのお話を承りたい、というのが、いつわらざる気持であります。塚本先生が丸の内の生命保険会館でつづけておられました講演会に出席させていただいた回数も、ほんの数度でありまして、内村先生記念講演会の壇上に立たれた先生のお姿を拝見した回数を加えましても、生前の先生のお話は一〇回くらいしかうかがっていないのでございます。

しかし戦後の混乱期に東北の片田舎から東京へ出てまいりまして、腹をすかせながら神田界隈《かいわい》をうろついておりましたある日、神保町の角にありました岩波書店の店頭で、『聖書知識』と『キリスト教常識』という、（たいへん失礼かと存じますが）奇妙なタイトルの雑誌を買いました。一六歳くらいの書生には、それくらいのものしか買えなかったのであります。双方の雑誌とも、懐かしいものですから、いまでもときどき出して眺めるのですが、昭和二三年九月号であります。塚本先生のほうの雑誌が一五円、『常識』誌は一〇円でありました。しかし当時のわたくしには、それはなかなかの大金でありました。ただこの二誌との、そのときの出会いがありませんでしたならば、その後の私の人生はどうなっていたか知れません。その意味で、塚本先生にたいしましてはことばであらわせない恩義と尊敬の念をいだきつづけてまいりました。また『キリスト教常識』の編集と執筆にあたられました斎藤茂先生、その他の諸先生がたにたいしましては、深い感謝の念をささげております。わたくしがこうして本日この壇上に立たせていただきますのも、ひとつにはふつふつとして湧きあがってきます感恩の念を告白させていただきたいと思うからであります。とは申しましても、わたくしには塚本先生個人を語る資格はありません。本日ここで語らせていただきたいと思いますことは、塚本先生のお書きになったものをとおして、わたくしが何を学ばせていただいたのか、またいまの時点で何を継承すべしと考えているのか、ということなのであります。

『聖書知識』誌の裏のほうに塚本先生のご著書の広告が載っていまして、はじめはそのなかの安いものから買わせていただきました。『キリスト教十講』、『聖書の読み方』というようなものから、はいったと思います。若いころ良書を読むということは、じつに大切なことと思います。『キリスト教十講』などは、その後何回読んだか知れません。その相当部分を暗記しているほどであります。

この書物の第一講に「なぜ私はキリスト教を信ずるか」という文章があります。一種の自伝となっております。九州に生まれ、第一高等学校に学ぶために上京し、その後東京帝国大学にはいる。そのころ内村鑑三先生に師事する。明治四四年（一九一一年）に帝大法科を出て、農商務省の役人となる。役人生活を数年つづけたあと、大正八年（一九一九年)、三五歳の折に官を辞して、聖書研究の道にはいる。しかし(ここがおもしろいのでありますが)伝道だけはすまいと決心する。——と、だいたいこのようなことが書いてあります。

その後、先生にとって大変なことがおこります。大正一二年(一九二三年)九月一日、関東大震災の日、その日鎌倉のお宅にいらした先生は、奥様を失われたのであります。結婚後二年あまりのことではなかったでしょうか。あとにおふたりのお子様が遺されました。まだ四〇歳にもならない先生でありました。そのときのご体験を、『キリスト教十講』のなかでみずから次のように書いておられます。——「神は無惨にも、私から最愛のものをもぎ取りたもうた。私には神がわからなくなった。世の終りかと思われたあの凄惨な無慈悲な神の仕打ちを見て、誰が神を信じえよう。神の愛を信じえよう。私は天をのろうた。神は愛ではない、惨酷である、没義道《もぎどう》であると思うた。しかし炎々たる紅焔、濛々たる黒烟を仰ぎ見ながら、ペシャンコになった家の前に坐って思い悩みつつあった時、たちまち一つの静かな、細い、しかし、つよい声が響いた——神は愛なり!」これは先生のご生涯の「分岐点」でありまして、この事件を契機に伝道生活にはいった、「はいるべく神に強要された」と書いてあります。

初めてこのご文章に接したとき、わたくしは大へんショックをうけました。奥様を神がもぎとりたもうたと信ずるのは、先生の勝手だ。しかしどうしてその神が愛なのか。——このことがすこしく分かるまでには、長い年月がかかりました。いや、いまでも本当のところは分かっていないのかも知れません。ただ先生のお立場に立ってみますと、そのとき先生もお嬢様を抱いて、やはり家の下敷きになったとありますから、先生のおいのちがそのとき失われても、なんの不思議もなかったのであります。しかし先生は一命を全うされ、奥様が召された。こちらが死んでも仕方ないのに、あちらが死んだ。そしてこちらは生きている。この峻厳な体験は、先生に、人間の生は死と裏腹の関係にある、人間の生は人間の死を下敷きとしているということを、教えたのではなかったのか。そもそも人間の生存そのものが十字架上の神の子の死にかかっているという事実を、塚本先生は一瞬のうちに、直覚的に、霊的に体得なさったのではないか、と思うのであります。初めは天をのろい、神を没義道と考えたというのでありますから、絶望のどん底におとされたわけであります。その絶望のどん底で、創造主なる神に出会い、罪を贖う絶対なる愛に出会った。いわば絶対なる否定をとおして、絶対なる肯定に出会った。平たくいえば、天地のひっくりかえる体験をなさった。この畏怖すべき出来事が、いわば先生の原体験が、先生のご生涯を決してしまったと、わたくしは考えております。

その後の先生は、昭和の初めから戦中にかけて、けわしい道を歩まれます。そこには避けて通ることのできない幾多の問題がありました。教会問題、国家の問題、等々。しかしこれらは避けて通ることの、いかに難しい問題であったにせよ、それらは先生にとっていずれも相対化された問題となってしまった。それほどまでに塚本先生にとっては、大正一二年のご体験は絶対的な意味をもっていた。これは個人の召されかたの問題であり、神のわざである。ですから先生の、その後の歩みかたにたいする安易な批判はゆるされないのであります。

教会の問題にふれますと、塚本先生のお考えは、既成の教会に行きたい人は行くがいい、行きたくない人は行かぬもいい。要は十字架にあらわれた神の救いの行為、つまり神の絶対的愛を信ずること。その信仰のみがキリスト教のいのちである、という主張でありました。これは内村鑑三先生なくては出てこない考えかたであります。内村先生に学んだ、その結果でありました。内村門下にさえ、塚本虎二は、十字架の贖罪の福音を軽視し、無教会主義に熱中した、というような見かたが、一部にあるようでありますが、わたくしはその手の議論に組することはできません。全体的に見ましたときに、その議論は事実とちがうからであります。塚本先生は「没義道」なる神に出会い、ご自分の罪を示され、いちずに神を仰ぐ体験を経た。それを出発点とされた。その原体験を既成教会の思想的枠内で経験されたならば、先生の教会論は、あるいはより伝統的なものとしてとどまったかも知れません。しかし教会外で、あの絶対的体験を課せられた。ひと口で申しますと、基本的には、その結果として、教会問題は相対化されてしまったのであります。

国家の問題にも一言せざるをえません。塚本先生ほど、日本の右傾化を憂慮された方もすくなかったということを、まず申し上げておきたいのであります。明治生まれの教養人ですから、天皇制を基礎とする日本の国体を誇りに思っていらっしゃった。これは当然であります。しかし国体がキリスト教によって潔められるならば、万邦に秀でる島国が、東洋の一隅に出現するであろうという希望をもちつづけられました。しかし極端な右傾化の現実は、これを憎んだのであります。一、二例をあげさせていただきましょう。昭和九年（一九三四年）一〇月二一日に日比谷公園の市政講堂で、「既成宗教か新宗教か」という講演をなさいました。そのなかで、「日本よ亡びよ」と繰り返しいわれ、「しかしキリストの十字架の血は亡びない」といわれています。「今日から愛国者の看板を下《おろ》す」と明言され、その代わり「何を言われても黙って踏み附けられていることの出来る人間になり、またそんな人間を造ろうと思う」と説き及んでいらっしゃる（『聖書知識』第五九号、昭和九年一一月号）。これは明らかに似非《えせ》愛国主義への批判であり、国の基は「国粋保存」の思想ではなく、国民一人一人の罪が十字架によって贖われることにある、と表明されたものでありました。昭和一一年一一月三日（明治節）に、馬場先門の明治生命館講堂で、矢内原忠雄先生、黒崎幸吉先生とともになさった講演も、一大決心のお話でした。「神とカイザル」という題で、「カイザルを神として拝めと言われれば私達は反抗する。……私たちはこの国を愛する。しかしより大きな意味において生命を賭けて神を愛する」と言明されたのであります（『聖書知識』第一九四号、昭和一二年六月号）。これは当時としていいうるギリギリの線ではなかったでありましょうか。

さきにわたくしは塚本先生は教会問題を相対化したと申し上げましたが、同じように国家問題を相対化したと申し上げたいのであります。この場合、相対化ということは、その問題から身を引くということではありません。神の義と愛を絶対とする立場に立って、具体的な世俗の問題を批判するということであります。現に塚本先生は、その後も世俗の力への批判はやめられなかったのであります。昭和一七年二月には先生は、「私には東亜新秩序建設の理念というようなことは解らない」と書かれます（「最初の問題」。『聖書知識』第一四六号、昭和一七年二月号）。この「解らない」というような表現は、まことに先生らしい言いかたでありまして、批判を内容とするものなのであります。昭和二〇年——これは敗戦の年ですが、——その年頭には、「全世界が戦争をして、皆相手の国が悪いと思ってゐる。……そもそも相手を獣であると言うことそれ自身が曲者《くせもの》である」と述べておられる（「愛の原動力」。『聖書知識』第一八一、第一八二合併号、昭和二〇年一・二月号）。これなども米英が日本国を野蛮国扱いしていることにふれてのことばでありますが、これをうかがっていた皆様は、おそらく日本も同じことをやっているではないか、といわれているのだと気づいたはずなのであります。わたくしは当時少国民として教育をうけたひとりでありまして、「鬼畜米英」と教えられておりました。いまのお若い皆さんには分からないことばであります。こんなところでは申し上げずらいことですが、アメリカ、イギリスは鬼、畜生の類である、ということであります。わたくしは先生がたのお教えはよく聞くほうでありましたから、アメリカ人、イギリス人はほんとうに「鬼畜」なのだと信じておりました。ですから当時のわたくしが、そのままの考えかたで塚本先生のお話をうかがったとすれば、塚本は非国民なり、と思ったにちがいないのであります。塚本先生はこれら一連のお話のなかで、この非常時に必要なのは、他にたいする愛、相手方にたいする愛なのだ、と説いておられたのであります。先生は時局を相対化し、時局を上から見ていらっしゃったのであります。

初代教会時代のパウロの平和論を思い出していただきたいのであります。パウロは「上に立つ権力に従え」（ローマ書一三の一）と勧め、またローマの奴隷制に正面から反対することはしませんでした（ピレモン書）。具体的な生きかたとして、愛の生きかたを勧めました。社会の底辺に愛の実践がおこり、浸透し、それが社会の一角を支えることにでもなれば、権力の構造そのものが内側から変質してくることを見通していたのでありましょう。いわば内側からする福音的改革とでもいうべきものであります。これがパウロの説く、信徒の対社会的実践の中軸をなす考えかたでありました。実際にあたっては、このパウロの考えかたの適応はさまざまであっていいと思います。ただ塚本先生は戦いの熾烈なる時代に、パウロと同じ福音の力のエッセンスを説きつづけたのであります。「真の愛国は罪無き人となることである」という先生のことば（「我等の愛国」。『聖書知識』第一一九号、昭和一四年一一月号）には奥行きがあるのでありまして、これをとらえてこれは塚本の社会からの逃避であるとか、日和見であるとかいってみてもはじまらないのであります。その程度の理解では、とてもとらえられないものが、そこにはあるのであります。

　いまわたくしは塚本先生のおことばの奥行きということを申し上げました。その関連でひとつだけ挙げておきたいことがあります。それは「八紘一宇《はっこういちう》」ということばをめぐってであります。これは戦中の指導者層が、大東亜共栄圏建設――さきほどの塚本先生のおことばでいえば東亜新秩序建設――という侵略行為を擁護するために引っぱり出してきたことばなのであります。塚本先生はそれをじつにやんわりと、しかしよく読めばじつに辛らつに、批判したうえで、「私達クリスチャンは最後の日における大平和の思想をもつ」と書かれた。そのために直ちに警察庁に出頭を命ぜられ、『聖書知識』誌第一三九号（昭和一六年七月号）の巻頭論文は削除を余儀なくされたのであります。皆様のなかには、その削除された『聖書知識』のほうをもっておられる方がたがおられるのではないでしょうか。また昭和二〇年六月号（第一八三号）――これは六月号ではありますが、紙の需給が悪く、また戦災の東京での印刷も不可能でありました当時、先生の疎開先近くの岩村田《いわむらだ》で印刷した号ではなかったか、と思われます。とにかく秋になって出ましたその号の巻頭言として、「敗戦に学ぶ」という短文を表紙第一ページにかかげました。「大東亜戦は失敗した。しかしもしその為に私達の宿願の如く国体と基督教とが結びつくならば、茲に眞の意味における八紘一宇の輝しい大日本が生れるであろう」と書かれました。これを戦中の八紘一宇思想の延長だととる必要はありません。そもそも先生は八紘一宇思想に反対でありました。敗戦のときのこの文章のなかでも先生は、「眞の意味における八紘一宇」とわざと書いておられる。ここに、いうところの「八紘一宇」精神にたいする批判がつよくこめられているのであります。日本の国体がキリスト教によって潔められることを希っておられるのであります。神を主と仰ぐ世界平和の理想をのべておいでのことは明らかでありまして、これをとらえて、これは塚本の旧日本、旧体制温存の主張であると批判することは、全く的はずれというほかありません。先生のおことばには、機械的な言語理解をもってしてはとらえられない奥行きがあるのでありまして、その内容は同信の方がたには、よく理解できたはずなのであります。

これまでわたくしは塚本先生の対教会、対国家の問題にふれてまいりました。それならば、戦前、戦中の塚本先生のおもなお仕事が、教会問題の相対化、国家問題の相対化ということだけでおわったのかといえば、決してそうではありません。先生はじつは、もっと重要で積極的なお仕事をしていらした。それはなにか、と申しますと、それは聖日ごとの聖書講義と信仰雑誌の発行、それに新約聖書の改訳の仕事でした。それを「永遠の相の下に」、悠揚迫るところなくやっていらした。聖書改訳のお仕事について、いまはふれる時間がないのですが、あのすぐれた訳業を、戦時下においても、療養所のベッドにひとりで聖書をひもとく人びとを「標準読者」と想定して、進めておられたのであります。

先生は書斎の人でありましたが、また他面において信仰共同体のすぐれた指導者でありました。東京のお集まりがそのおもなる場でありましたが、ときには地方に集まりをもたれ、あるいは信仰雑誌の発行をとおして、暗いむつかしい時代に福音そのものを生きて、福音を証《あか》しされたのであります。その共同体で先生が説かれたことは多岐にわたりますが、ひと口でいってしまえば、十字架による罪からの解放ということと、十字架の信仰のみで充分、ということであったと思います。かたちとしての組織のないことが、ひとつにはこの信仰共同体を継続せしめた要因であったかとも思います。この世の力がこの共同体を追いつめますと、先生は「賢きことへびのごとく、素直なることはとのごとく」にふるまわれ、この共同体を護りぬかれたのでありました。当時のことをご存知の方がたを前にして、わたくしごときものは語りずらいのですが、塚本先生を中心にして愛の磁場とでもいうべきものができあがっていたように感ぜられます。先生にとってはこの愛の磁場は、絶対の愛にいます神へと呼び出された共同体であり、神の出来事とみられるべきものでありました。だからこそ先生はこの愛の交わり《コイノーニア》を育て、暗い時代において多くの方がたに希望を頒ちあたえていかれたのだと思います。

さきほどわたくしは、塚本先生の信仰共同体の基礎に十字架による贖罪と、信仰のみの信仰、の理解があると申しました。このことにかんしまして、ひとつの出来事にふれさせていただきたいのであります。それは昭和一八年（一九四三年）三月の、皆川とし子という方の死であります。この方のことは、わたくしは存じ上げません。皆川さんの死にあった直後の聖日に、たしか三月七日に、丸の内で先生は「エリ、エリ、レマ、サバクタニ」という題の話をなさっています。これを「私の遺言として聴いて貫いたい」とまで断わられたうえで、「神に突き放されながらも縋りつくイエスのこの死に方に、眞の福音がある」。皆川の死を見て、それがわかった、と話されました。同様のことを戦後昭和二三年に、「イエス伝研究」がそのころマルコ福音書も第一五章にはいっていましたが、その三三節、三四節を講ぜられました折にもいわれております（『聖書知識』第二一四号、昭和二三年一一月号）。先生にとって、皆川さんの死は余程のご経験であったのだと察せられます。

昭和一八年から数えて、やく二〇年まえに、関東大震災の折、奥様をおなくしになって、絶望のどん底で神に会わされ、「神は愛なり」と告白せざるをえなかった原体験を、いま皆川という愛弟子《まな》の死にあわされて追体験なさったのではなかったか。神なき絶望のどん底にこそ、じつは神がいたもうという逆説。神なきところがかえって神に直結していたという逆説。こうした体験をとおして先生は、ますます十字架の贖いと、その福音を信ずるだけで救われるという信仰を堅うせられたのでありましょう。皆川さんの死は象徴的な事件ですが、他にもいくつかこれに似た出来事があって、先生は神の側から愛の絶対性をつきつけられ、その都度、中心的なるものへと押し返され、さらにさらに愛の磁場をふかめ、ひろめ、同時に世俗の力を相対化していかれたのであります。それは戦中にあってはいのちを賭けた積極的な戦いでありました。戦後になって先生が「天国はどんな所か」と考えられたときに、「天国は……人の為に苦しむこと、人の下に立つことが幸福な所である」と、つよく説かれました。この場合にも、じつは神なきところこそが神に直結しているのだという逆説が生きていたのであります（『聖書知識』第二六四号、第二六五号。昭和二七年四月号、五月号）。

塚本先生は大正一二年に絶望のどん底で「神は愛なり」と告白なさった。それ以後の先生はその体験を身に帯びて、愛なる絶対者の証人《あかしびと》として生きられました。しかしその生きかたは孤高に徹した生きかたというようなものではなく、協同的でありました。暗い冷たい時代に、愛の磁場のなかでお互いを温め合っていかれたのでありました。先生はとき折、無教会と称する人びとのなかにみられる「孤立的、独尊的な」生きかたを批判されました（『キリスト教十講』附録、他）。信仰の孤高に生きる人びとの心に巣喰う評論家的で高慢な心を見抜いておられたのであります。先生みずから協同的集まり——エクレシア——を育てながら、その集まりからみずからも多くのことを学び、また支えられていました。それを先生は「天国の前味」と表現されたのであります。先生を中心にして、神の国はそこにあったのであります。

いまわれわれの国はひとつの曲り角にさしかかっております。これからどういう道がひらけるのか、わかりません。しかしそれならばこそかえって、ひとりの先達があの暗い時代に光をかかげて生きていかれたその姿に目をそそがなくてはなりません。神の子の贖いを信ずること、その信仰を愛のかたちで生かしていくこと。このふたつにしてふたつならざることがらは、まさに神の出来事として、塚本先生中心の共同体にあったのであります。それを目撃し、体験した方がたが、いまここにおられるのであります。しかしそれは基本的には、塚本先生にあらわれた神の出来事であり、塚本先生の出来事ではない。だからこそ塚本先生でおわってしまうことがらではありません。神に背を向けるこの時代、神なき時代にあって、創造主に出会い、愛の絶対性に捕われたもの同志は、それを神の出来事として身に帯びつつ、ひとつのしるしとしての協同の生を生きていくことを求められているのであります。

いま塚本先生がおっしゃっているような気がいたします、――きみたち大いに苦しみたまえ。だれかが苦しまなければ、この世は立っていかないのだからね、と。

これでお話をおわらせていただきます。

黒崎幸吉先生との出会い

黒崎幸吉先生記念キリスト教講演会
二〇〇一年六月三日
今井館聖書講堂にて

本日は黒崎幸吉先生記念の講演会であります。

黒崎先生というお名前をききますと、私は特別に親しみを感じ、さまざまのことを思い出すのであります。ひとつは私が山形県鶴岡市で青少年期をすごしたということとかかわります。敗戦は鶴岡で迎えております。あの「玉音放送」を旧制鶴岡中学校の体育館で、不動の姿勢で聴いたのであります。それからの日本は天皇制という基軸を失い、文字どおり混迷の時期を迎え、みな空腹をかかえながら、右往左往していた、というのが、本当のところであったろうと思います。そうしたある日、中学校の教室である先生が「黒崎幸吉という本校の先輩」がおいでだということにふれました。鶴岡城址内の大宝館かで、『永遠の生命』という雑誌を初めてみました。敗戦翌年のことでしたでしょう。私の頭のなかには鶴岡―敗戦―黒崎という妙な連携ができているのです。

その後、東京や大阪での内村記念講演会の壇上に立たれる先生のお姿を何回か仰いでおります。晩年の先生が名古屋にお出になったときは、親しくお目にかかりました。

私がアメリカへ勉強に行かせていただきましたのは一九五六（昭和三一）年の秋のことでした。その夏、京都の同志社大学を訪ねる必要がありまして、初めて沼津から先の西へ行きました。前田護郎先生はそのときに、京都まで行くならば、ぜひ黒崎先生にお会いしてくるように、と強く勧めてくれました。前田先生自身、黒崎先生を深く尊敬していました。

じっさいに黒崎聖書研究会に伺ったのは、記録によりますと、一九五六年の七月一日の聖日でした。あらかじめお便りを差し上げてありましたので、ご返事があり、会場までの地図を描いてくださり、さらに当日「朝九時一五分頃に梅田の阪急の正面の出口」を通るから、そこで出会えるかもしれない、と書いてくださいました。これがそのときの先生からの（今から四五年まえの）おはがきです。梅田付近が不案内の私は先生にお会いできず、迷い迷いしながら会場に到達いたしました。当日のお話はメモによりますと、「神の国の実存」と題する、ルカ伝一七章二〇―二一節の講解でした。神の国は神との交わり《コイノニア》のなかに、すでに到来している、という内容でした。

集会のあと大阪駅前のデパートの何階かのレストランに連れて行ってくださって、初対面の私に打ち解けて、たくさんのお話をしてくださいました。私が鶴岡の育ちであることを知っておられて、うれしかったのかもしれません。「アメリカ人のものの見方を学んできなさい」と語ってくださいました。このご忠告は、かつての敵国へ行ってものを学ぶことに、何か割り切れないものを感じていた戦中派の私に、それをふっきる力を与えてくださいました。その折に、川崎のほうに学寮を建てる相談があって、近く上京するともおっしゃっておいででした。初耳でした。学寮が建ちましたのは、それから二年ちかく後の一九五八（昭和三三）年五月のことでした。私はまだ在米中でした。

こういう関係でしたので、後年、『黒崎幸吉著作集』付録に文章を求められたときに、私は「先達」というタイトルの小文を寄せさせていただきました。それは一九七二年のことでありますから、先生に大阪でお目にかかった後、一六年が経っておりました。その「先達」というタイトルは、われながらよくも付けたタイトルだと、あとから思うようになりました。ひとつには庄内の、旧制中学校の「先達」であるからです。しかしそれだけではなく、敗戦の翌年に『永遠の生命』という雑誌の姿を、鶴岡で見、そのときは直ちに興味をいだいたのではなかったにしても、渡米直前に大阪で先生にお目にかかり、その後さらに一六年後にこの一文を書くにいたる間に、黒崎先生のご文章をときおり拝読し、そのことがやがて、私に「先達」なるタイトルを付けさせるに至ることになるからなのであります。

＊

黒崎先生を思いますときに、いくつかの特筆すべきことが、私の頭にうかぶのであります。

第一は、学生時代から内村鑑三に接して、キリスト教信仰の中心的なものを学ばれたということであります。既存の教会の形式主義にとらわれず、聖書中心で生きてゆくという歩み方を体得したということであります。結婚後、関西に移ってからも、その基本的態度は変わらず、プレマス兄弟団やC・H・マッキントッシュの影響をうけて、しかもその影響を形だけ受けるということではなくて、「神秘家的に自己の外に立つ《エクスタンス》の体験ではなく」、神を「仰ぎ瞻《み》る信仰」、「神の言によって新しい生命に生まれ更《か》わらせられ」るという体験を重ねられたということであります（著作集五巻三六三、三六九ページ）。

第二は、奥様の重病、その後の死を見て、伝道に専心する決心が固まり、住友製鋼所を退職したということでありますす。恩師内村が黒崎寿美子は「余の理想の婦人であった。……到る処に信仰の香を放ち……御国に帰った」と述べたほどの妻女を亡くされたのですから、ショックであったと思いますが、それを契機に職をなげうつということは、友人たちが言ったように「妻君が死んだので気が狂った」ということではありませんでした（著作集五巻三八九ページ）。先生はここで生命の主なる創造主に真剣に出会い、また贖罪信仰に打たれ（同　三九四ページ）、ひとつの決断を迫られたのであります。「主の奴隷」としての自覚を鮮明にいだかれたのであります。これは先生は「出エジプト」と表現しておられます（同　三九一ページ）。

二年ほどのヨーロッパ留学の後、鶴岡へ戻った先生は、光子夫人と結婚します。諏訪熊太郎に出会ったのも、このころのことであります。この地で、老いた両親のそばで、「集会と著述」に専念しようとお考えになりました。『永遠の生命』を発刊いたします。東京は内村先生はじめ錚々たる方がたが伝道に励んでおられるので、そこへ行くことはない。しかし「大阪は物質的、京都は保守的で、いずれも非常に伝道の困難な場所」なることを、内村からも聞かされ、ご自分でも知っておられました。ですから関西行きは、はじめは考えてもいませんでした。しかしその地へ、内村と藤井武が逝去した一九三〇（昭和五）年の秋に移るのであります。健康を害していたので、暖かい土地がいい、という判断もあったらしいのです。また故郷ではヤソはやりにくいということもあったようです。また関西には親しい友人がおりました。結果からみますと、黒崎先生から奥様を奪い、また先生に病を与えたのは、神の仕掛けた仕業でした。先生は一大決心で関西に移られたのです。しかし、内村によって始められた無教会主義の種は、こうして関西――宣教にとっては「荒野」とされる地――へと運ばれたのであります。フロンティアへと押し出されたとの思いが、この庄内藩の武士的精神にはたぎったのであったろうと、私は考えております。これが、申し上げたい第三の点であります。

次に第四として、一九三一年の秋から聖書研究会を始めた関西で、やがて軍事大国をめざす日本の国策を批判しはじめます。そのこととの関連で申し上げるのですが、「ヒットラーの『我が闘争』を読む」（一九四〇年）の一文はきびしい語調でした。ヒットラーを「祖国主義」、「武力主義」、「独裁主義」、「無定見のオポチュニスト」と糾弾したのです。つまり歴史の主なる創造主を無視し、自らを創造主の座に上げ、他国を絞り上げる国策を厳しく批判しました。「崇高なる心情」を欠いた国策を難じたのであります。黒崎先生は直接にはドイツを批判したのですが、当時の読者には、先生の真の矛先は当時の日本の政治・軍事指導者に向けられていたことは、じゅうぶん分かっていたことでありましょう。じじつ、この一文を発表したために『永遠の生命』誌は発行停止処分をうけるのです。先生は、歴史の主は誰かを見定めることとの必要を国民に求め、日本は道義国家になれ、との愛国の心情を吐露されたのでありました。

次に第五に、申し上げたいことは、われわれ無教会は「お互い同志には完全に自由であり、神に対しては完全に服従している」。これは「人為的統制」ではなく、「神の統制」である。そこには「制度や組織を全然離れたる、自然の生命の共通が感じられる」。「十字架によりて罪を贖われし者同志の間には、言わず語らずのうちに心の奥底にキリストにある一致を感ずるのであります」と語ります（著作集五巻八一ページ）。キリストに連なる交わり《コイノニア》のことを言っておられるのであります。キリスト信徒の唯我独善を嫌い、信仰にある力ある交わりを提唱されております。キリストの十字架により神の愛が現われた。われわれは愛《アガペー》の交わりのなかにある（続・著作集三巻三四一—三四二ページ）。「キリストのからだ」のなかの「聖なる交わり」のことを言っておられる。そのなかで、歴史の主なる方の御業を見定めて、そのための奴隷として働く。のちに“One Body in Christ”と表現される思想へと発展するお考えであります。

もうひとつ最後に第六として、先生の伝道開始のころの心がまえとして面白いことがあります。「東京の友人たち」

――塚本虎二、藤井武、矢内原忠雄、他――の方法では、大阪の人びとには通じない、と公言していることであります。「大阪の人は皆実際的であるから、できるだけ具体的に福音を伝えるよう努力した。」なるべく原語や英語の単語は使わないことにした（著作集五巻四三三ページ）。しかし、あるとき、「老人組の中で最も熱心であった内田〔猪太郎〕老人が、私に、〝英語に振仮名をして貰えないか〟という注文を出された」。これには参った、と回顧しておられます（著作集五巻四三三―四三四ページ）。

私はこれまで、黒崎先生の、とくに伝道初期のころの心がまえと言えるものを辿ってみたのであります。前にも申し上げたとおり、とくに私の心に残っている諸点であります。先生は奥様の死に出あって、キリストの贖いを体験され、「主の奴隷」となる決意をされた。そしてキリスト信仰にとっては「荒野」と目された地へと移られた。歴史の主は誰であるかを見定めて、個人も国家も進み行かなければならない。そうでなければ、神の罰に出あうことになる、と説かれる。そのばあい、「聖なる交わり」に連なりつつ、平易なことばで福音を語る、という心づもりであられたことが分かるのであります。いくつかの特徴はひとつに融合して、黒崎先生をあらしめたのであります。

＊

私はここで、実ははたと気づくことがあるのであります。一九八五（昭和六〇）年の夏に、今から一六年まえのことですが、「無教会夏期懇話会」というものが開かれました。二日にわたったものですが、初めの発題を依頼されまして、「無教会と平信徒」という題の話をいたしました。（ちなみに、次の発題者はここにおられる大島智夫先生でして、たしか「地方無教会の集会のあり方」という題で意義ぶかいお話をしてくださいました。）私はその発題のなかで、現代の平信徒主義とは何かを考えつつ、おおよそ次のように述べました。

第一に、キリスト教は「イエスこそキリスト」という告白に立つ（マルコ八の二九）。それが基盤であり、その他はつけたり。

第二に、無教会は明確な救済史的歴史観をもつ。

第三に、無教会には辺境者意識ともよぶべきエートスがある。

第四に、信徒は聖なる交わりを重視する。

第五に、無教会は平信徒の集まりであるから、専門学者の特殊用語を必要としない。

無教会は教会《エクレシア》の一部である。だから既成教会を同労者と認め、教会を壊そうとはしない。かえって、教会組織の力のおよばないところへ福音の種子を持ち運ぼうとする。しかしそのためには、とくにこの異教的風土のなかでは、徹底した平信徒主義が求められている。


――このような内容のことを述べました。

この発言内容を考えてみますと（それを語った今から一六年まえには全く思いつかなかったことでありますが）、黒崎先生が伝道に踏み切られたあたり一〇年間ほどのご主張と、いかに類似していることか、驚くのであります。私は知らず知らずのうちに、多くのことを先生から学ばせていただいていたことが分かるのであります。先生はまさに私の「先達」であられました。

＊

先生が召されたのは一九七〇（昭和四五）年六月六日のことでした。六月九日に登戸学寮で惜別会があり、一四日には立志館で葬儀と告別式が執り行なわれました。告別式は前田護郎が司式をいたしております。その式辞のなかで、司式者は一九三五（昭和一〇）年の夏のことを回想しております。山中湖の旧制第一高等学校の寮で合宿し、黒崎先生のヨハネ書簡の講義をうけたのです。お宿の二階で水蜜桃を頬張りながらお別れのひとときを過ごしたそうですが、いよいよお別れのときに、黒崎先生は「われわれ若輩に向かって、参加の諸君に感謝します、と大きな声でいわれたので、皆が驚きました」と語っております（『聖書愛読』七八号、七九号。一九七〇年六月、七月）。「神への感謝は神の力への信仰と結びつく。そこに永遠の生命の希望の源があると思う」とも書かれてあります（同誌、八二号、一九七〇年一〇月「書斎だより」）。「参加の諸君」とは、おそらく神のことばに連なってくれた諸氏、の意でありましょう。コイノニアの存在と力に、ともに連なることのできた喜びを、黒崎先生は率直に感謝されたのでありましょう。そこに永遠の生命の基礎があると実感されたのでありましょう。

*

黒崎幸吉という方は神の言に立つもの同志に、恵みとして与えられる信頼関係を重視されました。「汝ら若き日にその創造主を憶えよ」（伝道の書一二の一）。このことばは登戸学寮の「設立趣意書」にも掲げられましたが、じじつこれ以外に「人としての教育」をほどこす術《て》はないのであります。学寮で「正義と愛の理想に導く団体生活」を送らせ、「真の意味に於て日本の為、人類の為に生死する人間を育て上げ」なくてはならない、という理想で、先生の心は満たされていました。この「設立趣意書」の言うところは、まことに新鮮であります。「神を欲しない此の日本の将来は決して楽観することはできません」ということばも、色あせるどころか、最近の日本の識者、とくに教育をいじくる審議会の諸君に虚心坦懐に吟味してもらいたいものであります。四三年まえのことばは、ますます真実味をもって迫ってくるではありませんか。まさに預言者の声なのであります。ここには学寮の方がたがおられると思いますが、若き日に創造者を覚え、共に語り、共に祈りあえる友をえて、将来を開いていっていただきたいものであります。

＊

ごく最近ブラジルの李渭賢先生からサンパウロ聖書研究会が出している『恵みの露』（第四一号、二〇〇一年四月）がとどきました。二冊とどきまして、一冊はこの今井館へ、といわれますので、こちらへ収めたところであります。ていねいな日本語のうるわしい筆跡のお便りがついております。「貴地では厳しい冬が過ぎ、温かく美しい春の盛りでしょう。こちらは寒い冬が突如やってきました」とあります。その後ですが、「森首相が退陣してホットしました。日本が神の国にならずに済んだからです。小泉新首相は右派みたいで、未だ気になりますが。日本がアジアをはじめとして、世界への平和に貢献し、リーダーシップを発揮することを願う気持は人後におちません。やっぱり日本を愛する気持が、幼い時から植えつけられ、今に残っているからでしょう」。台湾出身の方であり、いまは地球の反対側のブラジル国籍の方であり、市川幸子さんといっしょにサンパウロ聖書研究会を導いてくださる方が、日本の一後輩にこういう真情あふるることばを送ってきてくださるのです。頭が下がります。そのブラジルも、晩年の黒崎先生がお訪ねになった地のひとつでありました。

この歴史は闇から光が、混沌から秩序が造られていく場であります。この新創造の御業はイエスがキリストとして罪の贖いのための死をとげてくださったことで、決定的になりました。その歴史の場に、いま生かされているわれわれは、かつて黒崎先生が体験されたように、「主の奴隷」として生き、信ずるもの同志“One Body in Christ”として歩んでゆく決意を固めなくてはなりません。

それは黒崎先生から託された為事《しごと》であります。

私は、たしかに黒崎先生の中学校の後輩でありました。しかし私は先生の聖書研究会の会員ではなく、『永遠の生命』誌の定期購読者でもありませんでした。それでも、さきほども申し上げましたように、無教会というものを考えるばあいひとつ取りましても、とくに伝道初期の黒崎先生の思想と実践から多くのものを継承しておりました。それは意識もせずにそういう結果になっていましただけに、先生から受けたものは、かえって深かったといえると思います。先生は文字どおり、私の「先達」であられました。黒崎先生との出会いは偶然《たまたま》のことであったとは思われないのであります。

*

こう申し上げつつ、これからもこの「先達」の跡を歩ませていただきたいと、心に願うものであります。今日はここにお集まりくださいました皆様、またこういう機会を与えてくださった黒崎先生に、とくにこういう「時」を造ってくださった創造主にたいしまして、深き感謝の念をささげるものであります。

叶水の理想――鈴木弼美先生の思い出

鈴木弼美《すけよし》先生から初めてお便りを頂いたのは、ミシガン州のアンナーバーにいたころのことである。記録を調べてみると、それは一九五八（昭和三三）年一一月一二日のことである。二五年も前のことだ。David Grayson の作品 *Adventures in Contentment*（1906）の一節に不詳の箇所があると仰《おっしゃ》って、その説明を求めてくださったのである。たいへん細かいことに関するご質問であった。

アメリカ大陸は、当時は今よりもずっと遠かった。その大陸の、しかも中西部の大学町にいる未知の青年のところへ、英語の訓詁を質せられた先生の態度に、じつは畏怖の念をさえおぼえた。「当地の友人に伺うよりは、アメリカに現在居られる貴方に御伺いした方が宜しいと思いまして厚かましくも御伺い致します。どうか御教示下さいますよう御願い致します」。このおことばには、いたく恐縮したことを、今でも思い出す。わたくしがそのとき直感したのは、真理にたいする鈴木先生の厳しさというものであった。「日本の教育は全部が駄目なのではない！　神様は、どこかに自らの姿を示しているのだ」と、その晩、控えにしるした。

その翌年に帰国したわたくしは、先生のお招きで、秋の叶水《かのみず》（基督教独立学園高等学校）をお訪ねした。そのとき初めて先生にお会いし、初めて学園の実際に接することができた。それは焼ける前の学園であった。ここで過ごした二泊三日は、それからの進路も未定であった当時のわたくしに、原理的なことを教えてくれた。キリスト信徒としての生きかたと学問研究とが別のものであってはならぬという認識。しかも学徒としては時流に乗ることのない分野での仕事をすべしとする決意。この認識と決意とは、アメリカにいるあいだにわたくしに備えられたことではあったろうが、じつは叶水訪問で決定したことであったと思われてならない。

事実、その後二〇数年をけみした現在でも、学問と信仰の問題を考え、また語るときに、わたしの脳裏に立ちあらわれるのは、叶水の自然と鈴木先生のお姿なのである。アブラハムは「西にはベテル、東にはアイ」のある、いわば文化のはざまに生きた。イサクはゲラルの谷（ワジ）に生きた。そしてそれぞれが神の恵みをえた。この物語を読み、辺境にこそ神の恵みがあらわれることを思うとき、わたくしがつねに具体的に考えているのは、基督教独立学園の歩みかたなのである。真理への畏敬と辺境精神。――東北の一山村に鳴りつづける鐘は、ひとりわたくしの心にばかりではなく、日本の現状にたいしても、警鐘のひびきを伝えてくれる。

一九七七（昭和五二）年のクリスマスに、ふたたび叶水を訪れた。最初のときから数えて、一八年が経っていた。そのとき雪の伊佐領駅にわたくしを出迎えてくださったのは、桝本忠雄先生であった。それが先生にお目にかかる最後となった。（わたくしの座右には、かつて鈴木先生が下さった一葉の絵葉書が、額に入れて立ててある。「叶水の早春。――野焼きの日に遥かサルッパナを望む」）今は亡き忠雄先生も、天上からこの叶水を見ていらっしゃる。叶水に若き日を送った卒業生諸君は、この国の隅隅《すみずみ》で、目を上にあげて、働いているはずである。叶水を直接知らない人びとのなかにも、叶水の精神を心に範としている多くの人びとがいる。

叶水の理想は、「生命の書」の歴史に書きつけられている。

中山博一先生への感謝

中山博一先生追悼会
一九九八年七月四日
名古屋中央教会にて

その一

中山先生が召されまして、ひと時代が過ぎたという思いがいたします。先生をとおして、たくさんのお恵みにあずかった者のひとりとして、寂寥の感を禁じえません。しかし、この世で先生に出会うことのできたことの感謝と喜びを告白させていただきたいのであります。

一九六一（昭和三六）年に名古屋聖書研究会は、矢内原忠雄先生をこの地に迎えて、内村鑑三生誕百年記念講演会をいたしました。矢内原先生のご希望で、中山先生がまず講壇に立たれ、「内村先生に教えられたもの」を語られました。この年は、奇しくも矢内原先生の最後の年でした。当時の名古屋聖書研究会は、中山先生や二宮元信さん、好川増輔さん、後藤庸平さんたちが中心で、若い合田初太郎さんや加藤正夫さんは、おもに裏方を担当しておいでした。

中山先生からは、名古屋大学での聖書研究会でもお教えをいただきました。加木屋《かぎや》のお宅に寄せていただいたこともありました。また、これは後のことですが、相良《さがら》のお宅にも伺ったことがありました。お宅の前にお立ちになって、わたしを待っていてくださった、そのお姿が忘れられません。その折には、御奥様とごいっしょに御前崎《おまえざき》までご案内くださいました。また、いろいろな機会に稀覯本の類いを何冊もくださいました。藤井　武の署名入りの書物などです。わたしはその大部分を、やがて今井館聖書講堂に寄贈するつもりです。無教会史における貴重な文献ですから。

『ちとせのいわ』を復刊なさってからは、その読者に加えさせていただきました。ご高齢の先生のことを思って、私は何かの折に、よくお書きになれますねと申し上げましたところ、「昔は書くことがなくて苦労したものですが、今は書くことがありすぎて困るほどです」とお答えになりました。後進のわれわれに言っておきたいことが山ほどあったのです。

とくにおっしゃりたかったことは、（多くの皆さまのお気づきのとおり）自由と寛容の精神の必要性についてでした。「もし愛にもとづく寛容の精神を失うならば、互いに他を審き、孤立化の恐れがあります」。このことばは、先生にも、この世における具体的な戦いがあったからこそ、先生の口から出たおことばでした。苦しみの中でこそ、信徒としての「忍耐と信仰」が求められるのだということを、先生は生涯をかけて証しされました。

わたしが七年を過ごしました名古屋を出ましたのは、一九六八（昭和四三）年のことでしたが、そのときに名古屋聖書研究会は送別会をしてくださいました。皆さんのご署名つきの聖書を贈ってくださいました。その扉に、中山先生は代表として、短歌一首を献じてくださいました。

新たなる命とかれしななとせを心に刻み君をおくらん

若輩への一首としては勿体ない作品です。恐縮いたしました。今わたしは、百歳になんなんとするご生涯を閉じられた先生に、次の作品を逆にお贈りしたいのです。

新たなる命とかれしももとせを心に刻み恩師《きみ》をおくらん

一九九六（平成八）年八月二〇日に、榛原《はいばら》総合病院に先生をお訪ねしました。ことによると、これがこの世でのお別れか、と思っての再会でした。先生もそうおっしゃいました。ややあってご退院のあと、お電話をくださった先生は、晴れ晴れとしたお声で「また生かされてしまいました！」と言われました。

今のわたしは、この「また生かされてしまいました！」というおことばを、今ここで新たにお聞きする思いがするのであります。

先生は、忍耐と寛容の調和したみごとなご一生を示してくださいました。こころから感謝を申し上げます。

また、晩年の先生とよき交わりを結んでくださり、先生をお支えくださった同信の皆様に、御礼を申し上げます。

そして、今は御奥様はじめご家族の皆様の、主にあるご健勝をお祈り申し上げるばかりであります。

その二

熱狂は人を裁く。人に教えをたれているつもりが、じつは己が信仰を人に押しつけ、それを受け入れない人びとを不信の徒ときめつける。自己流の教派の結成を（知らぬ間に）求めているのであろう。

人知による議論は脇におき、まず聖書そのものをとおして、生ける真実の声を聞こうとされたのが、中山博一先生であった。その結果が、先生にあっては、「愛にもとづく寛容」の勧めとなって現れた。だがこれは安易な妥協の許容ではなく、信仰の純粋性をねがう心が産み落とした果実であった。いま、世はこの寛容の使徒の声に耳傾けなくてはならない。

創造と忍耐——石川志づ先生二十年記念

石川志づ先生二十年記念会
二〇〇〇年七月一五日
鷗友学園ホールにて

今日は石川志づ先生の二〇年を記念する会でありまして、こうしてお写真を前にして集まりますと、皆様もさまざまなことを思い出されることでしょう。

わたしは一九五三（昭和二八）年の一月に、当時若かった前田護郎先生がこちらの教室をお借りして世田谷聖書会を開かれまして、それに参加して以来のことを思い出すのであります。学校は木造で、作法室の前のあの藤の木も、まだ幼木でありました。石川先生は熱心に聖書会に出席され、しかも何くれとなく面倒をみてくださいました。六〇歳代の先生は、お元気で、むしろ敏捷でさえあり、つねにお顔に笑みをたたえ、われわれ学生たちにもお優しくしてくださいました。

聖書会は日曜に行ないますが、一年に何度か、ふつうは静粛である日曜日が賑わうことがありました。運動会とか、感謝祭・バザーの類いの催しであったかと思います。個人的なことを申し上げて相済まないことですが、わたしは一九五六（昭和三一）年から数年間アメリカへやらされまして、日本を留守いたしました。帰国して聖書会に戻ってみますと、鷗友学園では日曜日の催しは一切なくなっておりました。鷗友は変わったな、前進したな、としみじみ思ったことでした。これは石川校長の苦渋の決断があってのことであろうと察せられたのであります。

本学園を創設したのは東京府立第一高等女学校（現　都立白鷗高等学校）の同窓会、鷗友会であります。しかし一九三五（昭和一〇）年二月の学園のスタート時点以前から、この学園の創設と教育指針にかんして実質的な相談にあずかっていたのは府立第一高女の校長市川源三という先生でありました。この方のことにつきましては、薄井喜美子先生の『女子教育をになった教育者・市川源三』という本があります（一九九〇年刊）。これは大変重要な文献であります。市川先生というお方が、この書物で分かるからであります。先生は東京府立第一高等女学校に三四年おられ、しかも最後の一八年は校長をつとめられました。人徳高く、人びとに深く尊敬された教育者であられました。この方の教育方針は女子の「全人教育」でありまして、知育・徳育・体育の三本柱を重視したことは、薄井先生も繰り返し解説しておられるところであります。そして目標とするところは、「自由と創造」でありました。

知育・徳育・体育の三本柱を重視し、女子の「能力を引き出し」、「人間としての本質を伸ばす教育」といいますのは、教育の歴史のなかでは自由教育《リベラル》といわれるものであります。ヨーロッパ、アメリカでは長い伝統があり、日本でも明治以来、とくにミッション系の学園で受け継がれてきた教育であります。「リベラル」といいますのは、古代において「奴隷」とは反対の、「自由人」市民の育成という含みをもつことばであります。つまり、ある国家目的であるとか、固定の価値とか思想、また産業技術主義などの「奴隷」となることを拒絶することのできる人格——そういう人格を養成する教育ということなのであります。

それにしても、知育・徳育・体育を柱とするという自由教育の思想をもつ市川源三という方が、よくぞあの時代の公立の高等女学校の校長が勤まったものだな、とわたしなどは感心します。と言いますのは、問題は「徳育」にかかわるのです。心の教育には何らかの宗教教育が欠かせないのですが、――ですから、市川先生は生徒を内村鑑三の柏木の聖書講義にまで連れていったそうですが、そんなことを、よくぞ公立高女勤務の公務員がやれたものだと思うのです。勇気が必要の行為でした。大正末期から昭和初年にかけては、すでに皇国史観にもとづく国家主義的な教育が強いられた時代だからです。日本はじじつ「天皇を中心とする神の国」であったのです。

自由で生き生きとした人格の、つねに前進していく創造性こそ、市川源三が女子教育に求めたものでした。その結果、薄井先生のご指摘のとおり、市川は反軍国主義的であり、ヒトラーを痛罵し、日中戦争中、南京陥落の折にも生徒を提灯行列などには参加させなかったのであります（前掲書、一〇九ページ）。一九三五（昭和一〇）年に鷗友学園が創設されたとき、それは二・二六事件の前年のことですが、女子教育に自由な人格の育成とそれに立脚する創造性を求めた市川は、彼の教育理念を「慈愛《あい》と誠実《まこと》と創造」という標語でまとめたのであります。

その市川教育を継いだのが石川志づでした。それは一九四〇（昭和一五）年、太平洋戦争勃発の前年のことでした。たんに市川精神を形式上継ぐというのではなく、「創造」していきました。つまり前進していったのです。石川先生の生涯は創造主に頼っての前進でした。例の「慈愛と誠実と創造」という市川いらいの校訓を、“Love, Light, Life” と解釈して、前進させたのです。これは市川源三の基盤をなす宗教性に、明確なキリスト教精神を吹き込んだ結果でありました。学則も、鷗友学園は「一貫した全人教育を行い、キリスト教精神を基盤に〝慈愛《あい》と誠実《まこと》と創造〟を校是と」するという文言に変わりました。真の「自由と創造」は歴史を越えた創造主へのまことの信頼なくしては不可能であるという信念が、石川先生にはありました。しかしこの学則が生まれるまでには、石川先生の内部では苦渋にみちた長い沈思と熟考の時間が必要であり、その結果の決断であったことは想像に難くないのであります。そして幾人かの同信同労の友が学園内にいらして、その判断を支えたのでありましょう。

イギリスにT・S・エリオットという詩人・批評家がいました。若かったころ「伝統と個人の才能」（一九一九年）という一編をものしました。「伝統というものが、すぐ前の世代のやり方をよしとして、ただただ盲従するということであるのなら、伝統など捨てたらいい。……伝統にはもっと広い意味がある。ただ継ぎさえすればいいというのではない。伝統は大きな産痛を経てこそ勝ち取ることのできるもの」。そこに必要とされるのは「歴史感覚」である。そう言っています。

石川志づの偉かったところは、市川源三の築いた基盤を、「歴史感覚」を通して受け継ぎ、前進させ、それを凌駕した、あの創造性にあります。市川精神にただただ盲従したのではありません。前にも述べた「学則」変更、それから専攻科の創設と円形校舎の建設（一九五五年）、追分山荘の開設（一九六三年）――つまり昭和三〇年代、鷗友学園が創立二十周年を迎えるころからあとが、石川色の確立の時期であったと思われます。学園のモットーを“Love, Light, Life”と説明されたのも、ほぼそのころのことでありました。

追分山荘の使命として先生が語られることばは忘れられません。「ここが、心身を強め、共同生活の経験を身につけ、若い魂が創造主なる神を見出し、神と人に仕え、愛される者となる場の一つとなりますことを、心から念願いたします」（『紫のにほひ』三〇ページ）。わたしじしん、この三〇年間、追分の山荘生活と、最近は御殿場での、高一の生徒諸君の研修にかかわってきました。研修に出る時には毎回このことばを想起し、心震える思いがするのです。

伝統とは「大きな産痛を経てこそ勝ち取ることのできるもの」であって、そこに求められるのは「歴史感覚」であると、T・S・エリオットが言ったことを、さきにご紹介いたしました。学園の伝統についても、全く同じことが言えるのでありまして、市川精神に立ち、それを生かし、それを超えたところに、石川先生による「自由と創造」の前進の事実があったのであります。

ところで、わたしが横から見ていて、この鷗友学園は偉いな、と思うことがあります。それは石川先生の後、その石川精神なるものを尊重はしつつも、それを偶像化せず、「いま」という時点、「ここ」という場にあって、鷗友の関係者はそれを正しく批判的に継承し、生かしてきた歴史を、わたしは目撃してきたからなのであります。鷗友学園は開学いらい、第一に「自由」第二に「個」の「創造性」を標榜してきました。石川志づ先生にいたってキリスト教精神が注入されました。しかしその後の皆様はその石川精神を金科玉条として伝承し、空洞化するに任せるというのではなく、その折々に貴い労苦――エリオットの言う「産痛」――を重ねてこられました。近藤正平、前田護郎、薄井喜美子、小林和子、伊藤進、金澤康、関ノリ子、北野早苗の歴代校長先生たちを中心にして、鷗友学園の良心は「歴史感覚」を働かせつつ、「自由」と「創造」重視の教育を、その都度再生する努力を果たしてこられました。石川先生の業績を新たに生かす努力を重ねてきたのであります（また経営面での中野ツヤ氏の功績も指摘しなければなりません）。

鷗友学園の歴史は「創造性」をめぐる歴史でありました。しかし再生には、つねに「大きな苦痛」が伴います。したがって「創造」を標榜する場合、その「産みの苦しみ」を担うだけの、限りなき忍耐が、どうしても不可欠なのであります。忍耐こそその「創造性」の母体なのです。この学園はその忍耐を重ね、重ねて、現在にいたったのです。この学園のことを思うと、わたしはいつも初代キリスト教会時代の使徒パウロのことばを思い起こすのであります。「苦難は忍耐を、忍耐は訓練を、訓練は希望を生む」（ローマ書五の三―四）。苦難の果てに忍耐を通して希望があるのです。いまの艱難はその果ての希望の存在を約束しているのであります。

わたしはこの三〇年、山荘生活その他で、とくに高一の生徒諸君、また専攻科の諸君、またご指導の先生がたとお会いしてきました。いまは、山荘生活とその後における生徒諸君の成育のことは、ここでは触れません。わたしのいま申し上げたいことは、(口はばったい言い方で恐縮なのですが)若き先生がたの成育についてなのであります。先生がたはいろいろなご苦労を糧にして成育してこられた。先生がたの成育があってこそ、良き教育がなされてきたのであります。長年拝見していますと、そのことがよく分かるのであります。先生がたの成育度の、じつに悪い学校が、世の中にはあるのです。鷗友学園はその手の学校でないことを、わたしは誇りに思っております。

こういうことを申し上げますのは、この機会に、いくたの苦渋を背負いつつ、伝統を再生させ、いまの鷗友をここにあらしめてくださった諸先生がたに、心からの感謝の意を表させていただきたいからなのであります。当の石川先生がどれほどお喜びのことか(現場の先生がたを支えてくださったゆきわ会、PTAその他の皆様のご尽力にも感謝いたします)。皆様、鷗友の「創造性」を未来に向けて、さらに再再生させていこうではありませんか。

最後に、薄井先生が始めに朗読してくださった旧約聖書の「詩篇」第一〇〇篇を再読させていただき、わたしのお話を終えさせていただきます。

サー・T・ブラウン、W・オスラーと日野原重明

二〇〇八年一一月八日
聖路加国際病院トイスラーホールにて

わたしは医学関係者ではありませんのに、今晩ここにお招きをいただき光栄に存じます。じつは戦後の学生時代に福原麟太郎とか、斎藤美洲《びしゅう》などの先生方のご指導をいただき、「近代英語」講座の一環として、とくに一六世紀末から一七世紀にかけての、それもとくに散文の世界に導き入れられました。そのなかにSir Thomas Browne（一六〇五―一六八二）もいたのでした。一九五六（昭和三一）年にはアメリカへやらされましてアマースト・カレッジで学び、その後一九五八年にはミシガン大学の大学院へと進みました。そこにFrank L. Huntleyという一七世紀文学の専門家がいまして、詩人ミルトンとか、Sir Thomasを論じておりました。のちに『サー・トマス・ブラウン研究』（一九六二年）を出版することになる人です。二〇歳代のわたしには、以上のような経緯があり、日本では珍しいことですが、この一七世紀の医学者の『医師の信仰』（*Religio Medici*, 1642）、その他の書物に親しむ経験をしたのでした。

＊

ブラウンの時代は敬虔な知識人は「二つの書物」にもとづく思考を重ねなければならない、とされました。その一つは「神の書かれた本」、つまり聖書でした。二つ目の本は「神の僕なる自然」でした。神の造られたものすべては「自然」でして、その長は人間でした。神は「土のちり」に「息」をかけて「生けるもの」人間とし、その他を治めさせたのでした（「創世記」二章七節）。ですから「自然」の存在たる人間には（他の「自然」にはみられない）「光」が与えられていました。さらに、一七世紀の思想界では、その「光」とは「箴言」二〇章二七節で「主のともしび」と呼ばれるもので、それは当時よく「正しき理性」(*recta ratio*) とも表現されました。つきつめて言えば、聖書と「正しき理性」が人間に与えられた「二つの書物」でありました。

その関連で申し上げるのですが、（日野原重明先生のお名で訳されています）オスラーの『平静の心』の一節に、ヘンリー・ベイツという人物の書簡が引用されています。* ブラウンの『虚偽の蔓延』(*Pseudodoxia Epidemica*, 1646) を賞賛したものですが、この書物に理解を示さない連中がいる、と言って、その輩は“**lanthorne**”を欠いているのだ、と非難を浴びせています。このことば「明かり」は「主のともしび」を指しているのでして、神に与えられた「光」、つまり「正しき理性」のことを言っております（単なる「理解力」ではありません）。

これは大事なことでして、あの一七世紀の宗教論争期、いわゆるピューリタン革命期において、ブラウンはローマでも、ジュネーヴでもなく、「自らに与えられた理性の命に従って」、イングランド国教会の（中道の）立場を固守いたしました。これは政治における中庸の道、つまり「自制」の態度、乱世における「平静」の道でありました。サー・ウィリアム・オスラーはブラウンのこのあたりの心境をよく理解しておりまして、次のように表現しております。「愛が砕ければ、法そのものも崩壊する。愛なくして法は健全たりえない。……愛はすべてを忍び、すべてを信じ、すべてに耐える心である」** と。こうなりますとパウロの「コリント人への第一の手紙」の第一三章を思わせる言い方となります。ブラウンに与えられた「正しき理性」（「明かり」「主のともしび」）がかれに「すべてに耐える心」「平静の心」を命じたのでした。

『医師の信仰』は次の祈りで結ばれます。

この世にあっては、神よ――
わが良心の平安、
わが情愛の自制、
あなた様への愛、わが親愛なる友への愛を恵み給え。
そうすれば、カエサルを憐れむまでの幸福が与えられることでしょう。

「平静の心」は「平安」、「自制」の生むもの。さらにその基底に創造主への「愛」、他者への「愛」のあることを、この結びのことばは表明しています。

＊『平静の心』（医学書院、二〇〇三年、新訂増補版、四四六―四四七頁）。

＊＊ *Osler's "A Way of Life" and Other Addresses* (Duke U.P., 2001), p. 345.『平静の心』四一五―四一六頁。

＊

サー・ウィリアム・オスラーはサー・トマス・ブラウンをいたく尊敬していました。『医師の信仰』とともに歩んだお人であったとみて間違いはありません。基本はすべてブラウンにありました。オスラーのことばに「〃あなたがたは耐え忍ぶことによって、自分の魂をかち取るであろう〃と聖書には書かれている。この忍耐が、諸君に人生の試練を乗り越えさせる平静の心でないとすれば、それはいったい何なのであろうか」ということばがあります[*]。

サー・トマスが『医師の信仰』の結びで、「良心の平安」と「情愛の自制」を並べたことは、前段で指摘したとおりです。一七世紀の思想界にあっては、「自制」とは順境にあって「中庸」temperantiaを求めることであり、「忍耐」とは逆境にあって「中庸」を求めることでした。オスラーが試練のなかで忍耐を生きるところにこそ「平静の心」がある、と言いつづけたことは、サー・トマスの精神系譜を継ぐ人士であったことを明白に証ししております。

ここで、ブラウンの文体に触れさせていただきましょう。現在の読者の目にはかれの文体は難解と映ることでしょう。しかし当時の知識人のなかでは、かれはむしろ簡勁な文体の持ち主と目されておりました。ラテン語風な、あるいはイタリア語風な華麗な文体がもてはやされた時代にありまして、「二つの書物」——聖書と自然——を基本とする思考法と表現法が、簡潔な表現法を生んだのは、むしろ当然でありました。一八世紀に生きた口の悪い批評家でジョンソン博士（一七〇九—八四）という文士がいましたが、かれはサー・トマスの文体を評して、「逆説の目新しさ、気品、イメージ、隠喩の豊富さ、論考の緻密さ、文体の力強さ[**]」を褒めたたえるのです。二〇世紀でこの文体に魅せられたのが、オスラーでありました。「美しいことばの衣をまとった高邁な思想の魅力[****]」と表現しております[***]。古典と聖書（欽定英訳聖書、一六一一年）との接触なしに毎日を過ごそうとしてはならないとまで言ったオスラーであるからこそ、ブラウンの文体の美しさに心酔できたのでした。

＊　*Osler's "A Way of Life"*, p.26.『平静の心』、一〇頁。
＊＊　*Osler's "A Way of Life"*, p.48.『平静の心』、四五二頁。
＊＊＊　*Osler's "A Way of Life"*, p.43.『平静の心』、四六七頁。
＊＊＊＊　日野原「医学生のためのベッドサイド・ライブラリー」、その他。『平静の心』、五八三―六〇七頁。

＊

ここまではサー・トマス・ブラウンからオスラー博士にいたる思想上の、また文体上の継承について述べてまいりました。これからは、その継承の上に、いやその継承の先に立つお方、日野原重明先生のことに触れさせていただきたいのです（先生がここにお出でですので、少し申し上げづらい面もありますが）。

まず、『わたしが経験した魂のストーリー』（キリスト教視聴覚センター、二〇〇五年）という、これも先生から頂戴したご本ですが、そのなかで書かれていますことのご紹介からはじめましょう。「わたしの尊敬しているウィリアム・オスラー博士がいったように、耐えることによって、人間は本当に生きることができるのだと思うのです。耐え忍ぶことによってわたしたちには新しい生活が与えられ、報酬をうけることができる」（一六五頁）。この少し前のところで、先生は賛美歌の説明をなさり、「やすかれ、わがこころよ。……いたみも苦しみをもおおしく忍び耐えよ」を引用なさいます。心の平安――平静の心――は苦難を耐え忍ぶことによって、与えられるということを言われているのです。ここら辺は、まぎれもなくサー・トマス・ブラウンからオスラー博士へと伝わる「平静の心」の賛歌です。

ここからは、サー・トマス・ブラウンからオスラー博士への線上にありながら、その太き線をさらに先へと押し進めてゆかれる日野原先生の生き方と思考法について述べさせていただくことにいたします。

まず、第一に、先生は古典重視の態度は崩すことなく、それでいて晦渋を排し、平易の文体をきわめられます。先生の平易な文体は、ときにヒューモアを交えながら、詩文に近づきます。いや、ついには詩そのものに昇華してしまうのです（いまは先生のヒューモアについては、細かくはふれません。が、これはブラウンにもオスラーにも見られない、重要な要素であることだけは指摘させていただきます）。先生の詩人としての面についてですが、「九四歳の処女詩集」と銘うった『いのちの哲学詩』（ユーリーグ、二〇〇五年）が出ました。これは名著です。日野原先生のすべてが入っています。「愛するものを喪った君へ」は、わたしなどは何十回朗誦したかしれません。この作品には「耐えて待つこと」という副題が付いています。この作品のなかでは、先生は説き明しはなさいませんが、「耐えて待つこと」、つまり「忍耐」をへて「平静の心」にいたれ、と（言外に）勧めておられるのです。これは先生が生涯をかけて、ブラウン―オスラーの精神を生かされた証しではないでしょうか。

これとの関連で申し上げたいのは、先生の文体そのものが、きわめて平易な文体であるということです。この文体を身につけていらっしゃらなければ、この詩集は出来なかったであろうし、また『十歳のきみへ——九十五歳のわたしから』（冨山房インターナショナル、二〇〇六年）という、これほどの売れ行きを示す本も出なかったことと思います。

第二に申し上げたいことは、先生の「平和」にたいするお考えにかんしてです。先生は「不戦」ではなく、「非戦」ということを強調いたします。日本は懺悔の心から「非戦」をかちとったのではないか、とおっしゃるのです。インドのガンジーやアメリカのキング牧師の姿を思いつつ述べられる絶対平和主義です。「平和の日を子どもたちが」という詩作品では、「他をいつも配慮する愛の寛《ひろ》き心で／真の平和を世界の隅々にまで広げていこう」とうたわれます。これも先生がわたしに署名入りで下さった『いま伝えたい大切なこと』（ＮＨＫ出版、二〇〇八年）のなかで、詳しく説いておられることであります。先生の平和論は、たんなる政治論ではなく、「平安」、「自制」、「愛」を「平静の心」の核と説くサー・トマス・ブラウン以来の主張が通っていることは明らかであります。

第三に述べさせていただきたいことは、先生の「よど号事件」の体験であります。一九七〇（昭和四五）年三月三一日。それは先生五九歳のときのことでした。これについて先生は『人生、これからが本番』（日本経済新聞社、二〇〇六年）のなかで、詳しく書いておられます。詳しいことはそちらに譲りますが、生きてご自宅へ戻られたのちに、皆さんに挨拶状を出されたのですが、そこには「ゆるされた第二の人生が多少なりとも自分以外のことのために捧げられればと願って」とお書きになられました。生かされた先生のその後は「余生」であったわけです。生きて与えられた「余生」を、創造主のために用いさせていただく。それがいまの先生です。これなどはブラウンにもオスラーにもない特殊な体験でありました。

第四に、あまり知られていない一つのことを申し上げます。長野県のいちばん山梨県寄りの山地に野辺山高原というところがあります。赤岳が屹立する、その裾野です。敗戦後、この地にクリスチャン農場を作ろうという企てがおこり、相当数の農民が移住してきました。しかし、コメの出来ない土地であることがわかり、多くの農民は乞食同然の姿で、山を降りました。しかし信仰に立つ数家族がのこり、信仰中心の生活のなかで生きつづけました。佐々木一夫さんはその一人でした。やがてコメをやめ、高原野菜の育成に精を出し、それで生きていけるようになりました。佐々木さんの『野辺山高原に生きる』（私家本、一九七八年）に詳しい叙述があります。

その農民たちに心あたたまる援助を与えてくださったのが日野原先生ご夫妻でした。お子さまがたの衣服その他が頂けたそうで、いまでもそのことが広く語りつがれております（佐々木一夫氏は二〇〇六（平成一八）年に、奥さんのはるみさんはそれより先の、一九九四（平成六）年に召されました。牧師先生などおられない地ですので、わたしが呼ばれてお別れの式をあげさせていただきました）。佐々木さんは元気なころは、上京するごとに、高原の野菜をかかえて日野原先生宅を訪ね、謝意を表わしておりました。こんなことは日野原先生みずからはおっしゃることはないでしょう。ですから、この機会に申し上げさせていただきました。

最後に、『いのちの哲学詩』に収められている作品を、ご紹介いたします。

老樹

老いても毅然と

子どもは親が育て
青年は教師が育て
成壮年は社会が育てる
だが老人は自らが育てる
その齢《とし》を私は何年も前に迎えている

私は年老いて職を辞しても

強い風が吹き
激しい嵐が襲っても
テニソンの詩「槲樹《かしわぎ》」のように
毅然《きぜん》と立ち続けたいと願って今日も生きる

この老樹が日野原重明先生なのです。われわれもこの老樹を仰ぎつつ、今日という日を生きて行こうではありませんか。

ご静聴、ありがとう存じます。

柳生直行訳『新約聖書』の香り

一

柳生直行というお方の名を知ったのは、半世紀ちかくも昔のことである。相川高秋教授に捧げる『神学と文学の間』という論文集が一九六五（昭和四〇）年に出た。その書評を『英語青年』から依頼され、この一書で柳生先生の「『失楽園』と現代」なる論文に出会った。この論文にいたく感銘したわたしはこのミルトン論を「記憶さるべき労作」と評させていただいた（『英語青年』一九六五年一〇月号）。柳生先生が新井などという若造の名を知っておられるはずがない。調べられたらしく、その若造は先生の出身校、東京文理科大学の後進・東京教育大学の出であることが判り、それならば後輩だ。一度会ってやろう、という気をおこされたらしい。数年後、横浜駅の東急ホテルのレストランに呼び出されたのは、調べてみると、一九六九（昭和四四）年六月六日のことであった。緊張して出向いたわたしも、先生のお人柄にほれ込み、その後はなにかとお親しくしていただいた。

二

その先生から一九八五（昭和六〇）年春に柳生訳『新約聖書』（新教出版社刊）をお贈りいただいたときには、驚いた。先生のミルトン論を拝見していらい、約二〇年は経っているのだが、先生がこのようなお仕事をしておられるとは存じ上げなかった。

じつはわたしは戦後の荒廃した時代に内村鑑三という人物の著作にめぐりあい、家の宗教を捨ててキリスト教の世界に入った。そして一九五三（昭和二八）年からは前田護郎なる若手の聖書研究者が世田谷で始めた集会に通うことになる。その後の滞米生活、名古屋での学究生活——その時代に柳生先生のミルトン論の書評を書いた——を経て、東京の母校に移り、一九六九年に、柳生先生に初めて横浜でお会いすることになる。学園紛争たけなわの頃であった。

ところでその前田護郎は一九八〇（昭和五五）年四月に召された。『聖書愛読』という個人雑誌を、「ひとり学ぶ友に」という副題を掲げつつ、四半世紀ちかくの日時をつかい、一九四号までを出した。新約聖書の訳は毎号少しずつ註を付しつつ載せていった。逝去以前に一応完訳したかたちであった。出版は中央公論社が引き受けていた。しかし、このままでは前田訳聖書の出版はありえない。前田家はその出版の仕事を新井に委託した。前田訳聖書全体のことばの調整・整理、別ポイントで出てくる膨大な欄外註の確認作業、その他。途方もない時間と神経を要した。それが実際に出版されたのは、満三年以上を経た一九八三年末のことであった。専門外の新井にとっては、苦渋に満ちた年月であった。ただし、聖書の世界により深く接近することが許されたという意味においては、幸せな経験であったというべきであろう。*

三

この仕事を終えて一息ついていたころ、一九八五（昭和六〇）年の初春、「恵存　柳生直行」という署名入りの『新約聖書』が届けられた。それを手にして、わたしは「驚いた」と上に書いた。ほんとうに「驚いた」のである（先生は前田訳の存在を知ってはおられたことであろう。しかしその出版に、新井という後輩が関わっていたことなど知る由もなかったはずである）。わたしは柳生訳を一読し、再読した。一般人のことばが簡潔に生きている聖書の世界が、ここには出現しているのだ。聖書学者ではないお方の、その意味でのかなり自由なことばの世界が、ここにはある。「マタイ福音書」冒頭の「イエス・キリストの系図」は、普通はよく読み飛ばされるところである。人名の羅列が人を飽きさせる。たとえば「バビロン追放」という言い方が二度出る（一の一一、一二）。柳生訳では「イスラエル人がバビロンに強制移住させられたころのこと」となっている。イエスが生まれるや、「星の研究家である東方の博士たち」がエルサレムにやってくる。ヘロデ王は「その子」を見つけ次第、報告するようにと申しつけられる。王のことばを「承って」博士たちは出発する。

現行邦訳は一人称と二人称を「わたし」「あなた」で統一してある。しかしそう訳すことで、聖書での会話は日常口語から離れるのである。柳生先生はそのことをご存知で、数多くの人称代名詞を使い分けておられる。イエスと

＊前田訳の「新約聖書」は月本昭男氏を中心とする経堂聖書会七人会により、「前田護郎選集」の「別巻」として、二〇〇九年七月に教文館より改訂・出版された。

サマリアの女との対話をみていただきたい（ヨハネ福音書四章）。女ははじめ、「あんたはユダヤ人でしょう？」と訊く。いかにも下卑た言い方だ。その女は、やがてイエスに畏怖をいだくようになると、「あなた」、さらには「あなた様」と呼びかけてくる。はじめ女は自分のことを「あたし」とよんでいるのが、「わたくし」と変わってくる。読者に臨場感があたえられ、改悛へと向かう女のこころの動きが、じかに伝わってくる。

日本人は母に呼びかける場合に、まさか「婦人よ、あなたは……」とは言うまい。柳生訳は「お母さん」と呼びかけるか、省いている。人称代名詞の使い分けによって、自然とわかるようにしてある。一二歳のイエスが母と語るとき、自分を「ぼく」と呼ぶ。マリアは夫ヨセフのことを息子に語るときは、「お父さん」と言う（ルカ福音書二の四八―四九）。百卒長の口からは「……のであります」と、軍隊調が出る（ルカ福音書七の八）。

翻訳とは単語を単語に移すのではなく、原文の意味を汲み上げて、それをきちんとした現代日本語に生かすという仕事であるから、全体の分量は現行訳より多少はふえているであろう。しかしじっさいの印象として、柳生訳は簡勁である。「主の祈り」（マタイ六の九―一三）なども、現行の新共同訳よりも、やや短い。全体的に、達意の日本語である。C・S・ルイスの研究者・訳者としての先生のことばである。

戦後、日本聖書協会が聖書の口語訳を目指したときの、翻訳の原則のひとつに、公の朗読に適した格調ある文体へ、という申し合わせがあった。この「公」とは、要するに「教会」「礼拝」ということであろう。しかしいまは、聖書は開かれた使命をもつ公器として、公共の場――世俗の日本語の世界――へと堂々出て行くべき時である。一般日本語の世界で朗読されて、なお範となるべき品格を備えていなくてはならない。そのような現代語訳の達成を真に願うならば、他の優れた個人訳とともに、いや、先ず第一に、柳生訳の勇気と知恵とに多くを学ぶべきである。そう思ったわたしは新教出版社から柳生訳聖書の書評を頼まれたときに「日本キリスト教界における、近来稀の慶事」であり、「勇気ある事業」と呼ばるべき大挙である、と絶賛させていただいた覚えがある（『福音と世界』読書特集「新教」一九八五年春季号）。ひとつには、新教出版社が創立四〇周年記念事業として、この柳生訳を出版することに決した、その勇気を称えたい気持ちもあった。これは今だから言えることに入るであろう。

四

その先生の訳業の上梓を記念して、関東学院は「翻訳聖書出版記念祝賀会」を開かれた。一九八五（昭和六〇）年七月六日の夕べ、横浜東急ホテルでのひとときであった。わたしには予め、「文学研究家としての柳生先生」というタイトルで何かを語れ、とのお達しが届いていた。

じつはその席で同席したのが、すぐ書房主・有賀寿氏であった。氏は、つとにマシュー・ヘンリ（Matthew Henry, 1662-1714）の聖書注解の翻訳・出版を念じておられ、そのことで柳生先生と相談をしておられたらしい。先生はその企てに賛意を表され、ついでに新井の名を出されたらしい。そのうち三人で会って具体的な相談をするということになった。が、そのころ先生のご健康に異常が発生し、一九八五（昭和六〇）年は過ぎてしまった。翌一九八六（昭和六一）年の六月三日に有賀氏とわたしは柳生先生のお宅をお訪ねするということになっていた（先生はご自宅の手書きの地図までお送り下さっていた）。しかしその機会は与えられず、その九月にご逝去。地図を頼りに、ご自宅に伺い、ご葬儀に列した。このご逝去がその後マシュー・ヘンリの「マタイ福音書」の訳業を、わたしに決定づけた。その訳業は一九八八（昭和六三）年に第一巻を出し、二〇〇九（平成二一）年の第九巻にいたる、（共訳者にも恵まれた）二〇年をこえる仕事となった。すぐ書房も新井訳の完成をもって使命を終えた。

五

柳生先生を通してお知り合いになれたお方に、高野進先生がおられる。H・W・ロビンソン『バプテストの本質』（一九八五年）、『関東学院教育の群像』（一九九四年）、『A・A・ベンネット研究』（一九九五年）などなどを頂戴している。その高野先生から、小学校卒業ま近かの六年生（と、かれらの父母）のために一時間ほどの話をしてください、というお願いがあった。調べてみると、それは一九九五（平成七）年三月一三日に実現している。山の道を登っていった。お話を終えて、帰りがけに発見したことだが、小学校の入口に、もう一〇年近く前に逝かれた柳生先生の『新約聖書』の一節が書き出されていた。

最近、柳生先生のことを思い出し、懐かしくなって、関東学院大学の学内の散策に出かけた。できることなら、あの柳生先生訳の一節にまた出会いたかった。しかし見つからなかった。そこへ学院史資料室の瀬沼達也先生が呼び出されて、出てきてくださった。先生は直ちにわたしを三春台の関東学院小学校へ連れていってくださった。坂田祐先生の「人になれ、奉仕せよ」のことばの近くの、現小学校の入口に柳生先生訳のパウロのことばが金属板に黒字でしたためてあった。一六年ぶりの再会であった（ことによると、柳生先生自らの筆であるかもしれないと思った）。

「兄弟たちよ。すべて真実なこと、尊敬すべきこと、正しいこと、純粋なこと、愛すべきこと、人々に喜ばれること、それに、道徳的にすぐれていること、また称賛に値すること――すべてこういったことに思いを致しなさい。……そうするなら、平和の神があなたたちと共にいて下さるであろう」（ピリピ書四の八―九）

その後、二週間ほど経って、もういちどその山道を登っていった。柳生先生の香りがした。

津上毅一氏を送る

二〇一三年三月二八日
今井館にて

津上さんがこの世を去られたのは、二〇一三（平二五）年三月二四日のことであった。一九一三（大二）年のお生まれなので、満百歳であられた。告別式は三月二八日の午後、今井館聖書講堂で白井徳満氏の司式で執り行なわれた。

氏は東京陸運局長、日本観光協会理事長などの重責を負ったお方であり、この世のトップ・エリートの道を歩まれた。その氏が塚本虎二、関根正雄というキリスト信徒の学者・伝道者の直弟子と自覚しつつ、今井館聖書講堂を生かすための人生を送られた。

今井館聖書講堂は、かつては内村鑑三の聖書講義の場であった。内村は一九三〇年に没し、その後、五年経って、柏木の内村邸が都市計画により、立ち退きを命ぜられる。直弟子たちは師の邸宅と今井館をどうするかという難題に迫られた。結局五年後に今井館は今の目黒区中根の地に、解体された木材を運んで、再建されることになる。敗戦後はここで、矢内原忠雄先生が聖書講義をなさった。ただし、建物の管理は直弟子の責務のままのかたちであった。

しかし、建物の老朽化はひどく、裏の管理人の住居は緊急の改造を要した。今井館聖書講堂は閉鎖さえ考えられた。しかし、オカノユキオ氏の勧告を容れて、一九七二年二月には理事会を有する（しかし「法人格なき社団」としての）「教友会」がスタートした。その中心に押し出されたのが津上さんであった。理事長として、地主との交渉、資金集め等の大事業を背負われた。現在の二階建の管理人棟が新築されたのは、一九八六年九月であった。一九九六年三月には理事長職を清永昭次氏に譲り、自らは後ろ盾となる。二〇〇〇年に入ってから、ある匿名の方より大型のご寄付がいただけることになり、そのための受け皿として、二〇〇一年九月には「特定非営利活動法人（NPO）今井館教友会」が認証された。そのお陰で、今井館資料館が建つことになるのは二〇〇三年晩秋のこと。この施設を有効活用する諸方針が模索された。資料館が三重県のヒノキで建ち上がりつつあるときに、清永氏のからだは衰えゆき、二〇〇四年九月二四日にこの世を去る。その後、理事長は山下薫氏、相澤忠一氏とつづき、二〇一〇年九月からは新井に。一九七二年いらい約四〇年、津上氏はつねに今井館の大黒柱であり続けた。その間に、今井館は再生し、それまでに見られなかった諸活動の場として用いられてきた。

今井館資料館が建ったとき、津上氏は元・理事長として述べておられる――今井館は無教会の中心、「本山」などにはなってはならず、無教会全体の「公同性を確保する」ための「サービス」機関に徹すべきである、と。

第二イザヤ書の冒頭に、「砂漠に我らの神の大路を直くせよ」と叫ぶ声が聞こえる（イザヤ四〇の三）。津上氏の一生はまさに、その「神の大路」を指差すご生涯であった。

同行二人

清永《きよなが》昭次さんが今井館教友会の理事長になられたとき、わたしは副理事長を命じられた。一九九六年のことであったかと思う。しかし、その十年ほど前から、二人は教友会の役員であり、けっきょくこの二十年を共に歩んできたことになる。今井館のことについては、わたしはどこまでも補佐役に徹した。理事会、その他の場で二人が難問に直面して疲れ果てても、会合を終えての帰途、あの東横線・都立大駅から横浜駅までの車中では、つねに和らぎ、ときに大笑いし、そのあとの進路を模索しあった。

『ギリシア神話と英米文化』を編集したときには、清永さんには「神話と歴史」を担当していただいた。この一文は清永兄の学問的な真価がにじみ出た一編であり、このタイトルでご執筆をお願いしたことは、氏の研究者としての名を、この地上にとどめさせていただける結果となったと感じている。それは大修館書店から一九九一年七月に出た。

中沢洽樹先生の『無教会史』の編纂の仕事も、清永さんと一緒の歩みであった。無教会史研究会員のなかで、歴史学的な客観性を身につけていたのは、やはり清永氏であった。その第Ⅳ巻の編集作業に入るに際して、中沢先生は同研究会の代表を、一方的に新井と指名した。ひじょうに驚いた新井は苦悶の末に（先生のご病気のことを考慮にいれて）しぶしぶお申し出は承諾したのだが、ただ、清永氏がわたしの補佐役となってくださることを条件とした。清永さんはその場でその条件を受け入れてくださった。それはこの方の愛のなせる決意であった。一九九五年暮れのことである。出版までの六年半も、苦しみと喜びとを分けあった。

新井ははからずも、二〇〇三年四月に新潟県の新発田市に移らなくてはならない羽目になった。その折に、これから先、教友会副理事長の任は果たせないと思い、内々に辞意を表明した。しかし清永さんはわたしの辞任は認めず、山下薫氏をもうひとりの副理事長に任じた。これも清永流の熟慮の結果であった。わたしは清永さんと山下さんに深き感謝の念を捧げつつ、日本海側の小都市に移ることができた。

遠く離れても、清永さんはわたしの兄貴であった。分からないこと、とくに古典古代の歴史・文学で不明のことが出来《しゅったい》すると、気軽に質問を仕掛けた（地方の小さな学園では、とても調べのつかないことが多すぎるのである）。清永さんのほうが手っ取り早い。質問への答えはご子息からの電話で返ってきた。ご入院の身であったのだ。英文の資料をコピーして送ってくださることもあった。わたしが見たこともない今井館資料館の写真をも送ってくださった。

しかし、五月二日付けのお便りが最後となった。

あの『無教会史Ⅳ』の副題を中沢先生のご意思にそむいてまで「連帯の時代」とするにあたっては、わたしは相談相手の清永さんの認可を得てあった。無教会分裂の危機を前にして、自己批判が生じ、それが新しい「連帯」意識の要を生んだ、というのが、現今の無教会内の動きにたいする両名の共通した理解であった。この認識が研究会全体の了解に達したことは幸いであった。

日本海側の学園に赴任するに際しては、わたしの内部に、日本基督教団系の学校との「連帯」の覚悟ができているのか、どうかを、わたしとして確認する必要があった。しかしこのことで、いちいち清永さんと相談する必要はなかった。無教会も「キリストのからだ」の一部でしかないではありませんか、と清永さんは答えるに決まっていた。

同行二人。先にかの世界に移されてしまわれた清永兄は、わたしに、こちらで待っていますよ、と静かに言ってくれているように思われてならない。

伊藤進先生の「肯定」

伊藤進先生逝くとの報に接して、ただ愕然といたしました。鷗友学園に出入りをはじめてから、六十年以上の年月がたっているわたしのこと、わが人生の貴重な一部が切断されたとの思いに襲われました。

信州・追分山荘での夏期学校の学びは、わたしにとって忘れられない体験ですが、一九七六年七月にこの機会を実現させたその背後には、やはり伊藤先生がおられたように思います（この研修は、わたしとしては三十年後の最近の箱根での研修にまで及びました）。学園の門前を朝七時、東日本観光バスで発ち、新井福之助先生の名講釈を受けながら、碓氷峠を登り、中山道を追分に着く、あの貴重な学びの時間は忘れられません。

もうひとつの追分の研修に関して忘れられないことは、その講義の席に先生がたが、よく出席なさるということでした。ときには伊藤先生も、また学園長時代の前田護郎までが！　これでは、まるで大学院の口頭尋問の席に座らされているがごとき思いでした。専攻科の皆さんが食事、掃除などの裏方の仕事を受けもっているのを見て、これこそ鷗友の雰囲気だと感じたことでした。

じつは伊藤先生が学園ではどういう科目を担当されるのか、わたしは長い間、知りませんでした。一つ二つの科目のみをもたれるというタイプではなく、学問・教育の場にひろく関わるお方だというふうに認識しておりました。

その認識は間違いではありませんでした。一例をあげるにとどめますが、一九六〇年代に入ってから、学外の同志友人がたと提携して、キリスト教夜間講座、キリスト教基礎講座、キリスト教自由大学セミナー、聖書語学通信講座などを始められました。先生のお宅を講座の場として捧げることまでなさいました。また「ATD・NTD聖書注解」（原文ドイツ語）の刊行を実現されました。また『インタープリテイション』（「聖書と神学と思想の雑誌」）日本版の刊行をも実現されました（一九九〇年一月刊）。日本版監修者として新井が担ぎ出されました。これは二十年間継続し、最後の第八〇号は二〇一一年七月でした。「監修者」なる者にされて、わかりましたことは、伊藤先生の学問的深さ、また現代語・古代語にまで通ずる語学面での広さでした。これだけの人物は、そう見当たるものではありません。その後、この雑誌は編集委員のひとり月本昭男氏――現、上智大学特任教授――のお力で継続されています。こうした超教派的活動の背景に常に伊藤先生が控えておられたことは、強調するに値する事実です。これほどの大事業をなさった伊藤先生が、どの地点においてもご自分の名は決して前面には出されませんでした。

その唯一の例外は関根正雄先生との「共著」『マタイ福音書講義』（新地書房、一九八五年）です。関根先生の講義を活字化した大著ですが、これは實は関根先生の要望で「伊藤」という名が引き出されたもの、とわたしなどは考えております。

この註解書が出た翌年には、つまり一九八六年には伊藤先生は鷗友学園女子中学高等学校の校長に任ぜられております。難題を抱えていた学園の「長」となることは、先生をひどく惑わせたものと察せられます。この先生のお奨めなれば、わたしなどが追分山荘行きをお断りすることなど、とうてい出来かねることでした。一九八六年以降は伊藤先生のご要望を容れて、専攻科の聖書講義まで担当することになりました。

伊藤先生が編集なさったものに、『植木良佐《りょうすけ》――聖書・信仰短言・日記他――』（キリスト教図書出版、一九九三年）という一冊があります。原著者の、たとえば「いま全世界を挙げて神に背いた。愛は嘲けられ正義は曲げられ、物をいうのは武器と暴力である。みな神と反対に走って行く」というような、太平洋戦争勃発直前の時代観察には同感を禁じえなかったようです。が、同時に、この闇の世には神の言を信じつつ「さすらう」「よそ者」が存在し、実はそこにこそ救いの灯が点じているのだとする、植木氏の主張に、伊藤先生はより強く打たれました。

「この暗い現実にもかかわらず、人間の存在の根底がすでに肯定されているのだ」との植木氏の主張、つまり「大きな肯定」の中に人は生きるべきだとの姿勢を、伊藤先生は学び取られました。そして一九八〇年代の鷗友学園の混迷の現実を前にして「まず肯定から始めよう」ということばを、校長としての「スローガン」となさいました（前掲本、二二三―二二五ページ）。鷗友再生の原点は（一般には、あまり知られていないことですが）このバルト的「肯定」観への回帰にあったと言えるのではないでしょうか。

われわれは今、この闇夜のごとき二一世紀に生きつつも、日本も世界も「慈愛《あい》と誠実《まこと》」に立ち返り、その上に立ってこそ、新しき「創造」の「再生」が約束されていることを信じ続けようではありませんか。鷗友学園の歴史は大事なことを、「大きな肯定」の厳たる存在を、いま荒野に叫び、指差しているのではないでしょうか。

伊藤先生、お安らかに！

初出一覧

第一部　内村鑑三とその周辺

遍歴の十年
新保祐司編『内村鑑三 1861–1930』藤原書店、二〇一一年、一〇二–一一二頁（原題「ピューリタニズムを培った十年の彷徨」）。

内村鑑三とミルトン
小山内 薫
内村鑑三研究会編『内村鑑三研究』第二〇号、一九八三年、七八–一〇一頁。
無教会史研究会編『無教会史1 第一期 生成の時代』新教出版社、一九九一年、一八〇–一九〇頁。

有島 武郎
無教会史研究会編『無教会史1 第一期 生成の時代』新教出版社、一九九一年、一九〇–一九九頁。

江原 萬里
無教会史研究会編『無教会史2 第二期 継承の時代』新教出版社、一九九三年、四四–五五頁。

諏訪　熊太郎
無教会史研究会編『無教会史2　第二期　継承の時代』新教出版社、一九九三年、一六六―一七四頁。
金澤常雄論
「金澤常雄論」『日本女子大学紀要文学部』第四一号、一九九二年、八三―九四頁（無教会史研究会編『無教会史2　第二期　継承の時代』に加筆、再録）。
信州の農村伝道――松田智雄と小山源吾
無教会史研究会編『無教会史3　第三期　結集の時代』新教出版社、一九九五年、一二八―一三三頁。
中沢洽樹の「伝統」論
無教会史研究会編『無教会史4　第四期　連帯の時代』新教出版社、二〇〇二年、二四七―二四八頁。

第二部　無教会と平信徒

無教会と平信徒
一九八五年八月二八日、無教会夏期懇話会（市谷）における発題。『無教会夏季懇話会記録』（一九八六年六月）に収録。
辺境のめぐみ
一九九六年一一月二三日、無教会キリスト教全国集会（東京）における講話。経堂聖書会編『若木』第二七号（一九九七年一一月）に掲載。
バベルを越えて

土の塵より
一九八一年三月二九日、内村鑑三記念キリスト教講演会（東京）における講演。石原兵永主筆『聖書の言』第五四二号（一九八一年五月）に掲載。

内村鑑三と新世紀
一九九〇年三月二五日、内村鑑三六十周年記念キリスト教講演会（東京）における講演。経堂聖書会編『若木』第一一号（一九九〇年一一月）に掲載。
二〇〇一年三月二五日、内村鑑三記念キリスト教講演会（東京）における講演。森の宮通信社『森の宮通信』第三四二号（二〇〇一年一〇月）に掲載。

内村鑑三を継ぐもの
二〇〇一年四月一五日、ちとせのいわ聖書研究会主催、復活祭講演会（名古屋）における講演。森の宮通信社『森の宮通信』第三四六号（二〇〇二年二月）に掲載。

「主の大庭で」
二〇〇二年三月一〇日、内村鑑三記念キリスト教講演会（名古屋）における講演。森の宮通信社『森の宮通信』第三五四号（二〇〇二年一〇月）に掲載。

新たなる生命
二〇一〇年四月八日、名古屋での講演。森の宮通信社『森の宮通信』第四四八号（二〇一〇年八月）に掲載。

無教会、この六十年――この国の聖化のために
『福音と世界』第六〇巻八号（新教出版社、二〇〇五年八月）に掲載。

第三部　辺境のめぐみ

ひとつ井戸のもとで

一九九二年三月二二日、新フッタライト大輪キリスト教会入植二〇年記念会にて。経堂聖書会編『若木』第一七号（一九九三年四月）に掲載。

札幌の理想

一九九三年一〇月二四日、札幌独立キリスト教会創立一一一周年記念講演。札幌独立教会『独立教報』第二〇一号（一九九四年三月）に掲載。

クラーク博士とフロンティア精神

一九九四年一〇月三一日、愛農学園農業高等学校における宗教改革記念講演。経堂聖書会編『若木』第二二号（一九九五年五月）に掲載。

蓼科の裾野

一九九六年一〇月二六日、松田智雄先生を記念する会（今井館聖書講堂）にて。経堂聖書会編『若木』第二六号（一九九七年五月）に掲載。

隣びととしての沖縄――キリストにある連帯

一九九九年七月四日、那覇聖書研究会主催、内村鑑三先生キリスト教講演会における講演。無教会研修所編『無教会』第三号（二〇〇〇年二月）に掲載。

「清くなれ！」――喜びの世界へ
『婦人之友』二〇〇一年一〇月号（婦人之友社）に掲載。
野辺山の「愛」
経堂聖書会編『若木』第五六号（二〇一六年七月一〇日）に掲載。

第四部　世田谷の森で

前田護郎「真理愛の拠点」

前田護郎『前田護郎選集3』（教文館、二〇〇八年五月）の巻末「解説」（山下幸夫との連名）。

前田護郎「聖書の研究」

前田護郎『前田護郎選集2』（教文館、二〇〇八年二月）の巻末「解説」。

世田谷聖書会について
世田谷聖書会編『恩恵十年』（一九六四年七月）、一―六頁（原題「はじめに――世田谷聖書会について――」）。

馳　場
世田谷聖書会編『恩恵二十五年』（一九八〇年九月）、一五四―一五八頁。

前田訳聖書
経堂聖書会編『恩恵の継承』（一九八五年四月）、一五三―一五九頁。

先生の全教主義

経堂聖書会編『恩恵の継承　その三』（二〇〇〇年一二月）、一八九―一九二頁。

経堂聖書会――新しい出発

経堂聖書会編『恩恵の継承　その三』（二〇〇〇年一二月）、一九三―一九六頁。

ひとり学ぶ友に

前田護郎『ひとり学ぶ友に』（前田護郎主筆『聖書愛読』、一九六四―一九八〇年の「巻頭言」集）（キリスト教図書出版社、一九九八年）の「解説」。

平信徒の恩恵

経堂聖書会編『恩恵の継承　その三』（二〇〇〇年一二月）、二三一―二三五頁。

七人会の出発

経堂聖書会編『恩恵の継承　その五』（二〇〇五年一二月）、一三―一六頁。

二つのあらし

経堂聖書会編『若木』第五三号（二〇一五年七月）に掲載。

〈森びとたち〉

上野悔一郎先生――神のためにはたらく

経堂聖書会編『若木』第二号（一九八六年一一月一日）に掲載。経堂聖書会編『一隅を照らしつつ』（一九八七年五月一日）に再録。

井上年弘さんを送る

森の宮通信社『森の宮通信』第四五〇号（二〇一〇年一〇月）に掲載。

エッサイの若枝――永井克孝君を思う

経堂聖書会編『若木』第五三号（二〇一五年七月五日）に掲載。

吉田豊さんという人

経堂聖書会編『若木』第五四号（二〇一五年一二月）に掲載。

山下幸夫先生の声

経堂聖書会編『若木』第五五号（二〇一六年三月）に掲載。

第五部　先達の跡を

愛の絶対性

一九八三年一〇月九日、塚本虎二先生一〇周年記念講演会（東京）における講演。斉藤顕・新井明・高橋照男編『歴史に生きる塚本虎二先生』シャローム図書、一九九九年六月、八〇―九四頁。

黒崎幸吉先生との出会い

二〇〇一年六月三日、黒崎幸吉先生記念キリスト教講演会（東京）における講演。森の宮通信社『森の宮通信』第三四九号（二〇〇二年五月）に掲載。

叶水の理想――鈴木弼美先生の思い出

基督教独立学園五十周年記念文集『神に依り頼む』（一九八七年八月）に掲載。

中山博一先生への感謝
　一九九八年七月四日、中山博一先生追悼会（名古屋）における追悼の言葉。新井明『ひとつ井戸のもとで』シャローム図書、一九九九年六月、一九三―一九七頁。

創造と忍耐――石川志づ先生二十年記念
　二〇〇〇年七月一五日、石川志づ先生二十年記念会（鷗友学園）における講話。経堂聖書会編『若木』第三四号（二〇〇〇年一一月）および鷗友学園編『しづけきこころ――石川志づ先生二十年記念会』に掲載。

サー・T・ブラウン、W・オスラーと日野原重明
　二〇〇八年一一月八日、聖路加国際病院トイスラーホールにおける講話。『日本オスラー協会ニュース』第六一号（二〇〇九年二月）に掲載（原題「Sir William Oslerが尊敬したSir Thomas Browneについて」）。

柳生直行訳『新約聖書』の香り
　新教出版社『新教』（一九八五年春季号）に掲載。関東学院大学『学院史資料室ニューズ・レター』第一五号（二〇一二年一月）に再録。

津上毅一氏を送る
　今井館教友会『今井館ニュース』第二六号（二〇一三年七月三一日）に寄稿。

同行二人
　津上毅一編『清永昭次――彼を動かしたもの』清永出版会、二〇〇四年、五四―五六頁。

伊藤進先生の「肯定」
　鷗友学園・伊藤進先生追悼文集編集委員会編『伊藤進先生追悼文集』二〇一四年五月、六―一〇頁。

解説

一

新渡戸稲造がかつて教え子の一人に「君、センス・オブ・プロポーションというのを知っているかね」と尋ねたことがありました。今でいうバランス感覚といったところでしょうか。新渡戸はつね日ごろ「センモン・センス」よりは「コンモン・センス」を強調し、とくにリベラル・アーツ教育を重視しました。じじつ、新渡戸に接した英国人は、新渡戸がその点でじつに優れていることを見抜いていたといわれます。

同じことが新井明先生についてもいいうるように思われます。本選集第一巻の解説において野呂有子氏は、日本を代表するミルトン研究者としての先生をご紹介くださるとともに、教育者としての側面にも触れておられますが、そこには自然に親しむジェネラリストとして先生の姿がよく映しだされています。この第二巻には、さらに、ご専門の領域をこえ、先生ならではの広くまた深い知見に裏付けされた文章の数々が収められています。と同時に、いずれの文章も、その底流には、先生が若き日に学ばれた聖書に基づくキリスト教信仰が流れています。それは聖書のみに基づき、教派や教義にとらわれることのない「無教会」の信仰であり、内村鑑三に学んだキリスト者たちから受け継いだ信仰でした。

新井明先生がこのようなキリスト教信仰に触れたのは、若き日に、神田の古書店で手にした塚本虎二の冊子であった、と先生自身がお書きになっています（本巻三二五―三二六頁）。それまでの価値観が瓦解した敗戦後間もなくのことでした。先生は、その後、ご自身の専門研究分野を英文学と見定め、なかでもミルトン研究に邁進するかたわら、生涯の信仰上の恩師・前田護郎の主宰する「世田谷聖書会」において聖書の学びを深めてゆかれました。聖書が新井先生の専門分野である英文学とは切っても切れない関係にあることは申すまでもありません。西洋古典学に裏打ちされた前田の聖書講座をとおして、先生は学問方法論を学ばれるとともに、この世に生きてはたらくキリスト教信仰を前田から受け継がれました。前田は塚本の弟子にあたる聖書学者でした。その辺の事情は、先生ご自身が書き残されています（本巻第四部に収められた文章をご参照ください）。

一九五六年、先生は「内村鑑三奨学生」として米国に渡り、アマースト大学に学ばれました。新島襄や内村鑑三が学んだアマースト大学は、当時も、また現在でも、全米で最もよく知られたリベラル・アーツの学府です。ここで先生は幅広い研鑽を積まれた後、ミシガン大学・大学院で専門研究を深められました。もっとも、本巻一九八頁以下にもありますように、日本が太平洋戦争に敗戦するまでの時期を軍国少年として過ごした先生でしたから、当初、米国へ学びに行くことに戸惑いと躊躇を感じた、といいます。しかし、米国での学びは、専門研究を深めるとともに、先生の幅広い視野と教養を培うことになりました。

本巻に収められた文章をお読みになられた方は、いずれの文章の底にも、先生が若き日に培われた広い教養に裏打ちされた確たる信仰が流れていることに気づかされるにちがいありません。

二

アマースト大学に留学された先生は、内村鑑三著作集全二十一巻を携え、そこで読了された、と語っておられています（本巻一九九頁）。若き日に内村が学んだその場所で、彼のキリスト教信仰の真髄を見きわめようとされたのです。留学から帰国されてからも、ご専門の英文学、なかでもミルトン研究を進めるかたわら、先生は内村鑑三の文章に親しみ、自らも内村にはじまる無教会に連なり、確たるキリスト教信仰に立たれました。

本巻第一部のはじめに「遍歴の十年」と題する論考が収められています。それは、かの「不敬事件」の後、日本中に枕するところのなかった内村の不遇時代に焦点を当てた、味わい深い論考です。不遇をかこった内村は京都にしばらく滞在しますが、その時期、札幌農学校の一期生であり、生涯、内村との親交を維持し続けた大島正健が同志社で教鞭をとっていました。貧苦と戦う内村の姿を見ていた正健の長男・大島正満は、後年、「人は晩年の栄光に包まれた内村鑑三の姿しか知らないが、私はその最も困窮しておられた姿を知っている」と家人に語っていたと聞きおよびます。「遍歴の十年」において先生は、その時代の内村を描き出すなかで、そのような時代があってこそ、その後の内村の歩みが定まったのだ、と洞察されました。

内村鑑三の没後から、はじめは東京と大阪で、後には名古屋をはじめとする日本各地でも、年ごとに「内村鑑三記念講演会」が開催されるようになりました。一九六〇年代までは、主として内村を直接知る世代の先生方による講演会でしたが、一九六一年から名古屋大学で教鞭をとっておられた新井先生は、名古屋における「内村鑑三記念講演会」の講壇に立たれ、東京に戻られるまでそれは続きました。

先生は一九六八年、母校の東京教育大学に戻られますが、大学紛争さらには筑波大学開学にともなう東京教育大学閉学などを経験され、研究と教育の場を大妻女子大学へ、さらに日本女子大学へと移されます。その間、東京や名古屋において、内村鑑三記念講演会の講師をつとめ、そのほかの無教会キリスト信徒の集まりでも、しばしば講演を引き受けられました。無教会の新しい世代の代表者として颯爽として登壇し、聴衆を魅了した、そのころの新井明先生の姿が、筆者の目に焼きついています。本巻の第二部には、「バベルをこえて」や「土の塵より」をはじめとする、この時期の先生の講演が収められています。先生は、これらの講演において、内村鑑三を崇めるのではなく、内村の目指したところを今日的視点から再確認されました。そして、変化する時代にあるべき無教会の姿を広い視野から提言してくださっています。

三

前田護郎が塚本虎二から独立し、小田急線経堂にある鷗友学園の一室をかりて、世田谷日曜聖書講座（通称「世田谷聖書会」）を始めたのは一九五三年でした。それは、研究的であること、平信徒的であること、諸教派と無関係であること、という三点を掲げた聖書講座でした。新井明先生はその第一回目からの受講者です。前田護郎没後、世田谷聖書会は解散し、半年後に、経堂聖書会が発足しました。今は亡き小泉磐夫、山下幸夫、永井克孝氏らと相談しつつ、新たに発足した聖書会を二〇年余にわたって、実質的に切り盛りくださったのは新井明先生でした。その意味で、先生は前田護郎のよき後継者となられました。以来、経堂聖書会は世田谷聖書会の三つの特色をそのまま受け継ぎ、現在にいたっています。

新井先生が前田護郎から継承されたことの数々は、本巻第四部「世田谷聖書会に連なって」のはじめに収められた文章群にみることができます。前田が掲げた聖書講座の三つの特色のなかでも、とくに、聖書会が平信徒の集まりであるという点を、先生は重視されました。平信徒の集まりである無教会は、平信徒主義に徹しなければならないし、そこに教会のない者たちの教会である無教会の存在意義がある。それが前田護郎から学んだ先生の無教会理解の基本でした。先生はそのことを外に向けても公にされたのです。本巻第二部の最初の論考「無教会と平信徒」や第四部に収められた「平信徒の思想」という文章にそのことが示されています。

新井明先生が前田護郎から学ばれたことは、ほかにも少なくありません。そのひとつは「全教主義」でした。世界第二次大戦中のヨーロッパに滞在し、大戦末からスイスのジュネーブ大学で教えていた前田は、戦後、帰国する前の一九四八年、アムステルダムで開催された世界教会協議会の第一回総会に日本代表として参加しました。それは、キリスト教国同士が戦った世界大戦の反省をふまえ、教派や教義の相違をこえたキリスト教会全体の一致と協力を模索する、いわゆるエキュメニズム（「全教」）運動です。前田は帰国後も、世界教会協議会の「信仰と職制委員会」の日本代表委員の一人として精力を注ぎました。そこには、教派をこえた、目には見えないエクレシア、すなわち「全教的教会」という思想が流れています。新井先生は、本巻第四部に収められた「先生の全教主義」にそのことを紹介されていますが、先生自身もまた教派をこえたエクレシアを自ら経験され、「全教主義」を実践されたのです。

先生が実践された「全教主義」の最も顕著な事例は、二〇〇三年に、敬和学園大学（新発田市）の学長職をお引き受けになったことでしょう。敬和学園はそもそも日本基督教団に属する教会の支援を得て設立された学校法人です。ところが、無教会に連なるキリスト信徒であることを公にされ、牧師の資格もなく、洗礼さえ受けていない新井明先生が、そのような学園の第二代学長として招かれたのです。そのこと自体が、教育者としてふさわしい深い学識と人柄とに加えて、先生が「全教主義」に立っておられたことの証しでもありました。

四

太平洋戦争後、無教会の信仰に立つ経済史家・松田智雄、農業問題に深く関わった小山源吾、清里に近い平沢に略農を営み始めていた野坂穣・智子夫妻などをとおして、八ヶ岳の麓、野辺山の地にキリスト教が伝えられました。戦後、この寒冷地に入植し、キリスト教信仰を得た方々は、信仰と祈りをもって、その荒蕪の地を開拓し、独立自営の道を歩んでゆくのです。

新井明先生は一九八〇年代から、その野辺山の方々との交流を深められました。一九八八年以降は、年ごとに、野辺山におけるクリスマスの集まりに招かれています。先生はそのことを「励まされるために、あの高原に登って行った」と記されていますが（本巻二四五頁）、じっさいには、折あるごとに、先生はそこに暮らす方々を励まされたのです。かの地の親しい方が亡くなられたときには、野辺山に赴き、葬儀の司式を引き受け、式辞を述べておられます。

個人的な交流を深められただけではありません。この地において信仰に基づく農業を営む人々の姿に日本の農業のあるべき姿の一典型をみて、これをひろく知らしめようとされました。前述した松田智雄は、一九九五年に逝去しますが、同年、それを「信州の農村伝道——松田智雄と小山源吾——」にまとめあげ、『無教会史３』に収められました（本巻第一部所収）。翌一九九六年、「松田智雄先生を記念する会」において先生は「蓼科の裾野」と題して松田智雄を回顧され、さらには、小山源吾、小山洋両氏とともに、この地にキリスト教信仰に基づくヨーマン（独立自営農民）の形成を促した松田智雄の事績を一書に編まれています（小山源吾・小山洋・新井明編『高原の記録――松田智雄と信州――』新教出版社、一九九六年）。これらの文章も、本巻第一部と第四部に収められています。

野辺山をとおして松田智雄、小山源吾などとも交流を深められた先生は、日本における農業の重要性を実感され、農業に携わる次世代の育成にも取り組まれました。一九九〇年から二〇一四年まで、小山源吾が設立に協力した愛農学園農業高等学校の理事として責任を負われたことなどは、その一例です。さらに、「神を愛し、人を愛し、土を愛する」三愛主義を標榜して小山源吾が設立した三愛教育振興会にも先生は馳せ参じ、一九九〇年から振興会が解散する二〇一七年まで理事をつとめ、一九九九年から二〇一三年までは、常務理事として同振興会主催の「三愛講座」を牽引されています。その間、筆者を含め、経堂聖書会からこの講座に参加した者も少なくありませんでした。

五

一九八八年、中沢洽樹を中心とする「無教会史研究会」が発足しました。この研究会の成果は『無教会史』全四巻（新教出版社、一九九一〜二〇〇二年）に結実するのですが、先生は各巻の分担執筆をされただけではなく、第二巻からは中沢を助けて、ともに編集の責任を負われています。そして、一九九七年に中沢が逝去された後は、研究会の代表となられ、『無教会史』全四巻を完成させたのです。

当初、中沢は無教会の歴史を四期に区分し、第四期を「分散の時代」と位置づけていました。『無教会史』第四巻は、無教会第二世代を代表する矢内原忠雄の逝去後から各地に展開する無教会の動向を「分散の時代」という副題のもとにまとめる予定だったのです。しかし、中沢を継いで「無教会史研究会」の代表を引き受けた先生は、二〇回におよぶ研究会を経て、この時代を「分散の時代」とは逆の「連帯の時代」と位置づけられました。組織をもたない無教会ではあるが、各地の集まりが孤立して存在するのではなく、目には見えなくとも、神のエクレシアに連なっていることを確認しようとされたのです。「連帯の時代」はそのような先生のエクレシア理解に基づいていました。じっさい、内村鑑三記念講演会、無教会研修所、無教会全国集会などにみられるように、無教会の各集会が連帯する幾多の営為があり、さらに、無教会の立場に立ちつつ、教会と協力する動きが生まれていることを、先生は見逃さなかったのです。

無教会史研究会の成果として、新井先生が「信州の農村伝道」という文章を『無教会史3』に寄せられたことは右に触れましたが、『無教会史1』では、背教者として知られる小山内薫と有島武郎について論じておられます。内村鑑三に信頼され、自らもいったんはキリスト教信仰に生きんと決断したものの、次第に離反し、棄教してゆく二人の文学者の歩みを、先生は事実関係をふまえて、淡々と記しておられます。しかし、その淡々とした記述のなかに、二人の心の乱れや思いのゆらぎをみごとに捉えておられるのは、文学研究者である先生ならではの筆運びです。本巻第一部に再録した「小山内薫」と「有島武郎」がそれにあたります。

このほか、『無教会史2』に先生は、江原萬里、諏訪熊太郎、金澤常雄の人物論を寄せられました。ここでも先生の筆遣いは簡潔です。しかし、その簡潔な記述のなかから、信仰の先達たちの心構えと生きる姿勢の輪郭がくっきりと浮かび上がります。

本巻第一部に再録されたこれらの文章から、文学を専攻された新井先生は人物論の名手でもあった、とあらためて実感させられます。いえ、「名手」では、いささか言葉足らずです。先生の人物論の行間には、つねに、論ずる人物に対する先生の深い敬意と愛情とが籠められているからです。同じことは、本巻第五部に収められた先達、信仰の友、知人たちを天に見送る先生の言葉からも感じ取ることができましょう。

六

最後に、個人的なことを書き記すことをお許しください。かの大地震が東日本を襲った二〇一一年三月、すでに新井明先生は相沢忠一氏から今井館教友会の理事長職を引き継がれており、筆者もまた先生のもとで今井館の事務局をあずかる身でした。今井館教友会では、先生を中心にして、その一年前から、内村鑑三生誕一五〇周年記念事業が計画され、二〇一一年三月二二、二三日には講演会とシンポジウムの開催が予定されていました。ところが、開催予定日の一〇日余前の三月一一日、突如として、東日本は大震災に見舞われたのです。

大地震と大津波による甚大な被害が次々と報告され、想像をはるかに超えた数の人命が失われ、福島原発の惨事が明らかになってゆきます。講演者に予定されていた米国の研究者も来日できなくなりました。講演会とシンポジウムの開催が危ぶまれる事態となったのです。そうしたなか、新井明先生は、記念事業委員会の委員長として、決然とした判断をくだされました。「混迷のなか、不安のなかにあればこそ、変わらざるものを求めて前進しようではないか」。先生のこの一言で開催は決定され、はたして、一三〇名をこえる方々が参集してくださいました。

この記念事業の講演とシンポジウムの報告は、翌年、ほかの論考や資料を加えて、今井館教友会編『神こそわれらの砦』と題して、教文館から出版されました。それは、新井明先生の決断あればこその記念事業でした。筆者は、さいわいにも、それに携わることができました。そのことを想い起し、先生への感謝をあらたにいたします。

二〇一八年一〇月二六日

経堂聖書会　福　島　穆

あとがき

『新井明選集』第一巻に続き、ここに第二巻をお届けできるはこびとなった。第一巻は、表題『ミルトン研究』が示すように、日本を代表するミルトン研究者としての新井明先生が発表された論考を中心に編まれている。編集ならびに解説を担当くださったのは、東京教育大学時代に、学部・大学院を通じて、一貫して先生の薫陶を受け、ミルトン研究者として身を立てられた野呂有子教授（日本大学）であった。

第二巻には、広い意味での無教会と関わる文章の数々が集められている。第一部「無教会とその周辺」は、初期の内村鑑三を論じた「遍歴の十年」をはじめ、背教者をも含めて、内村から直接的な影響を受けた人物論を中心に編まれている。第二部「無教会と平信徒」は、「内村鑑三記念講演会」などのキリスト教講演会でなされた八つの講演を収め、最後に無教会の歴史を回顧した論考「無教会、この六十年」が加わる。ここには、内村鑑三以来の無教会の、ひいては日本におけるキリスト教の、進みゆくべき方向が示されている。

先生の地方講演を中心とする第三部は、一九九六年になされた講演の題名から、「辺境のめぐみ」と題された。この表現には、中央よりも辺境にまなざしを向けられた先生の信仰的視座がよく表されている。第四部「世田谷の森で」には、世田谷聖書会および経堂聖書会に関わる文章が集められた。先生の信仰上の恩師・前田護郎を論じ、前田没後に設立された経堂聖書会のことに触れ、これらの聖書会で共に学び、天に先立たれた方々への想いが綴られている。第五部「先達の跡を」には、主として、先生の信仰の先達を偲ぶ文章が集められた。

これらの文章はすべて先生ご自身が選ばれ、本巻全体の表題『無教会とその周辺』についても先生のご諒解をいただいた。本巻の解説を書いてくださったのは、世田谷聖書会で、また経堂聖書会で共に聖書を学び、新井明先生が今井館教友会の理事長であられたとき、そのもとで事務局長をつとめられた福島穆氏である。氏はいまも経堂聖書会で聖書講義を担当してくださる。

別のところにも書かせていただいたように、『新井明選集』の刊行は、先生が残された文章を一人でも多くの方々にお読みいただきたい、という経堂聖書会一同の願いに発する。この思いに賛同くださる方々から、さまざまな形でご支援をいただいていることは、第一巻の「あとがき」に記したとおりである。本巻の編集実務は月本が引き受け、校正は経堂聖書会七人会のほかに、有志の方々にも協力を仰いだ。

（月本昭男記）

二〇一八年一二月五日

経堂聖書会「七人会」

北沢紀史夫　笹生　明子
高松　均　知久　雅之
月本　昭男　辻　登久子
吉野　隆治　（五十音順）

著者紹介

新井　明（あらい　あきら）

1932年生まれ。アマースト大学(B.A.)、ミシガン大学(M.A.)、東京教育大学（修士）。文学博士。日本女子大学名誉教授、元敬和学園大学学長、元聖学院大学大学院特任教授。世田谷聖書会に参加、後に経堂聖書会を指導。

主要著書

『ミルトン論考』（中教出版、1979年）、『ミルトンの世界 — 叙事詩性の軌跡』（研究社、1980年）、『英詩鑑賞入門』（研究社、1986年）、『ミルトンとその周辺』（彩流社、1995年）、『ミルトン』（清水書院、1997年）、『無教会史１～４』（共著、新教出版社、1991～2001年）、『ユリノキの蔭で』（開成出版、2000年）、『湘南雑記 — 一英学徒の随想』（リーベル出版、2001年）、『ひとつ井戸のもとで』（シャローム図書、2006年）、『世田谷の森』（開成出版、2012年）、ほか。

主要訳書

ミルトン『イングランド宗教改革論』（共訳、未來社、1976年）、ミルトン『楽園の喪失』（大修館書店、1978年）、ミルトン『楽園の回復・闘技士サムソン』（大修館書店、1982年）、ミルトン『教会統治の理由』（共訳、未來社、1986年）、マシュー・ヘンリ『マタイ福音書 — マシュー・ヘンリ注解書 — １～９』（共訳、すぐ書房、1998～2009年）、ホッブス『法の原理 — 人間の本性と政治体』（共訳、岩波文庫、2016年）、ほか。

新井　明 選集　第2巻

内村鑑三とその周辺

発行日　2019年1月31日

著　者　新井　明

発行者　大石昌孝

発行所　有限会社リトン

101-0061　東京都千代田区神田三崎町２-9-5-402

☎ 03-3238-7678　FAX 03-3238-7638

印刷所　株式会社ＴＯＰ印刷

ISBN978-4-86376-071-4

新井　明 選集

第1巻　ミルトン研究　既刊

第一部　ミルトン―人と思想

第二部　ミルトンの世界

第三部　詩に生きる

第2巻　内村鑑三とその周辺　既刊

第一部　内村鑑三とその周辺

第二部　無教会と平信徒

第三部　辺境のめぐみ

第四部　世田谷の森で

第五部　先達の跡を

第3巻　聖書の学び（仮題）

各地での学び

目白台にて

北越の敬和学園

マシュー・ヘンリ――牧場を追われた牧者

雑葉余禄